融合型·新形态教材
复旦学前云平台 fudanxueqian.com

高等职业教育学前教育专业系列教材

幼儿游戏与指导

主　编　李春良

副主编　韦积华　黄婉圣

编　委　（按姓氏拼音首字符顺序）

　　　　黄婉圣　黄　玲　梁梦琳

　　　　李春良　刘佩杏　李玥婧

　　　　李卓洁　韦积华　伍友艳

复旦大学出版社

内容提要

本书贯彻"以工作过程为导向"的职业教育理念，将知识融于岗位工作过程中，学生通过完成各项幼儿游戏活动工作任务，可以直接获取实践行动中的知识和操作经验。全书将幼儿游戏活动常见的六个类型典型职业活动设置为六个学习情境，分别为指导幼儿角色游戏、指导幼儿结构游戏、指导幼儿表演游戏、指导幼儿智力游戏、指导幼儿体育游戏、指导幼儿音乐游戏。每个学习情境下设若干任务，每个任务以具体工作任务为核心，以"学习任务"的形式呈现幼儿游戏的五项典型工作任务，分别包括：分析游戏认知、预设游戏方案、创设游戏环境、开展游戏活动、反思实施过程。

本书内含丰富的配套资源。教材"课岗证赛"融合，配有大量案例视频和全国职业院校技能大赛（学前教育）赛项保教视频，直接扫描书上二维码即可获得。每一情境配有幼儿园教师资格证考试保教知识与能力、面试试讲答辩等相关应知应会测试题，可在手机扫码做题，并自行检测。本书还配有课件、课程标准、课程教案、课程进度表、教师资格证历年真题汇总、期末考核方案等，可登录复旦学前云平台（www.fudanxueqian.com）搜索下载。

本书可作为各类院校学前教育专业教材，也可作为幼儿教育机构活动用书。

复旦学前云平台
数字化教学支持说明

为提高教学服务水平，促进课程立体化建设，复旦大学出版社学前教育分社建设了"复旦学前云平台"，以为师生提供丰富的课程配套资源，可通过"电脑端"和"手机端"查看、获取。

【电脑端】

电脑端资源包括 PPT 课件、电子教案、习题答案、课程大纲、音频、视频等内容。可登录"复旦学前云平台"www.fudanxueqian.com 浏览、下载。

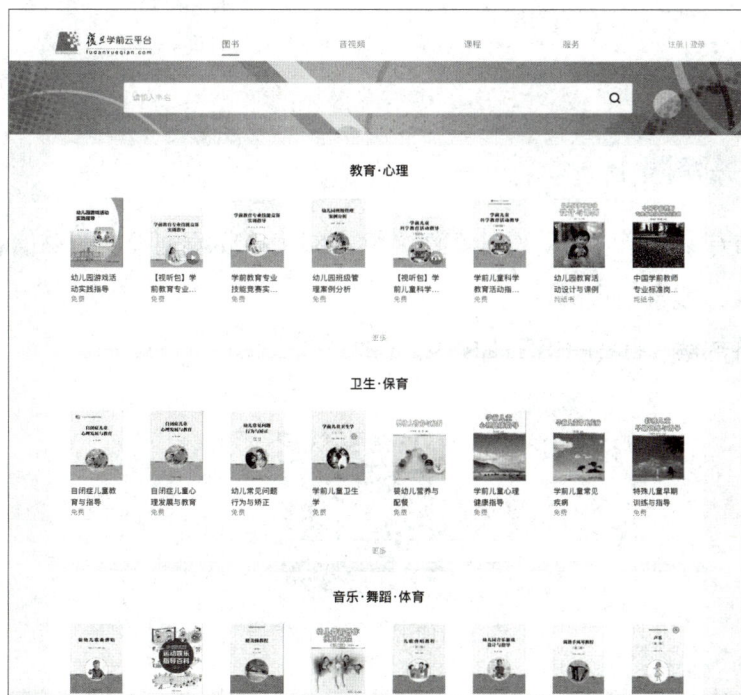

Step 1 登录网站"复旦学前云平台"www.fudanxueqian.com，点击右上角"登录／注册"，使用手机号注册。

Step 2 在"搜索"栏输入相关书名，找到该书，点击进入。

Step 3 点击【配套资源】中的"下载"（首次使用需输入教师信息），即可下载。音频、视频内容可通过搜索该书【视听包】在线浏览。

【手机端】

PPT 课件、音视频、阅读材料：用微信扫描书中二维码即可浏览。

扫码浏览
→

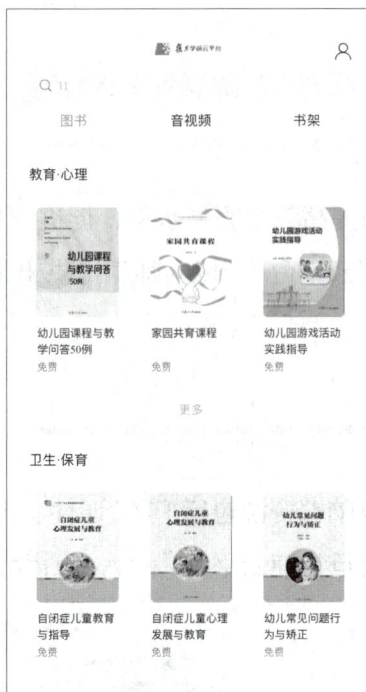

【更多相关资源】

更多资源，如专家文章、活动设计案例、绘本阅读、环境创设、图书信息等，可关注"幼师宝"微信公众号，搜索、查阅。

平台技术支持热线：029-68518879。

"幼师宝"微信公众号

【本书配套资源说明】

1. 刮开书后封底二维码的遮盖涂层。

2. 使用手机微信扫描二维码，根据提示注册登录后，完成本书配套在线资源激活。

3. 本书配套的在线资源为：学习课件，可在线练习、测评、使用音视频等。可以在手机端中使用，也可以在电脑端使用当时激活时绑定的手机号登录并使用。

4. 如您的身份是教师，需要对学生使用本书的配套资料情况进行后台数据查看、监督学生学习情况，我们提供配套教师端服务，有需要的老师请登录复旦学前云平台官方网址：www.fudanxueqian.com，进入"教师监控端申请入口"提交相关资料后申请开通。

序

教育部《国家中长期改革和发展规划纲要（2010—2020）》提出，要大力发展职业教育，以服务为宗旨，以就业为导向，推进教育教学改革，提升人才培养质量，适应经济发展对人才的需求。《职业院校教材管理办法》《国家职业教育改革实施方案》及《职业教育提质培优行动计划（2020—2023）》等文件也倡导职业学校开发活页式、工作手册式、融媒体的新形态教材。广西幼儿师范高等专科学校作为具有师范性与职业性的学前教育专业学校，依据这些文件的精神要求，于2019年邀请著名职业教育专家姜大源先生、闫智勇先生对工作过程系统化课程建设进行指导，探索以工作过程为导向的课程开发模式，构建理实一体化，对接0—6岁儿童服务相关职业标准、行业标准和岗位规范，构建紧贴岗位实际工作过程的、适合学前教育专业群特点的模块化及具有师职融合的共享课程体系，将职业教育的先进理念与教学方法有机地融入幼儿教师教育的课程改革与教学实践中，收到了良好效果。

游戏是幼儿园的基本活动，在《幼儿园教师专业标准（试行）》中明确把"游戏活动的支持与引导"作为幼儿园教师应当具有的七大专业能力之一，并从专业理念与师德、专业知识、专业能力三个方面对于幼儿园教师在游戏领域应达到的标准提出了具体要求。因此，"幼儿游戏与指导"课程作为学前教育专业的核心课程之一得到了大家的认可。

目前，与"幼儿游戏与指导"课程对应的教材主要以传统的学科知识体系进行编写，这些教材普遍存在以下问题：一是教材内容脱离学前教育机构及工作岗位的需求，不能满足新时代幼儿园发展需求；二是教材内容以理论为主，实践性不强，高职学生不易理解，对教材内容兴趣不高；三是教材的配套信息化资源不合理，缺乏有效的融媒链接，资源动态性不强。在学前教育不断投入及职业教育改革力度不断加大的背景下，基于学科体系学前教育专业教材的开发思路无法满足与适应高职学前教育专业建设的要求，建设符合高职学前教育专业人才需要的课程与教材成为必要条件。

近些年，复旦大学出版社在高职院校学前教育专业课程与教材层面，紧跟时代步伐，积极改革探索，结合职业教育的规律与特征将教师、教材、教法"三教"改革及当前新形态教材理念融于教材建设中。编写团队基于多年的教学研究成果，撰写了这本匠心独运的《幼儿游戏与指导》。本教材尝试以幼儿教师工作岗位需要为目标，以游戏组织与支持工作过程为导向，着重组织与支持幼儿游戏的工作任务、工作过程知识及操作经验，内容与岗位工作对接，理论联系实际，突出实践性、应用性和职业性。与同类教材相比，本书的编写体例别具一格。编者以职业教育的"行动导向"理念为编写原则，打破传统的学科体制，课程模块和幼儿园游戏活动组织与支持相一致。每一典型工作任务的教学过程与实践过程对接，以工作任务驱动完成学习任务。

本书与《3—6岁儿童学习与发展指南》《幼儿园教师专业标准（试行）》相对应，融入了幼儿园教师资格证考试保教知识与能力、面试试讲答辩等相关应知应会测试题,同时将全国职业院校技能大赛(学前教育)赛项保教视频分析融入教材中,做到"课岗证赛"合一。该书非常适合高等职业院校学前教育专业、应用型本科院校学前教育专业的学生学习,也适合希望了解幼儿常见游戏组织与支持的幼儿园一线教师使用。

期望这本具有师职融合特点的《幼儿游戏与指导》教材能被推广到更多职业院校的学前教育专业和幼儿园中,以此推动学前教育专业保教水平的进一步提升。

张文军

广西幼儿师范高等专科学校

学前教育二系主任

前　言

随着社会经济和学前教育事业的高速发展,社会对学前教育专业人才的需求不断上升,对人才素质要求也不断提高。游戏作为幼儿的基本活动已是共识,幼儿教师应具有的"支持与引导游戏活动"的能力已成为幼儿教师的核心能力。

本教材内容分为六个学习情境,分别是指导幼儿角色游戏、指导幼儿结构游戏、指导幼儿表演游戏、指导幼儿智力游戏、指导幼儿体育游戏、指导幼儿音乐游戏。在编写思路上考虑学生胜任职业所需的知识与技能,直接反映幼儿园职业岗位或幼儿教师角色的能力要求。本教材依据幼儿园常见游戏活动体系规律,整合教学资源,将幼儿教师岗位要求、幼儿教师资格证考试和幼儿园支持与引导幼儿游戏的实际要求融入其中,采取以工作过程系统为中心的行动体系,以"学习任务"的形式呈现指导幼儿游戏的 5 项典型工作任务:分析游戏认知、预设游戏方案、创设游戏环境、开展游戏活动、反思实施过程。

本教材基本框架有主要学习支持框架、学习目标导航、任务描述、主要学习支持、任务评价、巩固探索、课后复习、拓展阅读、应知应会自测。"主要学习支持框架"通过网络图形式梳理学习知识,整体直观呈现章节内容,帮助学习者系统掌握知识;"学习目标导航"通过明确知识、能力和情感目标帮助学习者明确每一典型工作任务的学习目标;"任务描述"通过任务单的形式在每一工作环节设置任务,通过任务驱动学生进一步学习;"主要学习支持"主要呈现每一环节的主要学习知识点,为每一环节的任务提供理论依据;"任务评价"主要对每一环节所完成的任务进行总体评价,让学习者在查漏补缺中进一步完善每一环节的知识内容;"巩固探索"要求以学习者为主体,用多方向的途径寻求答案,解决疑惑,强化学习者对知识的掌握;"拓展阅读"可以为每一个学习情境提供阅读资料,丰富学习者的视野;"课后复习"进一步通过"收集""归纳""实践""思考""分享"等方式巩固每一学习情境的知识与能力;"应知应会自测"在每一个学习情境之后结合教师资格证考试相关习题进行自测,进一步巩固所学知识,做到课证融合。

本教材充分挖掘幼儿园六种不同游戏类型的发展价值,努力贯彻"生活即教育"的理念,在帮助学习者掌握指导幼儿游戏操作规范基础上,引导学习者深入挖掘游戏活动的教育价值与审美价值,强化学习者在保教活动过程中的游戏化意识。同时,本教材充分发挥每个学习任务的多元价值,将对职业道德教育、职业情感教育以及规范、时间、效率、人文意识等的培养自然融入其中,希望培养出善思考、会保教、能审美、懂关怀的高素质保教人才。

整体而言,本教材具有六个方面的特色:

1. 理实一体

教材根据"学习任务"的需要,在学习者学习操作技能的同时,及时引入幼儿卫生与保育、幼儿心理学、幼儿教育学等相关理论以及法规条例。

2. 配套资源

教材植入了信息化教学元素，有配套的教与学资源，可减轻教师备课压力，提高学习者的学习效率。教学资源主要包括配套课件、课程标准、课程教案、课程进度表、教师资格证历年真题汇总、期末考核方案等；学习资源主要包括学习者在学习过程中的学习探索、学习视频、应知应会自测等。

3. "课岗证赛"融合

本教材重在培养准幼儿教师指导与组织幼儿游戏的职业能力，强调学习者入职后能与幼儿教师职业能力"无缝对接"。同时本教材与《3—6岁儿童学习与发展指南》《幼儿园教师专业标准（试行）》相对应，融入了幼儿园教师资格证考试保教知识与能力、面试试讲答辩等相关应知应会测试题，并将全国职业院校技能大赛（学前教育）赛项保教视频分析融入教材，做到"课岗证赛"合一。

4. 操作性强

本教材中各年龄班幼儿游戏指导与组织的要求明确、具体，各年龄班游戏特点与发展水平有据可查。此外，本教材提供了幼儿园进行游戏指导与实施的相关案例与方法技巧。

5. 生动活泼

本教材以问题为引导，在任务驱动与巩固探索中通过案例分析、情境再现、操作练习、反思交流等形式不断提高与完善学习者指导幼儿游戏的知识与能力。比如：在"指导幼儿角色游戏"这一学习情境的环节二"巩固探索"中，主要通过对"学习支持"角色游戏方案案例进行学习，模拟预设角色游戏方案；环节三的"巩固探索"主要是通过情境再现"娃娃家游戏环境创设"；环节四的"巩固探索"及每一学习情境的"应知应会自测"主要是对"角色游戏观察与评价"进行操作练习；"反思交流"主要体现在环节五的"巩固探索"及每一环节"任务评价"中。

6. 多元化评价

本教材对学习者的学业评价采用多元化评价模式。每一个典型工作任务后都会有一个任务评价单，一是评价主体多元，包括组内评价、组间评价和教师评价；二是评价要素多维，除评价学习结果外，也评价学习过程中团队合作、展示等多方面的能力。

本教材由广西幼儿师范高等专科学校、南宁市邕宁区稚慧明珠幼儿园、广西民族大学附属幼儿园共同编写，两所幼儿园以及广西幼师实验幼儿园和平果第一幼儿园为本教材提供了丰富的实践内容；广西幼儿师范高等专科学校联合培养学校南宁市第四职业技术学校、柳州市第二职业技术学校、北部湾职业技术学校、广西百色农业学校、容县职业中等专业学校、广西玉林农业学校、广西工商技师学院为教材的编写提供了宝贵的意见和建议；复旦大学出版社领导及编辑的大力支持与配合，让本教材得以付梓出版。在此，一并对所有的领导、老师表示感谢。希望本教材能为学前教育课程提供有意义的服务与支持。

编　者

2021 年 8 月

目　录

绪　　论

游戏与每个孩子的童年息息相关,游戏丰富幼儿的童年,并在他们成长中发挥着重要作用。游戏是什么？人类学家、民俗学家、哲学家、心理学家从多角度、多领域对游戏进行了研究,但均未形成对游戏起源、概念的统一界定。人类学研究认为,人类的游戏起源于原始的戏剧、祭祀活动以及社会生产劳动等活动;民俗学研究认为,儿童的游戏是早期先民风俗习惯的残留;心理学研究则认为,儿童游戏是人类进化史的嬉戏性的复演①。本书主要从游戏的特征、分类、价值等方面去引导学习者认识游戏。

一、游戏的特征

（一）自主自愿性

真正的游戏是一种主体性活动,其本质是自主、自愿。幼儿玩游戏,是因为游戏本身就能令人满足,而不是因为它满足了某种基本需要,或者得到了某种外在的奖赏②。在游戏中,幼儿对于是否愿意玩、玩什么、怎么玩、和谁玩、选择什么玩具材料都有自由选择的权利,这是由幼儿内部动机决定的。幼儿在游戏过程中是自由快乐的。例如,在超市主题角色游戏中,幼儿可以自主选择扮演的角色而非教师指定,可以自主选择超市的游戏材料,可以自定规则与要求等,幼儿可以全身心投入游戏中,享受游戏带来的愉悦感。反之,幼儿如果在游戏中处处受限,违背自己的意愿,被指定角色、主题,被动选择玩具材料与伙伴等,这时的活动就变成了"教师的游戏"而非幼儿的游戏。

（二）社会表征性

儿童的游戏活动是在人际交往与合作的条件下发生、发展起来的,儿童游戏的内容总是反映儿童的社会现实生活③。幼儿的游戏活动来源于社会生活,同时属于社会生活的一部分,游戏的内容、主题、玩法无形中受到社会、文化、地域、风俗习惯、时代、地理等方面的影响。幼儿在游戏中通过以物代物或以人代人的表征方式反映现实生活。例如,幼儿将三角形积木表征为三明治,将笔表征为医生的针筒,将自己表征为医生、警察等。可见,幼儿通过游戏将社会生活中的人、事、物进行再现,并通过他们的想象表征进行创造。因此,幼儿游戏具有社会表征性。

（三）游戏性体验

游戏性体验是游戏的灵魂。游戏是幼儿自主自愿参加的活动,而游戏性体验是判断一种活动是否是游戏的关键特征,是幼儿在游戏活动中产生的对游戏活动本身的主观感受或心理体验。游戏性体验可以

---

① 刘焱.儿童游戏通论[M].北京：北京师范大学出版社,2004：4.
② ［美］斯蒂芬妮・菲尼,伊娃・莫拉维茨克,谢里・诺尔蒂.儿童生活中我是谁：学前教育导论（第9版）[M].洪秀敏,李晓巍,王兴华,等译.北京：商务印书馆,2019：311.
③ 刘焱.儿童游戏通论[M].北京：北京师范大学出版社,2004：148.

分为兴趣性体验、自主性体验、成就感、幽默感和因身体活动需要的满足而获得的生理快感[①]。兴趣性体验是幼儿受游戏趣味所吸引产生的心理状态;自主性体验是幼儿进入游戏所引起的"为所欲为"的心理;成就感是幼儿在游戏挑战中因胜任或获得成果产生的快乐体验;幽默感是幼儿在游戏中由嬉戏、玩笑、诙谐引起的快感;生理快感是由于身体活动的需要和中枢神经系统维持最佳唤醒水平需要得到满足后获得的愉悦感。游戏性体验的产生取决于作为游戏主体的幼儿的主体性能否在活动中得以实现。因此,教师组织与指导幼儿游戏时应考虑幼儿在活动中游戏性体验的获得与产生。

（四）规则性

任何游戏都是有规则的,游戏的规则可以让幼儿的行为不受制于冲动,而是按照游戏需要和现实逻辑进行。游戏规则是对幼儿游戏中的行为顺序和被允许或禁止的各种行为的规定,分为显性规则和隐性规则[②]。显性规则是指游戏中明确规定的、幼儿需要有意识自觉遵守的规则,是游戏方法的规定;隐性规则是指那些约定俗成、不必说明的规则。例如,在医院游戏中,显性规则是医院只能进 5 个人,因为规定的人数与门外脚印数一致;而其隐性规则是医生动手术不可以拿菜刀,而是手术刀。无论是显性规则还是隐性规则,都是为了幼儿更好地进行游戏,保证游戏的正常进行。

二、游戏的分类

游戏随社会产生而产生,并在历史长河中不断丰富、拓展。不同的研究视角、层次、标准对游戏的分类也会有所差异,典型的游戏分类主要有以下四种。

（一）根据认知发展水平分类

以认知发展理论为依据的游戏分类以皮亚杰(Piaget J)的理论为代表。皮亚杰的认知发展理论与游戏的研究密不可分,他认为幼儿的游戏水平反映了其认知发展水平,根据游戏与认知发展的关系,将游戏分为以下四类。

1. 练习性游戏（0～2 岁）

练习性游戏是儿童最早出现的游戏,又称感觉运动游戏或者机能性游戏。具体表现为通过简单的重复运动或者重复操作物体,从中获得机能性的快乐。例如,重复倒沙子,装满倒掉又装满,不断循环往复;有的幼儿很喜欢重复拧盖子、盖盖子的动作;喜欢重复拍水等。练习性游戏在人的一生中是最早出现的游戏形式,并有可能伴随我们一生。不管年纪多大,我们在学习某项新技能时,就可能出现此类游戏。例如,一个成年人在研究生阶段才开始学打篮球,学运球,在刚学会运球这个阶段就是该成人的"练习性游戏"时间。

2. 象征性游戏（2～7 岁）

象征性游戏是学前儿童最典型的游戏形式,大概从 2 岁开始,3～5 岁达到高峰期。象征性游戏最主要特征是"假装",即幼儿对事物的某些方面作"想象的改造",包括用一物代替另一物,用某个动作代表真实动作,假装自己是别人或者虚构的角色等。通过象征性游戏,幼儿可以脱离当前对实物的知觉,以象征物代替实物并学会用语言符号进行思维,体现着认知发展水平。例如,玩超市游戏时,幼儿要将玩具想象成货品,将自己想象为顾客或者收银员等,通过以物代物、以人代人尽快进入游戏状态。

3. 结构性游戏

结构性游戏是幼儿按照一定的计划或目的来组织物体或游戏材料使之呈现出一定的形式或结构的活动[③]。结构性游戏在幼儿 2 岁左右发生,常见的结构性游戏有拼图、搭积木、插积塑、泥工、手工、木工、堆雪

① 刘焱. 儿童游戏通论[M]. 北京：北京师范大学出版社,2004：172.
② 杨枫. 学前儿童游戏(第三版)[M]. 北京：高等教育出版社,2018：8.
③ 刘焱. 儿童游戏通论[M]. 北京：北京师范大学出版社,2004：182.

人等。

4. 规则游戏

规则游戏是由两人以上参加的,按游戏规则判定胜负的竞赛性游戏,包括智力性质的竞赛和运动技巧性质的游戏。规则游戏是 7~12 岁儿童典型的游戏,常见的规则游戏有跳绳、下棋、跳房子、"猫捉老鼠""老鹰捉小鸡"等。

（二）根据社会性发展水平分类

社会性发展与认知发展一样,是衡量幼儿发展的重要标准。以帕顿(Parten)的游戏的社会性参与水平为基础的社会性分类,可以概括为以下六种行为[①]。

1. 无所事事(偶然行为)

幼儿并没有游戏,只是碰巧在观望时遇到自己感兴趣的事,如玩弄身体、东张西望、在椅子上爬上爬下、到处晃悠等。

2. 旁观行为

幼儿基本处于观看他人游戏的状态,有时候给予意见或者和游戏者说话,但并不直接参与游戏,如观看他人下棋。

3. 独自游戏

幼儿自己一个人玩游戏,只专注于自己的玩具及活动,但不和附近的幼儿交谈。

4. 平行游戏

幼儿玩着和附近幼儿相同或相近的玩具,但是不与其他幼儿交流,各玩各的。例如,两个幼儿都在玩拼图,但是各玩各的,一个幼儿的离开并不影响另一个幼儿。

5. 联合游戏

幼儿与其他幼儿一起玩,进行相似但不相同的游戏,往往由于材料的借入或借出有交流和沟通,也会有动作的自发配合,但是彼此之间没有明确的分工与合作,缺乏对材料、活动目的和结果的共同计划与组织。例如,两个孩子各自在积木区搭建动物园,他们共用动物道具,一起讨论各自的动物园,但是没有创建一个共同的动物园,也不会商量动物园里会发生什么事,这就属于联合游戏[②]。

6. 合作游戏

幼儿为某一目的组织在一起进行游戏,有共同的主题,有分工合作,有计划组织,并互相帮助共同完成一项任务,是社会化程度最高的游戏。例如,幼儿合作搭建一座大桥,有人搭桥墩,有人铺桥面,有人做固定,目的是将大桥建好。

（三）根据游戏的机能性分类

美国心理学家比勒(Bihler)根据儿童在游戏中的体验,将游戏分为机能游戏、想象游戏、制作游戏和接受性游戏[③]。

1. 机能游戏

机能游戏主要是通过简单地、重复地移动自己的身体或摆弄物体,从动作本身获得快感的游戏,以感知觉器官和身体运动为主要成分。如追逐、上下楼梯是以身体运动为主要成分,玩水以触觉器官为主要成分。

2. 想象游戏

想象游戏可以称为模仿游戏,是儿童根据自己的想象,模仿和再现成人生活、劳动的游戏,如玩过家家、超市游戏等。

---

① 刘焱.儿童游戏通论[M].北京:北京师范大学出版社,2004:183.
② [美]斯蒂芬妮·菲尼,伊娃·莫拉维茨克、谢里·诺尔蒂.儿童生活中我是谁:学前教育导论(第 9 版)[M].洪秀敏,李晓巍,王兴华,等译.北京:商务印书馆,2019:316.
③ 丁海东.幼儿园游戏组织与指导(第三版)[M].长沙:湖南大学出版社,2019:8.

3. 制作游戏

此类游戏又称结构游戏,是指幼儿利用积木、黏土等主动进行创造并欣赏结果的游戏,是幼儿主动地创建与建构的游戏。

4. 接受性游戏

接受性游戏又被称为鉴赏性游戏,是指儿童作为受众(听众、观众)进行听故事、看画册、听音乐等以理解为主的游戏,在活动中幼儿处于被动地位,愉快欣赏所见所闻,如看电视、听故事、看电影等。

(四) 根据游戏的教育作用分类

苏联的学前教育注重从教育角度研究游戏,根据教育实践中如何以游戏作为促进发展的途径,即按照游戏的教育作用进行分类,将游戏分成两大类别[①]。

1. 创造性游戏

创造性游戏指幼儿主动、创造性地反映现实生活的游戏,主要包括角色游戏、结构游戏、表演游戏。

2. 规则性游戏

规则性游戏通常指由教师创编、组织为主,以遵守规则为中心、以实现教育作用为目的的游戏,主要包括智力游戏、体育游戏、音乐游戏。

三、游戏对幼儿发展的价值

游戏是幼儿最基本的活动,是对幼儿进行全面发展教育的重要形式,可以促进幼儿在身体、认知、情感、社会性等多方面的发展。

(一) 游戏促进幼儿身体的发展

任何一个游戏都会涉及身体的运动。幼儿期是人生起步的萌芽期,也是身体快速生长的重要时期,游戏能够为幼儿的发展带来无限的可能性。游戏可以发展幼儿的基本动作和基本技能,促进幼儿机体和神经系统的发育,锻炼肌肉与骨骼;可以发展幼儿手眼并用、协调的能力;幼儿通过参与户外游戏,在自然环境中与阳光、空气、水分接触,增强机体对环境的适应能力以及对疾病的抵抗能力。例如,串珠子的游戏中不仅可以发展幼儿的小肌肉动作,也可以发展其手眼协调的能力,还可以促进其神经系统的发育。体育游戏"猎人打狐狸"可以发展幼儿投掷、躲闪及跑的能力。冬天的时候,教师带领幼儿到户外开展游戏活动,既能锻炼身体,也能增强体质应对寒冷。

(二) 游戏促进幼儿认知的发展

游戏对幼儿认知的发展有重要意义,可以促进幼儿智力、语言、想象力、创造力以及解决问题能力的发展。

游戏可以促进幼儿智力的发展,体现在幼儿在游戏中可以扩展和加深对周围事物的认识,增长知识。例如,在智力游戏类的触摸猜物游戏中可以发展幼儿的触觉游戏,进一步巩固幼儿对所摸物体特征、性质、用途的把握。而在角色游戏中幼儿可以进一步了解角色的要求,加深对职业责任的理解,并在游戏中掌握相关生活知识。医院游戏中,幼儿可以进一步了解病人入院的基本流程;超市游戏中,幼儿可以知道买东西要付钱等基本常识问题。

游戏可以促进幼儿语言发展,包括口头语言与书面语言。任何一个游戏都需要幼儿进行沟通交往。游戏前、游戏中、游戏后都在引发幼儿使用语言。例如,游戏前幼儿需要商讨游戏主题、做好角色分配;游戏中需要用到角色语言进行沟通以保证游戏的顺利进行;游戏后需要对游戏进行分享,这些都需要充分地进行口头语言表达。而在一些游戏中也可以促进幼儿书面语言的理解能力。例如,数字游戏可以让幼儿

---

① 叶小红.幼儿园游戏与指导[M].南京:江苏凤凰教育出版社,2014:13.

对数字意义有初步了解;交通标志牌游戏或者垃圾分类的游戏可以让幼儿对书面文字符号有初步了解。还有一些游戏本身就与语言密切相关,例如,在手指游戏"小白上楼梯"中幼儿边念儿歌边做动作,在这个过程中很好地发展了幼儿语言能力,促进幼儿对"上与下""开与关""电视""楼梯"等相关词汇的把握。

视频　手指游戏"小白上楼梯"

游戏可以促进幼儿想象力与创造力的发展。游戏具有社会表征性,幼儿通过模仿与想象进入游戏,在这过程中他们的想象力和创造力不断得到丰富、拓展、深化。在游戏中幼儿可以将圆的积木当作饼干、西瓜、气球、棒棒糖、碗,也可以将自己想象成爸爸、医生、警察、厨师、顾客、收银员、消防员。通过以物代物、以人代人的表征与想象可以进一步促进幼儿想象力与创造力的发展。

游戏可以促进幼儿思维能力及解决问题能力的发展。幼儿通过积极参与游戏,使其思维处于活跃状态。在游戏中面对问题时,他们能够积极思考、探索解决问题的各种方法,使游戏顺利持续进行,在游戏中体验解决问题的愉悦。例如,在医院游戏中,医院没有药给病人了,该怎么办呢? 幼儿会一起商讨:有的幼儿提到利用替代物,有的幼儿想到去美工区制药。在建构游戏中,由于材料不全,幼儿想建的大桥一直不能完工,这时候就触发他们进行思考,该怎样把桥面连接起来,该用哪些材料进行拼接。由此可见,游戏可以促进幼儿从多角度思考问题,促进其思维及解决问题能力的发展。

（三）　游戏促进幼儿社会性的发展

游戏来源于社会生活,是幼儿主要的社会生活方式。游戏可以发展幼儿的社会交往能力,帮助幼儿去除自我中心;有助于幼儿社会角色的学习,形成良好的道德品质,锻炼和发展其意志。幼儿在游戏中本身就属于社会生活的一部分,或多或少都要涉及社会交往行为。在游戏前幼儿需要和同伴交流游戏主题、玩法、人数等;游戏中通过模拟的角色进行社会交往,并掌握一定的交往技能。游戏中幼儿要学会换位思考,去掉自我中心,例如,小班"娃娃家"中,幼儿要克服自我中心,提高角色意识,做好父母应尽的责任,幼儿不再是他或她自己,而是爸爸或者妈妈的角色。同时女孩在当"妈妈"、男孩当"爸爸"的角色扮演游戏中,习得父母相应行为,逐步了解自己和同性别成人角色的关系,形成性别角色社会化,帮助幼儿对现实生活中的角色进行扮演和转换,增强社会适应能力。游戏还可以帮助幼儿掌握行为规范,形成良好的道德品质。例如,在公交车游戏中知道行人和公交车都要遵守交通规则,要学会给老弱病残孕的乘客让座等,这些都是在游戏中进行模仿的。现实生活中幼儿会将在游戏中所得的经验迁移于现实生活,从而促进其对现实生活中道德行为规范的理解和遵守。此外,游戏可以增强幼儿的意志力。在游戏情境中,幼儿需要遵守游戏规则才可以保证游戏的进行,这时候需要他们克服困难,拒绝诱惑,延迟满足。在这个过程中幼儿的意志得到锻炼。例如,在著名的心理学家马努依连柯的"哨兵站岗"实验中,在扮演角色的游戏情境下,幼儿坚持站立不动的时间远远超过非游戏情境下站立不动的时间[①]。该实验要求幼儿在空手的情况下保持哨兵持枪的姿势。一种是非游戏情境,其他幼儿在玩,要求被试幼儿在一边站着;一种是游戏情境,其他幼儿是糖果厂的"工人"在包糖果,被试幼儿是"哨兵",在为糖果厂站岗放哨。关于游戏对幼儿社会性发展的价值可以扫码观看视频"游戏促进幼儿社会性发展的作用"。

视频　微课"游戏促进幼儿社会性发展的作用"

（四）　游戏促进幼儿情感的发展

游戏可以丰富幼儿积极的情感体验,也可以帮助幼儿转移消极的情绪体验。游戏中幼儿体验着喜怒哀乐,体验着紧张,享受着放松。例如,幼儿在"狼和小羊"的表演游戏中体验着喜怒哀乐;在体育游戏"蚂蚁搬豆"中体验着紧张感,也经历了紧张后的放松。这些游戏不断丰富幼儿的情感体验。同时,游戏可以帮助幼儿转移和宣泄消极情绪。例如,小班幼儿刚入园,哭闹现象多,教师可以通过游戏转移幼儿的消极情绪。在医院游戏中幼儿通过扮演医生给病人打针的游戏宣泄自己害怕打针的消极情绪。

---

① 刘焱.儿童游戏通论[M].北京:北京师范大学出版社,2004:230.

四、游戏是幼儿园基本活动

《幼儿园教育指导纲要（试行）》指出："幼儿园教育应尊重幼儿的人格和权利，尊重幼儿身心发展的规律和学习特点，以游戏为基本活动，保教并重，关注个别差异，促进每个幼儿富有个性的发展。"这充分体现了游戏的教育价值。那"以游戏为基本活动"的内涵是什么？为什么游戏能成为幼儿园的基本活动？幼儿园又将如何实现以游戏为基本活动呢？

（一）幼儿园"以游戏为基本活动"的内涵

所谓基本活动，是指一个人最经常、最适宜，也是最必需的活动。游戏对于幼儿来说就是最经常、最适宜、最必需的活动。游戏是幼儿生活的主要内容，是最符合幼儿身心特点的活动，是幼儿获得发展的重要手段。因此，幼儿园应该保证幼儿自发的游戏时间，让幼儿在玩中学；同时充分利用游戏的方式，也就是玩的方式进行教学。

（二）为什么幼儿园要"以游戏为基本活动"

游戏是幼儿的天性，游戏符合幼儿生理和心理发展的规律。幼儿的认知具有具体形象性和无意性特点，这使得幼儿的学习不可能像成人一样依靠语言讲解的方式进行，而是要通过游戏中的想象、实际操作、体验等进行学习。游戏符合幼儿的学习特点，是幼儿最主要的学习方式，幼儿通过在游戏中与人、物的交往互动进行学习。游戏是实施幼儿个别化教育的适宜途径，维果斯基指出，游戏创造儿童的最近发展区。通过对游戏的观察，教师可以根据幼儿的游戏表现进行个别化指导与支持，以促进幼儿能力的发展。

（三）实现幼儿园以游戏为基本活动的途径

幼儿园教育如何利用游戏的发展价值并将之转化为教育价值，涉及教育观、儿童观和价值观。幼儿园要实现以游戏为基本活动，首先要重视幼儿的自发、自选性游戏。游戏是幼儿的自主性活动，因此教师要改变"重视教师组织的游戏，忽视幼儿自发游戏"的错误观念。其次，教师应充分将游戏精神贯穿于幼儿园的一日生活及所有环节，坚持以游戏为基本活动的原则。将游戏作为各种教育活动手段实现教学游戏化的同时，可以将游戏作为一日生活活动的主要内容。例如，在中班歌唱活动"小鱼快跑"的活动中通过游戏化、情景化的方式让幼儿在游戏中学唱歌曲而非单纯跟唱；在过渡环节教师通过手指游戏的方式帮助幼儿减少等待时间，在游戏氛围中实现认知、秩序等教育目的。最后，教师要满足幼儿多样化的游戏需要。幼儿对游戏的需要是多种多样的，他们存在着个体差异性。有的想玩角色游戏，有的想玩结构游戏，有的想玩音乐游戏；同一类游戏，他们的关注点、兴趣点、玩法等也会有所差异。因此，教师要关注幼儿的个体差异，基于观察，根据不同年龄班、不同游戏主题、不同游戏水平为幼儿提供多样化的游戏，满足他们游戏的需求，最终实现以游戏作为幼儿园的基本活动。

学习情境一　指导幼儿角色游戏

主要学习支持框架

```
                                          ┌─ 角色游戏的主要特点与结构
                      典型工作环节一  分析游戏认知 ─┼─ 角色游戏对幼儿发展的价值
                                          └─ 幼儿角色游戏的年龄特点与指导要点

                      典型工作环节二  预设游戏方案 ─┬─ 确定角色游戏主题
  指                                       └─ 预设角色游戏方案
  导
  幼                  典型工作环节三  创设游戏环境 ─┬─ 经验环境准备
  儿                                       └─ 物质环境准备
  角
  色                                       ┌─ 导入游戏，激发幼儿的兴趣
  游                  典型工作环节四  开展游戏活动 ─┼─ 观察与评价幼儿角色游戏
  戏                                       └─ 指导与支持幼儿继续开展游戏

                      典型工作环节五  反思实施过程
```

学习目标导航

知识目标

1. 能说明幼儿角色游戏的特点与结构。
2. 能列举幼儿角色游戏的价值与发展水平。
3. 能理解各年龄段幼儿角色游戏的特点与指导要点。

能力目标

1. 能针对小、中、大不同年龄班角色游戏特点,小组合作模拟进行角色游戏的组织与指导工作。
2. 能结合不同角色游戏主题,如娃娃家、医院、超市等,小组合作模拟进行角色游戏组织与指导。
3. 能主动获取并整理有关幼儿角色游戏组织与指导的有效信息,乐于展示学习成果,并能对本任务的学习情况以及以往的角色游戏实习工作进行总结与反思。

情感目标

1. 对幼儿角色游戏有正确认识和积极学习的态度,喜欢各类型角色游戏。
2. 积极参加模拟组织与指导幼儿角色游戏工作,追求角色游戏相关知识学习的广度和深度。

典型工作环节一 分析游戏认知

角色游戏是幼儿根据自己的兴趣、愿望,借助一定真实或替代材料,通过模仿与想象进行角色扮演,创造性地表现或再现其现实生活体验的游戏活动,是幼儿自主、自愿的游戏活动。角色游戏是以表征思维为基础的象征性游戏活动,是幼儿期最典型的游戏形式,在2～3岁时出现,幼儿期晚期达到最高峰。开展角色游戏对幼儿获取知识、发展智力,进行社会交往与道德行为实践,实现社会化发展有重要的作用。

一、任务描述

角色游戏的组织与指导是幼儿园教师教育教学工作的一个重要内容。[①] 游戏对幼儿身心各方面发展都有重要的积极意义。掌握角色游戏的特点、结构、发展价值、年龄特点与指导要点,便于幼儿教师采取恰当的教育方法,本环节的任务设置详见表1-1。

表1-1　分析角色游戏认知的任务单

任务小组	班级:		组名:
	组长:		
	组员:		
学习情境	指导角色游戏	学时	
具体任务	分析角色游戏认知		
任务要求	(1) 6～8人为一小组做好分工与合作 (2) 通过查阅文献,了解角色游戏特点、结构、发展水平与价值、年龄特点与指导要点等 (3) 通过深入幼儿园观摩角色游戏活动或者观看相关视频,结合活动归纳对应的角色游戏认知内容 (4) 每组由一人代表介绍查阅并整理归纳的资料		
工作步骤	**注 意 事 项**		
查找文献,了解幼儿角色游戏认知内容	(1) 资料获取的形式:电子或纸质 (2) 资料获取的渠道:网络教学平台、教材、电子资源等		
观摩游戏,分析幼儿角色游戏发展状况	(1) 视频的来源:需明确所观察的角色游戏来源,如见习、实习时观察的游戏或是角色游戏视频实录 (2) 视频内容:游戏需涉及角色游戏相关知识点		
整理资料,编制幼儿角色游戏认知思维导图	(1) 整理资料的流程:对搜集所获得的资料进行审查、检验、分类、汇总等初步加工,使之系统化和条理化,并以集中、简明的方式反映幼儿角色游戏认知的过程 (2) 整理资料的要求:具体资料来源标明出处 (3) 思维导图制作要求:全开的海报纸,每个一级主题用不同颜色区分,描述的语言简洁明了		
展示成果,介绍幼儿角色游戏认知思维导图	(1) 现场展示人员要求:每一次展示换一次发言人,保证课程结束后小组成员均做过发言代表 (2) 现场展示要求:面向所有学生,声音洪亮,逻辑清晰		
反思效果,为幼儿角色游戏认知情况查漏补缺	查漏补缺要求:能够结合其他小组展示查漏补缺		

---

① 刘焱. 儿童游戏通论[M]. 北京:北京师范大学出版社,2004:485.

二、主要学习支持

（一）角色游戏的主要特点与结构

了解角色游戏的特点与结构,可以帮助幼儿教师更深入了解角色游戏的实质,为更好指导与支持幼儿角色游戏提供有力的理论基础。

1. 角色游戏的特点

（1）表征性

角色游戏是象征性游戏的一种形式。象征性游戏是幼儿运用心理表征假装一物为另一物,或者是扮演假装的角色的游戏[①],是幼儿对角色、物体或材料、动作、情境等各方面进行想象表征出来的活动,是幼儿表征能力发展的产物。幼儿的角色扮演、以物代物、情景转换是角色游戏开展的必要条件。

（2）创造性

角色游戏是幼儿自主自愿的游戏活动,是幼儿的一种创造性想象活动。在游戏过中,幼儿根据对社会生活中的体验与印象(在大脑中形成的表象)、兴趣需要,通过大脑进行重组,选择角色游戏主题、材料、角色、情节等再现生活经验,而非机械地再现现实生活体验。

（3）社会生活性

角色游戏是创造性地再现现实生活的游戏活动,其内容来源于幼儿的生活体验与经验,包含着幼儿对成人社会的某种期待。角色游戏中的主题、角色、情节都来源于现实生活。例如,"美食街""维修店""超市"等游戏主题中,"厨师(见图 1－1)""维修员(见图 1－2)""收银员"等角色行为的再现源于幼儿对现实生活的反应与体验。在游戏过程中,幼儿对所扮演的角色如父母、烧烤师、收银员等角色的工作性质、情感体验有了进一步的感受,增进了他们对角色的认识,也促进他们对各类职业要求与责任的进一步了解。

图 1－1　"厨师"角色游戏

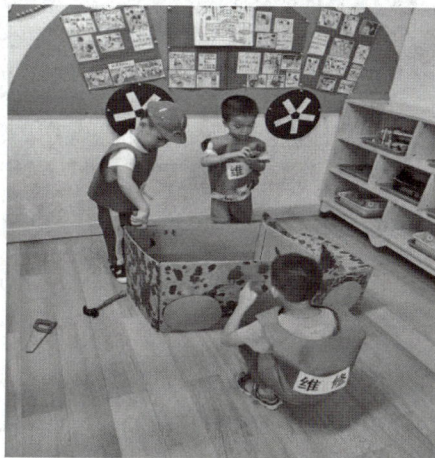

图 1－2　"维修员"角色游戏

2. 角色游戏的结构

不同的心理学家和教育专家对角色游戏结构有不同的理解,艾里康宁认为主题、角色、动作、规则是主题角色游戏的基本结构要素。杨枫认为角色游戏的结构要素包括角色扮演、对材料的假想、对动作和情节的概括,以及内在的规则[②]。丁海东认为角色游戏的结构主要包括游戏主题、角色扮演、对游戏材料或物品的假想、情景转变和内隐规则五个要素[③]。本书参照的是丁海东对角色游戏结构阐述的观点,其对角色游戏结构要素的阐述较为全面,易于理解。

---

① 刘焱.儿童游戏通论[M].北京:北京师范大学出版社,2004:479.
② 杨枫.学前儿童游戏(第三版)[M].北京:高等教育出版社,2018:26.
③ 丁海东.幼儿园游戏组织与指导(第三版)[M].长沙:湖南大学出版社,2019:141.

（1）游戏主题

游戏主题是核心要素,统率其他结构要素。所谓"主题"就是儿童在游戏中反映的周围人们的生活与生活中的一定动作、事件和相关关系,包括任务、角色、情境、动作和物品等[①]。角色游戏主题围绕着中心议题反映角色游戏的内容与范围,一般表现为角色游戏的名称,如娃娃家、医院、美食街、旅游局、超市、理发店等。幼儿角色游戏主题来源于生活,随幼儿年龄增长及生活经验积累逐渐增多,主题由一开始的依赖幼儿直接感知的事物逐渐过渡到根据自己的愿望与兴趣预设游戏主题。例如,小班幼儿主要依赖眼前感知的逼真形象,类似玩具娃娃、锅、铲而产生"娃娃家"游戏主题;大班幼儿逐渐能够依赖自己愿望或者兴趣开展超市或者"娃娃家"角色游戏。

（2）角色扮演

幼儿在角色游戏中扮演着一个或者多个角色身份,其实质是"以人代人",如图1-3、图1-4中的角色扮演均为以人代人。通常幼儿扮演的角色主要是机能性角色、互补性角色和想象性角色,是幼儿经常接触、认为重要或者能引起强烈情感的人物角色。机能性角色是指幼儿利用角色本身的典型动作进行角色扮演,如用"打针"动作表示"医生"的角色。互补性角色是指幼儿所扮演的角色以另一方的存在为条件,如医生——病人、警察——坏人、理发师——顾客。想象性角色指幼儿将非现实生活中的角色(文学作品中的角色)迁移到角色游戏中,而非对文学作品的再现,其区别于表演游戏的角色扮演。例如,动画片《小猪佩奇》中佩奇郊游的情节迁移于旅游局的角色扮演中。通常幼儿会根据自己的情感取向选择所扮演的角色,他们一般喜欢扮演占主动地位的角色,主要包含幼儿尊敬或崇拜的角色,如教师或者警察;幼儿感到害怕的人或者动物的角色,如打针的医生。

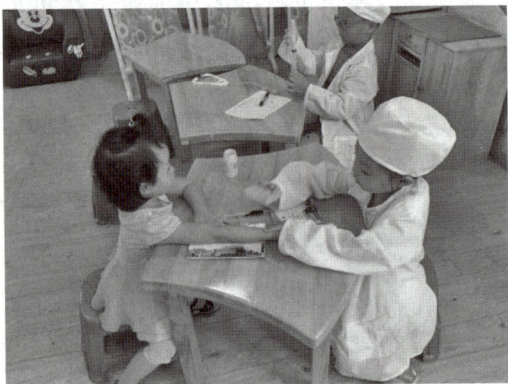

图1-3　看病

图1-4　加油站

（3）材料假想

大部分游戏活动离不开游戏材料,角色游戏也是如此。幼儿在角色游戏中离不开对材料或物品的假想,即离不开"以物代物"的能力。如在美食街,幼儿把不同颜色的塑料杯子当作不同口味的饮料,把圆形积木当作蛋糕,把一团白线当作粉丝。以物代物指幼儿在游戏中利用一种物品或材料假想(代替、象征)成另一种不在眼前的物品。"以物代物"涉及替代物与被替代物引发的想象活动。由替代物引发的想象活动,侧重把替代物体当"其他东西",如看到用完的"卷纸心筒",把它想象成望远镜;而由被替代物引发的想象活动侧重把"其他东西"当被替代物,如在医院区没有针头这个被替代物的情况下,幼儿可以根据"针"的表象寻找相似替代物,如像笔、棍子、吸管等。

（4）情景转变

情景转变是指幼儿对游戏情景的想象,是幼儿在游戏情节中,通过简单、形象、典型的动作假想,再现与表现成人的生活片段、职业行为、言行举止等生活情节。角色游戏动作和情节的假想性,是幼儿开展角色游戏的重要支撑[②]。例如,用"打针"动作表现"看病"情节,用"喂奶"动作表现"照顾宝宝"的生活片段,用

[①] [苏联]查包洛塞兹,马尔科娃.学前教育学原理[M].北京:人民教育出版社,1984:252.
[②] 邱学青.幼儿园游戏指导[M].北京:人民教育出版社,2015:107.

"炒菜"动作再现厨师的职业行为。这些都是幼儿以高度概括的动作和经典的情节，表现出自己对现实生活的理解，表达自己的思想、情感与体验。

（5）内隐规则

任何游戏都是有规则的，但是根据不同表现形式分为外显规则与内隐规则。角色游戏中的规则是内隐规则，是指角色本身的内在行为要求，是现实生活角色中应有的动作及其先后顺序的正确表现，不同于规则游戏中的规则是事先预设的。例如，医生动手术拿的是手术刀而不是菜刀，不是医生不可以随意给人看病，这是角色本身的要求；再如司机开车时不可以玩手机，玩手机就违反了司机的角色要求。也就是说，角色游戏中的规则受角色制约，扮演的角色必须遵守与角色对应的行为要求与承担对应的责任。

（二）角色游戏对幼儿发展的价值

角色游戏对幼儿发展有重要的价值，主要体现在角色游戏对幼儿社会性、认知、语言、情感等方面的发展，这里主要阐述角色游戏在社会性、认知及语言发展方面的价值。

1. 促进幼儿社会性的发展

角色游戏可以帮助幼儿了解各类职业角色要求及工作过程，提供践行社会规则的机会。幼儿在角色游戏中扮演的角色都是社会生活环境中的角色或者职业，幼儿将现实生活中的知识经验在游戏中进行感受、体验、理解、应用。幼儿要想深入开展与之相关的角色游戏，就要先深入观察与了解这些角色的要求与工作过程，进而在游戏中再现与反应出来。例如，幼儿要开展超市主题角色游戏，就要了解收银员、理货员、进货员等职业相关工作要求与工作过程。在游戏的过程中，角色扮演也是其社会角色的学习和实践过程。幼儿在角色游戏游乐场"售票员"中，坚守自己岗位、关爱顾客、认真负责的态度，是对售票员社会规范表现的高度认可，也是他们践行社会规则的机会。

同伴交往是幼儿社会性发展的必经途径，角色游戏可以促进幼儿社会交往能力的发展。幼儿在游戏中结成了两种类型交往关系，即现实的伙伴关系与游戏中的角色关系[①]。这两种关系为幼儿社会性的发展提供了有力条件。幼儿在角色游戏开展前要学会与同伴沟通、交流游戏主题、内容、角色、材料等，同时也要学会在角色游戏中进行角色间的交往，学会表达与理解角色中的行为。这个过程为幼儿交往能力的发展提供了可能，促进了幼儿交往技能的发展。例如，在医院区域，当所有幼儿都想当医生时，他们就要通过协商、轮流、分享、谦让或者交换等同伴交往技能，保证游戏的顺利开展；而在医院游戏开展过程中，医生、护士等角色又要互相配合才能更好促进游戏的进行。

发展自我意识，克服自我中心，"去自我中心"是实现幼儿社会化的有效途径。角色游戏在促进幼儿从他人角度看问题的能力发展中起着重要作用[②]。角色游戏中，幼儿进行角色扮演时，根据角色需要，要以他人身份出现，以他人身份看问题，逐渐克服"自我中心"，才能顺利开展游戏。例如，在超市游戏中，售货员给顾客介绍商品，顾客根据介绍选择合适的商品并道谢，就是"售货员"与"顾客"开始去自我中心，学会从他人角度考虑问题的表现。

2. 促进幼儿认知与语言的发展

角色游戏有利于幼儿提升与丰富社会认知及生活经验。幼儿在角色游戏中通过体验社会角色，了解相关的生活知识，丰富自身的社会认知。例如，通过扮演"教师""医生""妈妈""司机"知道与之对应的社会认知："教师"要关爱幼儿、要有相关的知识；"医生"要有看病的能力与救人的职责；"妈妈"炒菜时要先洗菜，放锅里炒，再拿盘子盛起来等。角色游戏还可以发展幼儿的主动性、创造性及解决问题的能力。角色游戏的开展需要考虑环境布置、材料替代主题与内容选择、分配角色等各方面的准备，在这个过程中幼儿需要发挥他们的生活记忆、想象、思维、语言技巧等解决可能出现的各种问题，幼儿的主动性、创造性贯穿游戏过程。例如，在超市游戏中，作为"进货员"的幼儿要回忆超市热卖的东西是什么，在缺乏材料的情况下，如何使用替代物进行替换想象；"销售员"要如何针对不同"顾客"用不同的表述介绍商品；"经理"面对

① 杨枫.学前儿童游戏(第三版)[M].北京：高等教育出版社,2018：31.
② 杨枫.学前儿童游戏(第二版)[M].北京：高等教育出版社,2014：28.

"顾客"进行投诉时如何去解决问题等。

（三）幼儿角色游戏的年龄特点与指导要点

不同年龄段的幼儿,角色游戏的发展水平、层次会有所不同。教师在组织与指导角色游戏中,要基于幼儿各年龄段身心发展特点选择不同的指导侧重点。

1. 小班角色游戏

年龄特点:在玩具材料的使用上,小班幼儿直觉行动思维强,在角色扮演中他们更加直接依赖玩具材料,喜欢逼真的玩具材料(见图1-5、图1-6)或成型玩具。成型玩具也可以称为专门化玩具,是模拟实物的玩具(如动物、交通工具、厨具里的锅碗瓢盆等),其构成精美逼真,功能确定性强,游戏主题比较固定,如医院游戏中的听诊器玩具只能玩"医院"或者"当医生"游戏。在社会性发展及交往方面,小班幼儿属于独自游戏与平行游戏的高峰期,因此他们喜欢"求同"、好模仿,喜欢和同伴玩相同或相近的游戏,交往欲望低,容易争抢玩具。在角色主题上,由于生活经验有限,没有明确的主题,主题不稳定,反映出角色中典型的个别行为动作,如扮演"妈妈"就只知道"喂奶",扮演"司机"就只知道"转方向盘"。在扮演水平与角色意识上,小班幼儿意识不到自己所扮演的角色,满足于摆弄物体、重复动作,如在娃娃家,幼儿只是重复摆弄娃娃,或者直接把"娃娃"放在"灶台",意识不到扮演"妈妈"需要照顾好"娃娃",不能将"娃娃"置于危险中。

图1-5 逼真的材料

图1-6 幼儿使用逼真材料

指导要点:教师在小班角色游戏指导中重点引导幼儿认识玩具材料;教师应根据小班的年龄特点提供种类少、数量多的形象、逼真、成型的玩具,满足幼儿平行游戏的需要;教师在介入游戏时可以多以平行游戏身份或者角色游戏者身份介入指导与改进,帮助幼儿明确主题,确定角色,丰富游戏主题。

2. 中班角色游戏

年龄特点:在玩具材料的使用上,中班幼儿能够按照角色要求使用与真实物品外形相似的物品,如用积木当作蛋糕店的"蛋糕"。在社会性发展及交往方面,中班幼儿属于联合游戏阶段,能进行简单对话,有交往愿望,但交往技能缺乏,常会发生纠纷。例如,在超市游戏中,他们能够一起商讨计划、分配角色、商定游戏情节,但也常因角色分配冲突,如多人争当收银员。在角色主题上,中班幼儿随着经验的增长,认知能力增强,他们想尝试所有主题,能根据自己兴趣需要选择,但主题不稳定。例如,在娃娃家,分配角色后,能简单设计游戏情节,把某几个角色的不同活动或动作排列起来,使之有一定的连贯性,会叫"娃娃"起床、穿衣、吃饭、上幼儿园等,但很快改变主意,开始用积木搭建房子,用凳子当作马骑等,这些都是游戏主题不稳定的表现。在扮演水平与角色意识上,中班幼儿角色意识明确,能按照角色要求来,但不能与其他角色有效配合。

指导要点:针对中班幼儿特点,教师可以重点指导幼儿掌握交往技能及规范,学会在游戏中解决简单问题与冲突;在玩具材料使用上,教师可以提供丰富且有变化的游戏材料,减少逼真游戏材料的投放,增加半成品、废旧物品及材料的提供;教师在指导过程中,可以平行游戏或合作游戏方式指导,坚持以幼儿为主体;引导幼儿解决纠纷,引导幼儿拓展游戏主题与内容,鼓励幼儿玩不同主题,学会分配角色;应注重游戏后幼儿的讨论交流,以进一步丰富游戏经验。

3. 大班角色游戏

年龄特点: 在玩具材料的使用上,大班幼儿不拘泥于材料外形的相似,能够根据游戏需要自制一些玩具。在社会性发展及交往方面,与合作游戏对应,大班幼儿喜欢与同伴游戏,尝试自己解决问题与纠纷。比如,在"婴儿游泳馆"游戏中,大班幼儿会商量分工:接待顾客,为宝宝洗澡、喂奶,收款,做管理员。一旦有人"脱岗","管理员"马上去追回,并告知不能随便"脱岗"。在角色主题上,主题新颖、内容丰富,能反映多种社会生活经验,大班幼儿主动、独立,有计划地选择主题。在扮演水平与角色意识上,角色意识非常明确,能正确反映角色行为,能配合角色互动,进而共同游戏。如在美食街游戏中,"服务员"要"客人"点菜,客人点了游戏中没有的羊肉串和海带。这时,"厨师"就找出橡皮泥做成羊肉串,用绿色泡沫纸条串在竹签上当海带。

指导要点: 根据大班幼儿年龄特点,指导重点应是游戏中的自主性与创造性。在材料使用上,教师应提供低结构材料(抽象性替代),鼓励幼儿自制玩具;教师要多用语言指导游戏,运用提问、建议等语言形式;引导幼儿一起准备游戏环境,鼓励在游戏中创造,通过讲评互相学习,提高角色游戏水平;在游戏结束时,教师可以鼓励大班幼儿分享游戏经验,采用多种方式讲评,以拓展游戏主题与思路。

三、任务评价

为了更好地了解学习者对角色游戏相关知识与能力的掌握情况,本部分设计了"分析角色游戏认知的评价单"(见表1-2),该评价单由组内自评、组间互评、教师评价三部分构成,按组内评价30%、组间评价30%、教师评价40%的比例确定最终成绩,满分为100分,请根据评价单具体标准进行打分。

表1-2　分析角色游戏认知的评价单

任务小组	班级:			组长:		
	小组名:			小组总得分:		
	组员:					
学习情境	指导角色游戏			学时		
具体任务	分析角色游戏认知					
评价项目	评价要点	分值	组内自评(30%)	组间互评(30%)	教师评价(40%)	
查找文献	能多途径获取幼儿角色游戏认知相关内容,资料信效度高	20				
观摩游戏	能结合观摩的游戏分析角色游戏的特点、指导要点及价值等内容	20				
整理资料	能对相关角色游戏认知进行归纳成思维导图,事项齐全,内容丰富	40				
展示成果	展示时能准确表达、汇报成果,条理清晰,组织有序、气氛活跃	10				
反思效果	反思内容具有针对性,表述清晰	10				

四、巩固探索

探索一: 分析角色游戏年龄特点

以组为单位收集小、中、大班角色游戏案例,并分享交流,指出各年龄段幼儿角色游戏的发展特点。

_____

_____

_____

_____

_____

典型工作环节二　预设游戏方案

角色游戏作为创造性游戏的一种,是自主自愿的游戏,但并不等于不可以对游戏进行预设与计划。教师应把握幼儿角色游戏年龄目标,选择适宜的游戏主题、游戏目标和游戏形式,预设角色游戏方案,并根据需要做适当调整,使游戏符合幼儿需要,能有效吸引幼儿游戏,提高游戏水平,促进个体发展。

一、任务描述

在角色游戏开展之前,需要提前制订游戏方案,主要包括确定角色游戏主题及预设幼儿角色游戏方案。本环节任务基于工作过程系统化将任务设置如下,详见表1-3。

表1-3　预设角色游戏方案的任务单

任务小组	班级:		组名:	
	组长:			
	组员:			
学习情境	指导角色游戏	学时		
具体任务	预设角色游戏方案			
任务要求	(1) 6～8人为一小组做好分工与合作 (2) 结合见习、实习和幼儿园游戏观摩活动,撰写一份详细的角色游戏方案,包含游戏目标、游戏准备、游戏过程、游戏延伸等内容 (3) 每组由一人代表介绍小组的角色游戏方案			
工作步骤	注意事项			
确定角色游戏主题	(1) 明确主题来源 (2) 确定游戏名称			
预设角色游戏方案	(1) 游戏目标撰写要求:参照教学活动三维目标撰写 (2) 游戏准备撰写要求:包括经验准备与物质准备 (3) 游戏过程撰写要求:能够按照目标设计过程 (4) 书写规范性:格式规范,层级标题清晰			
展示角色游戏方案	(1) 现场展示人员要求:每一次展示换一次发言人,保证课程结束后,小组成员均做过发言代表 (2) 现场展示要求:面向所有学生,声音洪亮,逻辑清晰			
反思方案查漏补缺	查漏补缺要求:能够结合其他小组的展示查漏补缺			

二、主要学习支持

（一）确定角色游戏主题

幼儿角色游戏主题的确定主要应考虑幼儿的兴趣、经验、年龄特点。教师在选择与确定角色游戏主题时,要先考虑幼儿的兴趣与经验。角色游戏具有社会性的特点,其角色主题、扮演的角色主要来源于现实社会及生活中的人、事与物,是他们熟悉的生活情景、人、物,是基于他们自己的经验与兴趣。下面具体看看大班"鸭鸭美食街"主题的产生[1]。

案例	鸭鸭美食街(大班)
	"鸭鸭美食街"游戏主题的产生过程:在国庆回到班级之后,我们班幼儿开始和自己的同伴分享他们吃过的美食,他们都认为自己吃过的美食是最好吃的。教师在幼儿分享中受启发开展了"我最喜欢的美食"调查活动,统计了全班最受欢迎的前十"美食",并征得幼儿同意后开展了以"鸭鸭美食街"为主题的一系列角色游戏。

幼儿角色游戏主题内容逐渐从单一到丰富,游戏角色也从单一到多重角色转变,游戏情节与动作也变得更逼真。不同年龄段幼儿的角色游戏主题内容与目标是不一样的,因此,教师要在幼儿经验与兴趣的基础上,考虑角色游戏发展水平与年龄特点,以拓展幼儿生活经验,提升幼儿角色游戏水平。不同年龄班幼儿角色游戏目标可参考表1-4。

表1-4 角色游戏年龄阶段目标[2]

幼儿年龄	角色游戏目标
小班 (3～4岁)	认知目标:了解生活中熟悉的人物动作行为,具有初步的角色意识
	能力目标:能进行单一角色的象征;能围绕某一主题进行游戏,持续时间较长
	情感目标:愿意围绕某个主题进行游戏;遵守游戏规则
中班 (4～5岁)	认知目标:了解常见行业的人物角色与行为;了解简单的人际交往技能;具有初步的角色认知
	能力目标:能进行多重角色的象征;能与同伴合作游戏,具有一定的人际交往技能;能与老师一起布置游戏环境,讨论解决游戏中的问题;能遵守游戏中的规则
	情感目标:体验扮演人物的情绪情感,愿意换位思考
大班 (5～6岁)	认知目标:深入了解各行各业人物的行为特征;了解更丰富的交往技能
	能力目标:能与老师讨论决定游戏的主题;能在老师的帮助下,创设游戏环境;能更逼真、丰富地表现现实生活中人物角色以及他们之间的关系;在老师的帮助下,能创造性解决游戏中出现的问题
	情感目标:体验创造与团结合作的快乐

(二) 预设角色游戏方案

角色游戏方案的预设主要包含游戏名称、设计意图、游戏目标、游戏准备、游戏过程、游戏延伸等内容,详见案例"大班角色游戏:儿童超市乐园"。

案例	大班角色游戏:儿童超市乐园
	设计意图
	大班幼儿的自主意识有所增强,角色游戏水平不断提高,能够有计划、有目的地设计游戏,能够自主选择游戏内容、发展游戏情节,充分利用各种材料与同伴合作开展角色游戏。在谈话活动中发现,许多幼儿会谈论去超市购物的话题。他们知道沃尔玛超市、大润发超市、永辉超市等,对超市购物有一定的经验,但对超市的认识与理解不是很完整、全面,于是我们引导幼儿生成了"儿童超市乐园"主

---

[1] 该案例为在武汉洪山区丽岛幼儿园跟岗实习所做记录。

[2] 廖贵英.幼儿园游戏活动实践指导[M].上海:复旦大学出版社,2018:14.

题的角色游戏。该角色游戏是根据幼儿自己的需要,自主选择材料、自己分类摆放,设计标签、标志,并自主开展买卖等活动的游戏过程。

游戏目标

（1）知道"儿童超市乐园"的基本玩法,初步懂得各自角色职责（重点）。

（2）在游戏的过程中学会用协商的方法分配角色;能运用原有的知识经验,尝试运用对应与分类的方法摆放儿童超市乐园的商品（难点）。

（3）游戏过程中,礼貌待人,遵守游戏规则,体验参与"儿童超市乐园"游戏的快乐。

游戏准备

经验准备:幼儿有超市购物的经验,了解超市工作中收银员、导购员等职员的工作职责;在谈话活动中讨论过商品分类及货物摆放的方法。

物质准备:儿童超市乐园情境中师幼共同讨论收集的材料,如玩具类、水果类、饮料类、文具类、洗涤类等材料及相关替代物;投放儿童超市乐园的宣传单,导购员、收银员的服装及工作牌;投放超市秤、收银台、购物袋;投放"银行卡""钱""购物卡"等。

游戏过程

1. 调动原有超市购物经验,导入游戏

（1）通过提问引导幼儿将商品进行分类摆放。

教师:上次大家提议要开属于我们自己的超市,今天我们的"儿童超市乐园"就要开业了。我们超市的商品应该怎么摆放呢?卖多少钱呢?要准备哪些材料呢?

（2）引导幼儿讨论超市主要职员及工作职责,共同协商分配角色。

教师:我们的"儿童超市乐园"应该设有哪些工作人员,他们怎么工作的?

教师:你想当什么角色?有顾客来时,你应该怎么做呢?

2. 幼儿游戏,教师观察指导

（1）教师引导幼儿讨论并制定游戏规则。

教师:我们在玩游戏时,应该遵守哪些游戏规则,才能把超市经营好呢?

小结:游戏过程中超市工作人员要礼貌待客,坚守自己的工作岗位;顾客要举止文明,有序购物。

（2）幼儿自主开展角色,教师观察指导。

教师观察指导要点:

① 幼儿能否运用原有超市购物经验,尝试分类摆放商品;

② 幼儿能否有效运用替代物创设环境;

③ 幼儿能否协商讨论分配角色,明确自己所扮演角色的职责。

3. 引导幼儿丰富游戏情节,加强角色之间的互动

4. 结束游戏,进行评价总结

（1）超市结束营业,共同整理超市物品后"下班"。

（2）进行经验交流展示,评选出"优秀员工"和"优秀顾客"。

① 通过问题引导幼儿进行自评。

教师:你今天扮演了什么角色?有什么好的经验与大家分享?

教师:你们是如何摆放超市里的商品的?

教师:大家对我们新开的"儿童超市乐园"是否满意?好的地方有哪些?哪些需要我们一起努力改进呢?

② 教师总结,提升幼儿游戏经验。

教师:根据大家的表现我们评出了"优秀员工"和"优秀顾客"。

（3）引导幼儿解决游戏中的问题,为下次游戏做准备。

游戏延伸

引导幼儿继续收集制作游戏材料,增添买卖商品,拓展游戏情节。

三、任务评价

为了更好地了解学习者预设角色游戏方案能力的掌握情况,本部分设计了"预设角色游戏方案的评价单"(见表1-5),该评价单由组内自评、组间互评、教师评价三部分构成,按组内评价30%、组间评价30%、教师评价40%的比例确定最终成绩,满分为100分,请根据评价单具体标准进行评价打分。

表1-5　预设角色游戏方案的评价单

任务小组	班级:		组长:		
	小组名:		小组总得分:		
	组员:				
学习情境	指导角色游戏		学时		
具体任务	预设角色游戏方案				
评价项目	评价要点	分值	组内自评（30%）	组间互评（30%）	教师评价（40%）
确定角色游戏主题	主题来源于生活,尊重幼儿兴趣,考虑幼儿年龄特点	20			
预设角色游戏方案	游戏目标符合年龄特点、角色游戏目标要求,游戏准备丰富、全面,游戏过程清晰明了有操作性	45			
展示角色游戏方案	展示时能准确表达、汇报成果,游戏方案撰写规范、整洁	20			
反思方案查漏补缺	能结合其他小组的展示反思并查漏补缺	15			

四、巩固探索

探索二：　模拟预设游戏方案"大班角色游戏　儿童医院"

每位同学根据预设角色游戏方案"大班角色游戏:儿童超市乐园"的形式模拟一个和"儿童医院"相关的游戏方案。

_____

_____

_____

_____

典型工作环节三　创设游戏环境

良好的游戏环境是幼儿开展角色游戏的物质条件,同时也是满足幼儿游戏愿望、发展幼儿想象力的重要载体。幼儿角色游戏的开展需要做好经验与物质准备。

一、任务描述

在确定角色游戏主题及游戏方案之后,教师就需要根据主题与方案创设环境。在创设环境的过程中,教师要进一步分析幼儿的特点与需求后再进行游戏环境的创设,为幼儿游戏的开展做好准备(见表1-6)。

表1-6 创设角色游戏环境的任务单

任务小组	班级:		组名:	
	组长:			
	组员:			
学习情境	指导角色游戏		学时	
具体任务	创设角色游戏环境			
任务要求	(1) 6~8人为一小组做好分工与合作 (2) 结合实训室材料,根据幼儿年龄特点、生活经验选择一个主题设置角色区游戏环境 (3) 每组由一人代表介绍小组的角色游戏区			
工作步骤	注 意 事 项			
分析幼儿特点与需求	(1) 明确角色区所属的年龄段 (2) 确定角色区的主题			
创设角色游戏的环境	(1) 区域选择要求:空间宽阔,适当隔离,远离安静区 (2) 材料制作要求:在实训室材料不足情况下,可制作 (3) 材料投放要求:符合年龄特点,考虑高、低材料投放需求			
解说环境设置的依据	(1) 现场展示人员要求:每一次展示换一次发言人,保证课程结束后,小组成员均做过发言代表 (2) 现场展示要求:面向所有学生,声音洪亮,逻辑清晰			
提出优化创设的策略	能够结合其他小组及教师的反馈反思并提出有效策略			

二、主要学习支持

(一) 经验环境准备

角色游戏是幼儿对现实生活的创造性再现与反映。幼儿角色游戏主题内容、语言与幼儿的生活经验相关。幼儿的生活经验越丰富,就越能了解不同角色语言,角色游戏主题内容也越充实、新颖、丰富,教师可以通过参观、观看纪录片等方式,丰富和拓展幼儿的生活经验。例如,为了开展与消防员相关的角色游戏,教师可以通过"请进来"——请消防员进园开展相关的演习活动,也可以通过让幼儿"走出去"——让幼儿参观消防人员的工作日常,丰富他们对消防员角色的认识经验。在这个过程中,幼儿了解得越多,观察得越仔细,他们在"消防员"的游戏情节中会表现得更丰富,扮演的角色也越逼真,越能体会与感受"消防员"的工作职责。

(二) 物质环境准备

游戏玩具材料、时间、场地是幼儿顺利开展角色游戏的重要物质条件,角色游戏玩具材料的准备应该根据幼儿年龄特点与游戏主题进行选择与投放。可以为小班提供实物或逼真的模拟物(相似物替代),颜色鲜明、形状特征明显,种类要少,数量充足。中、大班逐渐过渡到低结构多功能化的游戏材料,鼓励幼儿选择替代性玩具材料或者自制玩具。因此,中班要减少逼真游戏材料的投放,大班要提供低结构材料(抽象性替代),引导幼儿通过自己的努力创设环境。幼儿角色游戏时间必须充分适宜,以保证游戏的深入开展。时间过短,游戏无法真正开展;游戏时间过长容易导致幼儿注意力分散;粗暴干预幼儿游戏时间又会影响幼儿游戏氛围。在做好幼儿经验、物质环境准备的基础上,教师要根据计划进行角色游戏场地布置。幼儿角色游戏的场地可以根据角色游戏的特点选择室内或者室外,一般以区域为主要形式,每个班1~2个角色区,但是要考虑角色区域之间的均衡布局。根据角色游戏主题构想区角的布局,围绕幼儿的兴趣、经验以及准备的材料进行游戏环境布置。例如,教师在做好中班"漂亮理发店"角色游戏的经验与物质准备后,开始布置理发店的场景,为幼儿开展理发店角色游戏奠定基础;为了让幼儿更高质量地参与"美食街"与"宝贝家"的游戏中,教师依据幼儿年龄特点准备了"美食街"和"宝贝家"的材料,如图1-7、图1-8。

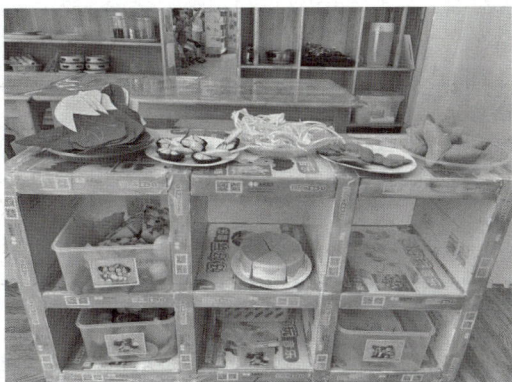

图1-7　美食街材料

图1-8　宝贝家材料

　　角色游戏区分为自我类、家庭类、社会类。自我类的角色区主要功能是情感宣泄,让幼儿感受温暖与安慰,缓解负面情绪;丰富同伴交往经验,探索解决矛盾的方法;养成收放玩具的好习惯。所提供的游戏材料主要是地垫、娃娃、毛绒动物、幼儿自带的依恋物、生活物品、知心小屋、操作材料等。家庭类的角色区主要功能是让幼儿感受家庭成员之间的关系,发展共情能力,提升人际交往能力;模仿家庭生活,锻炼生活技能。提供的游戏材料主要是家具(如床、桌椅、衣柜、梳妆台),装饰物(如花瓶、工艺品、相框),厨房用具(如灶台、锅、厨具),餐厅用具,电器等。社会类的角色区主要功能是让幼儿关注周围生活,积累社会角色体验,加深对社会的理解;学会选择、使用材料、工具,增强社会适应能力;学习做计划、决定,培养责任感。不同主题的社会类角色区域所提供的游戏材料不同:商店提供家具、装饰、用具、工作服、货物、食品加工材料、货币等;餐厅提供家具、装饰、工作服、厨房用具、进餐用具、设施设备、卫生用具等;银行提供银行柜台、取款机、工作服、记录工具等;医院提供门诊台、挂号台、收银台、药品柜、手术台、药品、标志、医疗用具、服装、卫生用品等;美容美发厅提供梳妆台、收银设备、美发工具、围裙、披巾、洗发设施设备等。教师在提供材料时应考虑不同年龄段幼儿及主题的需要,创设适宜的角色游戏环境。

三、任务评价

　　为了更好地了解学习者创设角色游戏环境能力的掌握情况,本部分设计了"创设角色游戏环境的评价单"(见表1-7),该评价单由组内自评、组间互评、教师评价三部分构成,按组内自评30%、组间互评30%、教师评价40%的比例确定最终成绩,满分为100分,请根据评价单具体标准进行评价打分。

表1-7　创设角色游戏环境的评价单

任务小组	班级:		组长:	
	小组名:		小组总得分:	
	组员:			
学习情境	指导角色游戏		学时	
具体任务	创设角色区游戏环境			

评价项目	评价要点	分值	组内自评（30%）	组间互评（30%）	教师评价（40%）
分析幼儿特点与需求	(1)角色区创设符合幼儿年龄特点、生活经验与需求；(2)环境创设情境化并突出主题	20			
创设角色游戏的环境	(1)角色区空间面积选择满足游戏需要，空间布局合理；(2)材料种类、数量、配置符合游戏需要及幼儿年龄特点；(3)能合理利用其他区域作品与美工区制作的材料(如糖果、冰激凌)放到区域；(4)区域规则设置合理；(5)所有材料及辅助材料要符合幼儿身高、手掌大小等	45			
解说环境设置的依据	(1)能根据相关理论解说环境创设的依据；(2)能结合《3—6岁儿童学习与发展指南》及相关理论分析该环境创设的价值	20			
提出优化创设的策略	能根据小组及教师反馈进行反思，提出优化策略	15			

四、巩固探索

探索三：娃娃家游戏环境创设

请为小、中、大班幼儿的娃娃家创设环境，并说一说这三个年龄段游戏材料投放的差异及理由。

_____

_____

_____

_____

典型工作环节（四）　开展游戏活动

开展角色游戏活动这一环节是指导幼儿角色游戏这一学习情境最重要的典型环节。这部分是幼儿真正参与游戏、表现自我的主要环节。

一、任务描述

在开展角色游戏前，教师的主要任务是把握导入游戏激发兴趣的策略，做好观察评价幼儿角色游戏行为，并对幼儿角色游戏进行有效指导。通过任务的掌握开展角色游戏活动的组织与实施策略(见表1-8)。

表1-8　开展角色游戏活动的任务单

任务小组	班级：		组名：	
	组长：			
	组员：			
学习情境	指导角色游戏		学时	

续 表

具体任务	开展角色游戏活动
任务要求	(1) 6~8 人为一小组做好分工与合作 (2) 能做好开展角色游戏各项步骤 (3) 每组由一人代表介绍小组的角色游戏开展情况

工作步骤	注 意 事 项
导入游戏激发幼儿的兴趣	寻找导入幼儿角色游戏的方式
观察与评价幼儿角色游戏	(1) 充分利用评价指标分析幼儿角色游戏行为 (2) 能根据分析结果给出针对性建议
指导与支持继续开展游戏	(1) 模拟组织开展角色游戏片段环节 (2) 能够设计情境,教师观察并解决问题,比如解决材料提供不适宜、同伴角色分配冲突、游戏兴趣不高等问题

二、主要学习支持

（一）导入游戏，激发幼儿的兴趣

角色游戏是自主性游戏的一种,在确定主题、预设方案,做好幼儿游戏各方面准备后,就可以组织幼儿开展角色游戏。而角色游戏的导入环节对开展角色游戏、激发幼儿兴趣有重要的作用。导入游戏的方式很多,角色游戏常见的导入方式主要有：直接导入法、情境创设法、儿歌导入法、经验总结导入法、新游戏导入法。例如,教师利用经验总结导入法针对上周"美食街"角色游戏中,"厨师"无菜可炒,"服务员"干坐等现象引导幼儿讨论解决办法,并在这周的"美食街"游戏中实施;再如,教师利用新游戏导入法,充分利用幼儿经验与兴趣点,鼓励幼儿开展新主题,在"三月三"假期结束,教师鼓励幼儿开展关于壮族"三月三"主题相关活动,了解壮族服饰、美食、活动、习俗等,激发幼儿对新游戏的兴趣。

（二）观察与评价幼儿角色游戏

教师在幼儿自主游戏过程中要观察幼儿游戏表现,了解幼儿游戏水平、遇到的困难、感兴趣的主题等,为适时介入提供依据。教师在观察与评价角色游戏时,主要从幼儿角色游戏主题、游戏情节、角色意识、角色转换、角色分配与轮流、材料使用或者以物代物的能力、社会互动等方面进行观察,详见表 1-9。"角色游戏的观察与支持"的相关内容可以扫码结合微课视频学习。

视 频 1-1
微课"角色游戏的观察与支持"

表 1-9 幼儿角色游戏评价指标[①]

项目		评 价 指 标	评价方式
角色扮演	角色转换	指向自己	
		扮演他人	
		扮演他物	
	角色意识	无角色意识,由材料诱发角色行为	
		提出角色名称,但不能坚持	
		能坚持扮演某一角色	

① 潘月娟. 学前儿童观察与评价[M]. 北京：北京师范大学出版社,2015：169.

项目		评价指标	评价方式
角色扮演	角色分配与轮流	无角色分配	
		有角色分配，但无轮流意识	
		自主分配角色且有较强轮流意识	
	游戏主题	家庭生活中的人物与情节	
		家庭之外的社会生活	
	游戏情节	情节单一、重复	
		情节丰富，有内在逻辑线索，但具有随意性	
		能够预先计划游戏情节	
以物代物		真实物品	
		类似真实物品的玩具与真实物品的形式相似但功能不一致的物品	
		形式与功能都不同于真实物品的物品	
		无需物品支持，仅用言语和肢体动作	
社会性互动		无任何社会性互动	
		有简单的同伴互动	
		有互补的角色互动	

（三）指导与支持幼儿继续开展游戏

视频 1 - 2
"小小消防员"

通过观察记录幼儿角色中的表现，分析评价幼儿角色游戏水平后，教师可以就幼儿的行为做出积极回应，给予支持与引导。可扫码观看视频"小小消防员"，了解幼儿教师是如何指导幼儿开展角色游戏的。

1. 适时介入引导

在游戏过程中教师应基于幼儿游戏行为的观察，适时介入引导。游戏常见的介入方法有五种：以自身为媒介、以材料为媒介、以同伴为媒介、以规则为媒介、以语言为媒介。其中以同伴为媒介、以材料为媒介、以自身为媒介最常用，以自身为媒介介入分为平行式介入、交叉式介入、直接介入。例如，幼儿在玩娃娃家游戏，各自摆弄玩具，根本无法意识到自己角色时，教师可以自身为媒介通过游戏角色平行介入，充当"客人"引导幼儿各自的角色应该做什么。教师在观察游戏的基础上，根据幼儿表现适时介入，一般出现以下情况时，教师可进行适时介入引导[1]：出现具有安全隐患的游戏行为时；角色游戏主题单一，影响角色游戏进一步开展时；幼儿缺乏角色扮演意识时；幼儿出现生活经验缺乏时；出现玩具材料不充足时；角色游戏水平处于低水平重复时；违反游戏规则时，包括外部游戏常规及角色游戏本身的内隐性规则。教师在非必须介入的情况下，要学会等待幼儿自行解决问题，切勿盲目介入、主观臆断，影响幼儿游戏氛围以及自行处理问题的能力。

2. 适时退出游戏

要顺利开展角色游戏，教师的适时退出与适时介入同样重要。教师介入游戏后要避免幼儿成为依赖教师的被动接受者，不宜在游戏中逗留过久，应适时把主动权归还幼儿。当出现以下信号时，教师可以尝试退出游戏：在创造性游戏情境时，儿童表现得消极被动，而不是积极主动；儿童的声音变大、要求更多，并且越来越失控；儿童忽视教师的建议，继续按照自己的想法做事情；儿童离开了游戏区[2]。自然地结束游

① 丁海东.幼儿园游戏组织与指导(第三版)[M].长沙：湖南大学出版社，2019：144—146.
② [美]格朗兰德.发展适宜性游戏：引导幼儿向更高水平发展[M].严冷，译.北京：北京师范大学出版社，2014：65.

戏能为幼儿下次继续游戏保持积极性[①]。教师结束幼儿角色游戏时可以从以下三个方面考虑：一是游戏时间；二是幼儿游戏兴趣下降但情绪未低落时；三是游戏情节暂告一段落，继续发展有所困难时，教师可以考虑结束游戏，但是要掌握结束游戏的策略。例如，当游戏时间快到时，医院区的小朋友们还没开始整理玩具，教师可以说"医生们下班时间到了，可以回去休息了"来结束游戏。

3. 及时评价总结

游戏结束之后，教师要引导幼儿整理场地、收拾玩具、材料，形成爱护玩具材料的良好习惯。教师可以根据不同年龄班给予不同指导：小班侧重游戏后幼儿整理环境的意识；中班侧重幼儿主导、教师协助整理环境；大班侧重教师引导幼儿独立整理环境。

幼儿结束游戏后，最重要的是引导幼儿整理并提升游戏经验。教师可以引导幼儿通过展示实物、观察照片、欣赏视频回放、模拟情景等方式引导幼儿操作思考、分享经验、相互学习、反思成长，通过正确的评价和指导帮助幼儿在角色游戏中获得长足的进步和发展。评价的目的不是对幼儿进行相互比较，而是帮助教师了解幼儿的学习方式、认知风格、发展阶段，促进幼儿进一步发展。

三、任务评价

为了更好地了解学习者开展角色游戏活动的能力的掌握情况，本部分设计了"开展角色游戏活动的评价单"（见表 1－10），该评价单由组内自评、组间互评、教师评价三部分构成，按组内自评 30％、组间互评 30％、教师评价 40％ 的比例确定最终成绩，满分为 100 分，请根据评价单具体标准进行评价打分。

表 1－10　开展角色游戏活动的评价单

任务小组	班级：		组长：		
	小组名：		小组总得分：		
	组员：				
学习情境	指导角色游戏		学时		
具体任务	开展角色游戏活动				
评价项目	评价要点	分值	组内自评（30％）	组间互评（30％）	教师评价（40％）
导入游戏激发幼儿的兴趣	导入的方式适宜，能够吸引幼儿进入游戏	20			
观察与评价幼儿角色游戏	能够正确观察记录并结合评价指标分析评价幼儿水平，能够根据评价提出对应的指导策略	30			
指导与支持继续开展游戏	能够根据观察的结果及建议进行针对性的模拟指导，主要包括适宜的介入、适时退出及经验的总结提升	50			

四、巩固探索

探索四： 角色游戏观察与评价

请扫码观看视频"小班娃娃家"，利用表 1－9 幼儿角色游戏评价指标进行观察、评价分

视频 1－3
"小班娃娃
家"

---

① 杨旭.幼儿园游戏设计与指导[M].上海：复旦大学出版社,2017：30.

析,并提出具体看法。观察记录表可参考表 1－11。

表 1－11　观察记录表

观察者：　　观察时间： 被观察者：　　年龄：　　性别： 观察目的： 观察目标：		
事件描述(根据观察 目标描述幼儿行为)	识别(分析评价幼儿行为)	回应(提供针对性指导建议)

典型工作环节五　反思实施过程

"观而不思则浅,思而不行则浮",反思是为了更好的开始。角色游戏作为第一个学习情境,对后续其他学习情境的学习有重要的引导作用。

一、任务描述

反思角色游戏实施过程可以更好地加深对整个典型工作环节的理解,因此本环节的任务主要是利用反思工具进行反思(详见表 1－12)。

表 1－12　反思角色游戏实施过程任务单

任务小组	班级：		组名：
	组长：		
	组员：		
学习情境	指导角色游戏	学时	
具体任务	反思角色游戏实施过程		
任务要求	(1) 6～8 人为一小组做好分工与合作 (2) 充分利用反思工具进行审视与反思 (3) 将反思撰写成文		
工作步骤	注 意 事 项		
利用反思工具, 进行审视与反思	充分利用《3—6 岁学习与发展指南》《幼儿园教育指导纲要(试行)》《幼儿园教师专业标准(试行)》等与幼儿教师职业相关文件对"指导角色游戏"这一学习情境典型工作环节进行审视和反省,并撰写成文		
检查反馈反思, 改善与提升反思	组间进行反思的检查反馈		

二、主要学习支持

角色游戏活动结束后,教师应及时反思总结,并为下次角色游戏活动的开展提供经验。在角色游戏中,要主动收集分析相关信息,不断进行反思,改进保教工作。教师应该在整个游戏过程中保持反思的意识,及时观察记录,将幼儿在角色游戏中的行为情况用书面方式记录下来,然后针对收集的信息,不断进行反思,促进角色游戏的进一步开展。教师要反思当时分析的幼儿情况、预设的方案、创设的环境、提供的材料、采用的介入方式等是否得当。如果不得当,下次遇到类似的情况,应该怎样做才会更好、更准确,以促进幼儿进一步的发展。

三、任务评价

为了更好地了解学习者对指导幼儿角色游戏这一学习情境的掌握情况,本部分设计了"反思角色游戏实施过程的评价单",该评价单由组内自评、组间互评、教师评价三部分构成,按组内自评 30%、组间互评 30%、教师评价 40% 的比例确定最终成绩,满分为 100 分,请根据评价单具体标准进行评价打分。评价单具体如表 1-13 所示。

表 1-13　反思角色游戏实施过程评价单

任务小组	班级:		组长:			
	小组名:		小组总得分:			
	组员:					
学习情境	指导角色游戏		学时			
具体任务	反思角色游戏实施过程					
评价项目	评价要点	分值	组内自评（30%）	组间互评（30%）	教师评价（40%）	
利用反思工具,进行审视与反思	能结合《3—6 岁学习与发展指南》《幼儿园教育指导纲要(试行)》《幼儿园教师专业标准(试行)》等与幼儿教师职业相关文件对"指导角色游戏"这一学习情境典型工作环节进行审视和反省	70				
检查反馈反思,完善与提升反思	小组能根据组间的检查与反馈进一步完善与提升反思	30				

四、巩固探索

探索五:　你问我答——角色游戏知多少

请列出你在"指导幼儿角色游戏"这一学习情境学习过程中存在的问题,并提出解决策略。同时,尝试将所学的知识通过组间"出题"与"答题",进一步内化所学知识。

_____

_____

_____

_____

拓展阅读

相信下列书籍能帮助学习者更有效地学习本次的学习情境内容:
◆ 邵爱红. 幼儿园室内外建构游戏指导[M]. 北京:中国轻工业出版社,2016.
◆ 杨枫. 学前儿童游戏(第三版)[M]. 北京:高等教育出版社,2018.

◆ 丁海东.幼儿园游戏组织与指导(第三版)[M].长沙:湖南大学出版社,2019.

◆ [美]格朗兰德.发展适宜性游戏:引导幼儿向更高水平发展[M].严冷,译.北京:北京师范大学出版社,2014.

◆ 杨旭.幼儿园游戏设计与指导[M].上海:复旦大学出版社,2017.

课后复习

√ 收集:查找资料,摘抄不同年龄班(小班、中班、大班)角色游戏优秀方案。

√ 归纳:请小组合作制作一张海报,将幼儿园常见的角色游戏形式呈现出来,要求图文并茂。

√ 实践:请小组合作模拟组织一个角色游戏,主题自选,要求活动流程完整,符合年龄段特点,能应用指导角色游戏介入时机与方法相关知识。

√ 思考:想一想,如果教师在没有观察幼儿角色游戏情况下加入幼儿的游戏,可能会带来哪些后果呢?

√ 分享:分享自身在角色游戏典型工作环节中的感悟与疑虑。

应知应会自测

应知应会自测

◆ 应知自测

1. 幼儿园的"娃娃家"游戏属于(　　　)。

　　A. 结构游戏　　　　　　　　　　　　B. 表演游戏

　　C. 角色游戏　　　　　　　　　　　　D. 智力游戏

2. 当教师以"病人"身份进入小班"医院"时,有六位"小医生"同时上来询问病情,每个孩子都积极地为教师看病、打针,忙得不亦乐乎。结果教师一共被打了六针,对小班幼儿这种游戏行为最恰当的理解是(　　　)。

　　A. 过于重视教师的身份　　　　　　　B. 角色游戏呈现合作游戏的特点

　　C. 在游戏角色的定位中出现混乱　　　D. 角色游戏呈现平行游戏的特点

3. 在角色游戏中,教师观察幼儿能否主动协商处理玩伴关系,主要考查的是(　　　)。

　　A. 幼儿的情绪表达能力　　　　　　　B. 幼儿的社会交往能力

　　C. 幼儿的规则意识　　　　　　　　　D. 幼儿的思维发展水平

4. 小班的同一个"娃娃家"中,常常出现"许多妈妈在烧饭,每位幼儿都感到很满足"。这反映小班幼儿游戏行为的特点是(　　　)。

　　A. 喜欢模仿　　　　　　　　　　　　B. 喜欢合作

　　C. 协调能力差　　　　　　　　　　　D. 角色意识弱

5. 下列关于教师在角色游戏中的指导,不正确的是(　　　)。

　　A. 教师在指导小班幼儿角色游戏时要鼓励幼儿玩多种主题或相同主题的游戏

　　B. 教师在指导中班幼儿角色游戏时要通过讲评游戏引导幼儿分享游戏经验

　　C. 教师在指导大班幼儿角色游戏时要在游戏中培养幼儿的独立性

　　D. 教师在指导大班幼儿角色游戏时允许并鼓励幼儿在游戏中的点滴创造

◆ 应会自测

1. 简述角色游戏活动中教师的观察要点及其目的。

2. 材料:角色游戏中,大二班在教室里开展理发店主题游戏,教师为了提升幼儿的游戏水平,主动为幼儿制作了理发店价目表。

　　问题:请结合对角色游戏的理解,分析教师提供价目表这一做法是否适宜,并提出建议。

<table>
<tr><td colspan="4" align="center">理发店价目表</td></tr>
<tr><td align="center">美发区</td><td></td><td align="center">美容区</td><td></td></tr>
<tr><td>洗发</td><td>10 元</td><td>牛奶洗脸</td><td>10 元</td></tr>
<tr><td>剪发</td><td>10 元</td><td>美白面膜</td><td>15 元</td></tr>
<tr><td>烫发</td><td>30 元</td><td>造型设计</td><td>20 元</td></tr>
<tr><td>染发</td><td>30 元</td><td>身体按摩</td><td>20 元</td></tr>
</table>

3. 幼儿教师资格证面试试讲及答辩。

（1）试讲方案。

题目：角色游戏"互相打针的医生"。

游戏情境：琪琪抱着生病的布娃娃来到医院，周周、乐乐、陈辰三个小医生正坐在一起用针筒互相戳着对方逗乐。琪琪问："我的娃娃生病了，有人挂号吗?"没人理她。琪琪又问："在哪里拿药呢?"仍旧没有人搭理。琪琪嘟着嘴说："这是什么医院呀，啥都没有!"

基本要求：

① 幼儿在医院游戏中的表现，说明了什么? 说出 2 种指导这几个小医生进行游戏的方法。

② 模拟演示其中一种方法对幼儿进行引导，动作和语言相互配合进行演示。

③ 请在 10 分钟内完成上述任务。

（2）答辩题目：

问题 1：请简单说一说角色游戏的意义。

问题 2：幼儿园社会领域总目标是什么?

学习情境二　指导幼儿结构游戏

主要学习支持框架

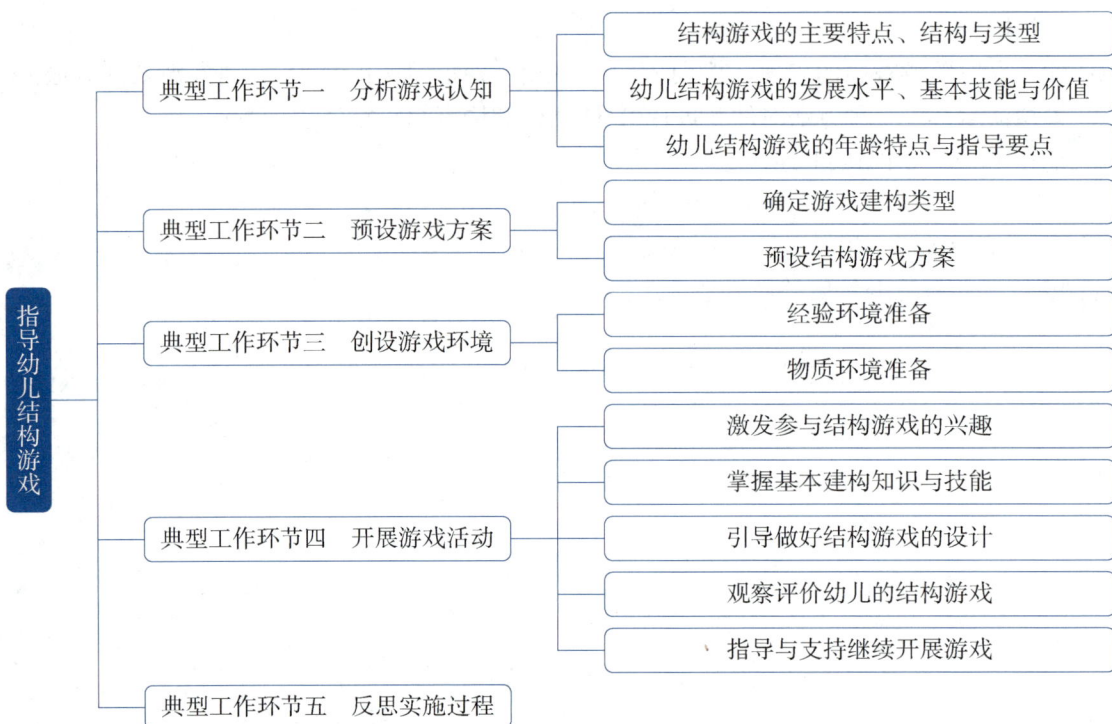

```
                    典型工作环节一　分析游戏认知 ─┬─ 结构游戏的主要特点、结构与类型
                                                  ├─ 幼儿结构游戏的发展水平、基本技能与价值
                                                  └─ 幼儿结构游戏的年龄特点与指导要点

                    典型工作环节二　预设游戏方案 ─┬─ 确定游戏建构类型
                                                  └─ 预设结构游戏方案

指导          ─────  典型工作环节三　创设游戏环境 ─┬─ 经验环境准备
幼                                                └─ 物质环境准备
儿
结
构                  典型工作环节四　开展游戏活动 ─┬─ 激发参与结构游戏的兴趣
游                                                ├─ 掌握基本建构知识与技能
戏                                                ├─ 引导做好结构游戏的设计
                                                  ├─ 观察评价幼儿的结构游戏
                                                  └─ 指导与支持继续开展游戏

                    典型工作环节五　反思实施过程
```

学习目标导航

知识目标

1. 能说明幼儿结构游戏的特点与构成因素。
2. 能列举幼儿结构游戏的发展水平、基本技能和价值。
3. 能理解各年龄段结构游戏的特点与指导要点。

能力目标

1. 能针对小、中、大不同年龄班结构游戏特点，模拟进行结构游戏的组织与指导工作。
2. 能结合不同结构游戏类型，小组合作模拟进行结构游戏组织与指导。
3. 能主动获取并整理有关幼儿结构游戏组织与指导的有效信息，乐于展示学习成果，并能对本任务的学习情况以及以往所见的结构游戏实况进行总结与反思。

情感目标

1. 对幼儿结构游戏有正确认识和积极学习的态度，喜欢各类型结构游戏。
2. 积极参加模拟组织与指导幼儿结构游戏工作。

典型工作环节一　分析游戏认知

　　结构游戏也称建构游戏,是幼儿按照自己的兴趣和需要操作各种结构材料,进行物体建筑和构造的一种游戏活动①。结构游戏的材料非常广泛,有积木、积塑、积竹、金属构件等专门为结构游戏设计的材料,也有沙、土、雪等自然材料,还有挂历、纸盒、易拉罐等废旧物品。结构游戏是幼儿喜爱的一种创造性游戏,它有其自身特有的特点、结构和价值。在幼儿园开展结构游戏是实施全面发展教育必不可少的部分。

一、任务描述

　　在幼儿园,结构游戏不单是简单的构造活动,而是包含着多种技能的创造性活动,对幼儿的全面发展有着非常重要的发展价值。掌握结构游戏的特点、结构、发展价值、年龄特点与指导要点,有益于幼儿教师进行正确的指导,实现结构游戏对幼儿发展的价值。本环节的任务设置主要是以掌握结构游戏的建构技能为主,具体如表2-1所示。

表2-1　分析结构游戏认知的任务单

任务小组	班级:			组名:	
	组长:				
	组员:				
学习情境	指导结构游戏		学时		
具体任务	分析结构游戏认知				
任务要求	(1) 6~8人为一小组做好分工与合作 (2) 通过查阅文献了解结构游戏特点、结构、发展水平与价值、年龄特点与指导要点等 (3) 通过深入幼儿园观摩结构游戏活动或者观看相关视频,并结合活动归纳对应的结构游戏内容 (4) 每组由一人代表介绍通过查阅并整理归纳的资料				
工作步骤	注 意 事 项				
查找文献,了解幼儿结构游戏认知内容	(1) 资料获取的形式:电子或纸质 (2) 资料获取的渠道:网络教学平台、教材、电子资源等				
观摩游戏,分析幼儿结构游戏发展状况	(1) 视频的来源:需明确所观察的结构游戏来源,如见习、实习时观察的游戏或是结构游戏视频实录 (2) 视频内容:游戏需涉及结构游戏相关知识点				
整理资料,编制幼儿结构游戏认知思维导图	(1) 整理资料的流程:对搜集所获得的资料进行审查、检验、分类、汇总等初步加工,使之系统化和条理化,并以集中、简明的方式反映幼儿结构游戏认知的过程 (2) 整理资料的要求:具体资料来源标明出处 (3) 思维导图制作要求:全开的海报纸,每个一级主题用不同颜色区分,描述的语言简洁明了				
展示成果,介绍幼儿结构游戏认知思维导图	(1) 现场展示人员要求:每一次展示换一次发言人,保证课程结束后,小组成员均做过发言代表 (2) 现场展示要求:面向所有学生,声音洪亮,逻辑清晰				
反思效果,为幼儿结构游戏认知情况查漏补缺	查漏补缺要求:能够结合其他小组展示查漏补缺				

① 丁海东.幼儿园游戏组织与指导(第三版)[M].长沙:湖南大学出版社,2019:149.

二、主要学习支持

结构游戏和角色游戏都是幼儿借助想象来创造性地反映周围生活的活动。不同的是,结构游戏是通过建构生活中各种物体的造型来反映他们对生活的印象,而角色游戏是通过角色扮演来反映他们理解的周围生活。了解结构游戏的特点与结构,可以便于幼儿教师更深入掌握结构游戏的实质,为组织与开展幼儿结构游戏提供理论支撑。

(一) 结构游戏的主要特点、结构与类型

1. 结构游戏的特点

(1)创造性

结构游戏是幼儿按照自己的意愿,借助空间想象力和创造力,将结构元件按顺序进行组合建构的活动。游戏中幼儿的创造想象特质明显,是一种幼儿通过建造、表征"建构物"来反映他们对周围事物印象的创造性游戏活动。这里的创造性主要表现在:幼儿操作的结构游戏材料通常用途不固定,玩法不受限制,对幼儿的游戏想象启发性大,联想范围广;幼儿可以在游戏中创造性地运用不同结构技能进行建构造型,同样的材料,幼儿会进行不同的主题创造;哪怕是同一主题运用同一材料,幼儿也可以创造出不同的造型。

幼儿在结构游戏中,用什么结构元件,运用什么建构技能,搭建什么物体的造型,颜色如何搭配,如何进行结构布局,是否运用其他辅助材料及最后赋予作品的意义等都需要借助创造性思维来思考。因此,幼儿的结构游戏是一种创造性的构造活动。

(2)操作性

丰富多样的结构材料是结构游戏的物质基础,幼儿在结构游戏中通过动手操作结构材料,根据结构材料的不同需要通过搭建、拼插、构建、编织、连接等操作技能来构造生活的各种建筑和造型等。所以,结构游戏也是一种操作性游戏,操作性是其最显著的特点。

(3)认知性

在结构游戏中,幼儿需要对建构物品在颜色、大小、形状、功能和空间上有一定的认知,还需要具备一定的空间知觉能力和想象力。幼儿在不断的操作、建构物体中认知和表征外界空间,与周围现实生活交流,充分认识外界物质世界。因此,幼儿的结构游戏是一种带有浓厚认知成分的操作性活动,认知性是结构游戏的又一显著特点。

(4)审美性

结构游戏被称为"塑造工程师的游戏"。在结构游戏中,幼儿通过造型构造,将结构"元件"加工成造型"成品",需要掌握构图设计,线条运用,色彩、比例搭配,造型大小、平衡、对称等方面的知识与技能,还需要考虑"成品"的形象美观、造型生动、布局合理等。在这个过程中需要具备一定的欣赏美、表现美和创造美的能力,同时幼儿还需要掌握艺术造型的简单知识与技能。因此,结构游戏具有典型的艺术性。

2. 结构游戏的构成因素

结构游戏是幼儿园常见的一种游戏,也是深受幼儿喜欢的游戏。我们只有对结构游戏的构成因素进行分析,才能更好理解结构游戏,更好地组织幼儿开展结构游戏。根据有关研究者对结构游戏的论述[1],其构成因素梳理如下:

(1)对结构材料的选择

对游戏材料的选择是结构游戏的起始环节。随着年龄的增长,幼儿对游戏材料的选择与主题关系越来越接近。有关研究发现,小班幼儿选择结构游戏材料前,往往只对材料本身感兴趣,他们还不能预先对游戏主题进行思考。到了中、大班,也有部分幼儿在获得游戏材料前没有假想游戏主题,而是在建构过程中逐渐明确构造主题。到了大班后期幼儿在选择游戏材料时,明显倾向于选择与主题相关的材料。另外,

① 丁海东.幼儿园游戏组织与指导(第三版)[M].长沙:湖南大学出版社,2019:150—151.

结构材料的充裕程度也影响幼儿对材料的选择。材料缺乏时,幼儿忙着争抢材料,顾不上对主题的设想;在材料充足的情况下,幼儿会表现出明显的选择、调换的行为。此外,幼儿对成品玩具和自然材料(泥土、沙、砖块等)的选择倾向性受幼儿生活经验和个性特点的影响。

（2）对游戏主题的假想

结构游戏主题是指幼儿在结构游戏中所要构造的物体。幼儿在结构游戏中对建构物的假想具有年龄差异与个别差异。小班幼儿在建构之前,对建构物没有清晰的认识;中、大班有部分幼儿在选择游戏材料之前,对建构物就有了一定的假想,还有部分幼儿是在建构的过程中逐渐明晰和完善其构想的。小班幼儿对于在操作前对建构物进行命名感到非常困难,难以实现,中、大班幼儿操作前对最后建构物命名比率增加。同样是大班幼儿,在操作前对建构物的表述详细程度不同,反映出幼儿对建构物假想的清晰度和精致度也是不同的。例如,"我想搭一座城堡"与"我想搭一座又高又大的金色城堡,里面有……"就能够反映幼儿对最后建构物假想的个体差异性。

（3）对最后建构物的建构

这是一个操作性要素,也是结构游戏的核心要素。最后建构物的建构水平往往受到材料的性质、活动时间的长短、幼儿的生活经验及教师的启发等因素影响。另外,还会受到幼儿对结构材料的操作技能水平、空间的想象力以及动手操作能力等因素的限制。即使有同样建构活动的两个幼儿,由于受上述因素的影响,最后的建构物与预想的建构也会有差异。

（4）对最后建构物功能的假想与实现

对最后建构物功能的假想是指对最后建构物可以用来做什么的设想。对最后建构物功能的假想,不同的幼儿有明显的个体差异性。有些幼儿在动手建构之前就开始对最后建构物的功能进行假想;有些幼儿在建构过程中产生对最后建构物功能的假想;有的在最后建构物完成以后才开始对建构物的功能进行假想。

最后建构物功能的实现一般与角色游戏密切相连,幼儿会利用建构物进行角色游戏。只有当幼儿真正利用最后建构物时,结构游戏才是完整的。

3. 结构游戏的类型

目前结构游戏的材料丰富多样,既有专门的结构材料如积木、积塑、积竹、金属材料等,也有自然材料如沙、水、泥、雪等,还有生活中的瓶子、纸盒、挂历等废旧物品和一些半成品材料,如一次性杯子、碟子、纸牌等。可扫码观看视频"结构游戏的材料"进行学习。根据结构游戏中操作材料的不同,可以将结构游戏分为七大类,即积木建筑游戏、积塑构造游戏、积竹游戏、金属结构游戏、拼图游戏、串珠穿线游戏和玩沙、水、雪游戏等。

视频 2-1
"结构游戏
的材料"

（1）积木建筑游戏

积木建筑游戏,又称"搭积木",它由各种不同几何图形的积木或其他替代品作为游戏材料,进行叠高、平铺、架空、排列、组合、围合等基本技能构造出各种房屋、桥梁、交通工具和动物形象等(见图 2-1、图 2-2)。

图 2-1　积木材料

图 2-2　积木构造

（2）积塑构造游戏

积塑构造游戏是用塑料制作的各种形状的片、块、粒、棒等部件，通过接插、镶嵌组成各种物体或建筑物模型，常见的游戏详见图2-3至图2-8。

图2-3　齿轮积塑

图2-4　梅花积塑

图2-5　玩积塑

图2-6　软子弹积塑

图2-7　水果车及水管积塑

图2-8　邦宝及聪明棒积塑

（3）积竹游戏

积竹游戏是指将竹子制成各种大小、长短的竹片、竹块、竹圈等材料，然后将它们插接、粘合、拼摆等构造成某种物体的结构游戏。

（4）金属结构游戏

金属结构游戏是以带孔眼的金属为主要建构部件，构造时用螺丝和螺母将各部件进行连接组合在一起，这类游戏玩具通常都是成套的定型产品，多以各种交通工具及建筑物为主。

（5）拼图游戏

拼图游戏是用木板、纸板、塑料或其他材料制成不同形状的散块，并按规定的方法进行拼摆的一种游戏，在幼儿园里各种动物拼图和七巧板较为常见，如图2-9至图2-11。

图2-9　圆形拼图

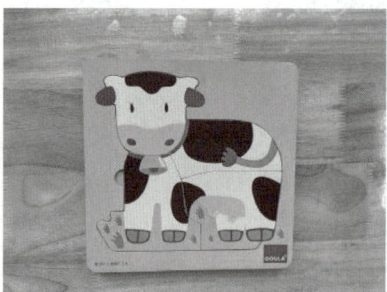

图2-10　奶牛拼图

图2-11　母鸡拼图

七巧板又称智慧板,是具有代表性的一种拼板游戏,也是我国古代最著名的智力玩具之一[①]。七巧板源于宋代的"燕几图",到明代发展为"蝶几"图谱,明末清初发展成为桌面拼摆玩具。图2-12为设计好的七巧板,图2-13、图2-14为利用七巧板拼出的大鸟和射箭造型,其他常见造型可扫码观看视频"七巧板造型"。

视频2-2 "七巧板造型"

图2-12 正方形

图2-13 大鸟

图2-14 射箭

(6) 串珠穿线游戏、编织游戏

串珠穿线游戏是指使用各种线或线状物穿过各种珠子、小环、细管、塑料板上的孔,将它们按大小、形状、颜色不同,用间隔穿、交替穿或连续穿等方法组合成各种物品,如手链、项链、窗帘等;编织游戏是把细长的材料(如纸条、绳、带子等)交叉组织起来成为某一物或形象,如编花篮、编毛线花等,见图2-16。

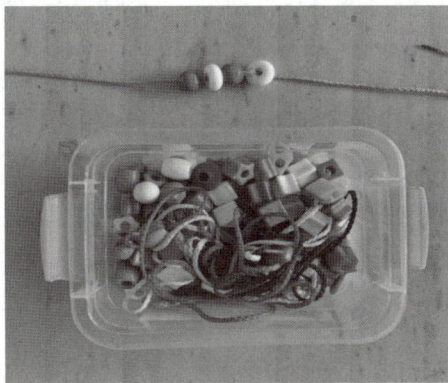

图2-15 串珠穿线

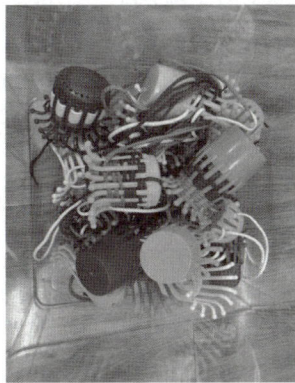

图2-16 编织材料

(7) 玩沙、玩水、玩雪、玩泥等游戏

沙、水、雪、泥均是不定型的自然物,是天然的结构游戏材料,幼儿可以随意操作,进行沙雕、划船、打雪仗、捏泥人等游戏,幼儿可借助市场上专门生产的玩沙、水、雪、泥的工具,也可以借助枯树枝、落叶、石头等自然物或其他辅助材料开展变幻无穷的结构游戏,如图2-17的"南水北调"游戏、图2-18的玩沙水游戏。

图2-17 玩水游戏"南水北调"

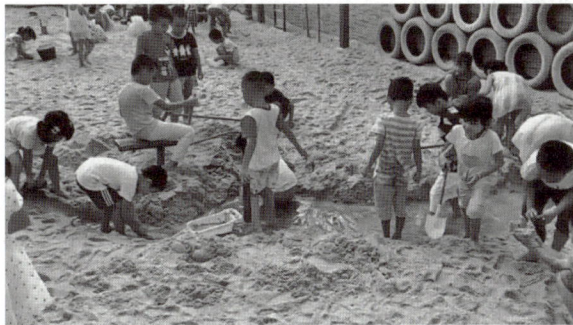

图2-18 玩沙水

---

① 杨枫.学前儿童游戏(第三版)[M].北京:高等教育出版社,2018:108.

（二） 幼儿结构游戏的发展水平、基本技能与价值

1. 结构游戏的发展水平

幼儿在各年龄阶段操作结构材料进行结构游戏的能力是不同的，有学者将结构游戏的发展历程归纳为结构游戏的萌芽、无意构造、想象构造、模拟构造、自由构造 5 个阶段。

（1）结构游戏的萌芽（1 岁～1.5 岁）

结构游戏的发展水平与幼儿操作能力和空间想象能力有关。根据儿童发展相关理论，1 岁左右的精细动作及知觉的发展未成熟。因此，这一阶段的幼儿一般以敲敲打打作为主要的行为表现，并未真正开始进行建构活动。在熟悉材料特性后，幼儿开始在简单空间知觉与动作技能的配合下出现结构游戏萌芽，并尝试将两物体做空间安排的游戏行为。

（2）无意构造（1.5 岁～3 岁）

这个阶段的幼儿精细动作及手眼协调能力得到了进一步发展，能灵活操作更多结构游戏材料，完成自己想要完成的作品，但仅仅把材料做无目的的组合，很少注意材料的大小、形状、颜色及两件材料之间的凹凸对应关系，只是在遇到连接和拼插困难时才会去关注材料本身的特征。由于手眼协调能力较差，幼儿很难完成两件建构材料的接插动作。

这个阶段，幼儿一开始主要根据自己的意愿对建构的作品进行命名，且不能根据所搭建作品外形特征进行命名。随着观察能力的提高，幼儿逐渐能发现自己作品的某个外部特征与类似实物的关系，并据此对作品进行命名。比如，把积木排成一排，幼儿就称之为"桥"；把雪花片插成条，就称之为"冰棍"。

（3）想象构造（3 岁～5 岁）

这时的幼儿开始具备具体形象思维能力，能根据物体表象进行思维。因此，这阶段的幼儿可以凭借着头脑中关于该物体的表象进行构造，就熟悉的题材进行明确意图的构造。

（4）模拟构造（4 岁以后）

4 岁之前，幼儿比较喜欢按照自己的想法进行任意构造，不愿意按照提供的范例或者样子进行构造。4 岁开始，幼儿会根据范例的颜色、形状、大小的对应关系进行建构，会模仿建构。5 岁开始，幼儿会观察简单的平面图纸，经过立体转化后，依照图纸逐步进行构造。在此基础上，幼儿还会抓住生活中物品的特征，尝试选择适当的材料对实物进行模拟构造。

（5）自由构造（学龄以后）

自由构造属于自由创作阶段，它需要建立在幼儿有较好的构造技能、丰富的空间想象能力和一定的作品构思创造能力的基础上。一般而言，往往到学龄期后，儿童才会具备自由构造的能力。

以上是儿童结构活动的发展顺序，但并非相继发生，而是发生有先后，发展有重合。

2. 结构游戏的基本技能

结构游戏的技能根据操作材料的不同可以分为如下四种：

第一，积木的排列组合，如垒高、铺平、延长、对称、加宽、加长、间隔、围合、盖顶、搭台阶等技能。

第二，形状多样的各类积塑的插接（如一字插、十字插、整对插、环形插、正方形插等）和连接（如镶嵌整体连接、端点连接、交叉连接、围合连接）等技能。

第三，塑料、木制或金属的螺丝系列的捶打、敲击、旋转等技能。

第四，纸线、绳、竹、木、布等物品和自然物品材料的编织、粘合造型等技能。

可扫码看视频微课进一步巩固。

视频 2－3 微课"结构游戏的基本技能"

3. 结构游戏的发展价值

结构游戏对幼儿的发展具有重要的价值，主要体现在结构游戏促进幼儿动作技能、认知、社会性、审美能力与创造力 4 个方面的发展：

（1）促进幼儿动作技能的发展

结构游戏对幼儿动作技能，尤其是精细动作技能发展有重要意义。在结构游戏中，幼儿要会运用平

铺、垒高、围封、架空、组合等积木建构技能,会利用插接、连接、组合等积塑搭建技能。这些搭建技能发展幼儿拿、抓、戳等手指精细动作能力。因此,结构游戏的开展过程实质是幼儿动作技能发展的过程。

（2）促进幼儿认知的发展

结构游戏对幼儿关于客体认知发展有重要的作用。例如,幼儿经过对积木游戏材料的观察与接触,积累对积木形状、质量、颜色等感性经验;在搭建积木的过程中获得上下、前后、高矮等空间概念;在积木游戏中获得力、平衡、数概念、守恒等早期朴素科学经验,为将来认知学习做好一定铺垫。

（3）促进幼儿社会性的发展

结构游戏同样能让幼儿获得社会性发展的机会。在结构游戏中幼儿有机会通过与同伴协商合作解决问题;通过不同社会能力幼儿之间的合作,在观察与实践中获得社会性的发展。例如,在搭建复杂的大型主题"森林动物运动会"时,需要幼儿协商、设计、合作完成,这个过程中幼儿的合作意识、分工能力、社会交往等都得到了一定发展。

（4）促进幼儿审美能力与创造力的发展

结构游戏本身就是一种艺术造型活动,是通过意愿想象、动手造型、构造物体的活动。游戏中,幼儿基于对现实社会中的建筑劳动、建筑物及各种物品的认识经验,构造物体的形象和轮廓,表达自己的审美体验,发展自己的创造力。例如,在搭建积木过程中,幼儿会有意识地将自己的作品与同伴的进行比较,并设法通过结构、颜色、装饰等方面让自己的作品更具美感。

此外,经常玩结构游戏还有助于培养幼儿良好的学习品质。在结构游戏过程中,幼儿需要依据任务目标集中注意力进行操作;需要幼儿学会观察现实生活中的事物及范例特征,把握现实事物与所搭建物品之间的关系。因此,结构游戏有助于幼儿注意力与观察力等学习品质的发展。

（三）　幼儿结构游戏的年龄特点与指导要点

已有研究表明,结构游戏水平与幼儿的年龄差异和个体差异紧密相关,教师应针对这种差异进行有针对性的指导。

1. 小班结构游戏

小班幼儿的身心发展特点,决定了小班结构游戏的特点。对小班结构游戏特点的了解是科学指导的基础。

年龄特点: 小班幼儿游戏兴趣主要集中在结构动作上,比如喜欢"重复""摆弄""垒高""平铺"和"推倒"等;建构过程只会无计划地摆弄结构元件,并没有明确的目的性和计划性,在建构之前不会对最后建构物有假想;小班幼儿经常使用建构材料来进行角色游戏,如"✿"积塑就是花,"△"积木是三角糕等;在建构过程中,材料选用有一定盲目性、无主题计划、建构技能简单、自控力差、容易中断等特点。幼儿结构游戏中的"垒高"技能可扫码观看视频:小班结构游戏"旋转大楼"。

视频 2－4 小班结构游戏"旋转大楼"

指导要点: 引导小班幼儿认识结构材料,学习简单的构造技能,并给幼儿提供结构作品的范例;给幼儿提供适合小班幼儿特点的且数量充足的结构材料,尤其是同一种类材料数量要多,以满足小班幼儿模仿性强的特点;引导幼儿提高游戏的目的性和计划性;引导幼儿尝试给构造的物品进行命名,也可以根据幼儿作品形象给以适当的名称;引导幼儿学会爱护玩具材料,游戏结束时,有收拾玩具的意识,并逐渐养成习惯。

2. 中班结构游戏

中班幼儿经过一年的集体生活,在认知和社会性等方面均有较大进步。

年龄特点: 中班幼儿结构的目的性比小班明确,有了初步的简单建构计划;对结构游戏的过程与最后建构物都感兴趣;有一定的结构主题,并能按照主题进行建构;对建构材料熟悉,能够根据建构需要,有目的地选择材料;游戏活动的坚持性有一定的发展;能对最后建构物的功能进行利用;能够独立整理结构游戏材料。

指导要点: 丰富幼儿的日常生活经验,形成丰富而深刻的对周围物体形象的印象;提供适合中班幼儿结构游戏水平的材料;引导幼儿设计建构方案,增强游戏的计划性与目的性;进一步提高参与结构游戏的坚持性;提高幼儿建构技能,能将平面图转化为建构模型;在幼儿能够独立完成建构物的同时,组织小型集体结构活动,在共同讨论的基础上制订方案,进行分工,友好合作地游戏;组织幼儿进行游戏评价,鼓励幼儿主动、独立地发表意见,分享建构作品,取长补短,促进创造性思维的发展,提高建构水平。

3. 大班结构游戏

大班幼儿在社会性发展、建构知识和建构技能方面都有了比较成熟的发展。

年龄特点: 大班幼儿建构的目的性、计划性和持久性比中班幼儿增强;能比较快速地选取丰富多样的游戏材料;建构技能逐渐提高,能综合利用多种材料进行建构;能够根据游戏情景的需要,不断地产生新的建构主题。

指导要点: 大班幼儿建构技能日益增强,对材料的要求越来越多样化,在形状上要求多变,教师应为大班幼儿提供适宜的游戏材料;培养幼儿独立建构的能力,按照事先计划有顺序地建构;在围绕一个主题进行建构时,引导幼儿学习表现物体的细节和特征,能够准确地表现游戏的构思和内容,会正确使用结构材料和辅助材料;鼓励幼儿欣赏自己和同伴的建构作品,发展幼儿的自我评价和评价他人的能力;开展集体的大型建构活动,引导幼儿共同设计方案,预设游戏规则,分工合作,体验合作的乐趣。

三、任务评价

为了更好地了解学习者对结构游戏相关知识与能力的掌握情况,本部分设计了"分析结构游戏认知的评价单"(见表 2 - 2),该评价单由组内自评、组间互评、教师评价三部分构成,按组内自评 30%、组间互评 30%、教师评价 40% 的比例确定最终成绩,满分为 100 分,请根据评价单具体标准进行评价打分。

表 2 - 2　分析结构游戏认知的评价单

任务小组	班级:		组长:		
	小组名:		小组总得分:		
	组员:				
学习情境	指导结构游戏		学时		
具体任务	分析结构游戏认知				
评价项目	评价要点	分值	组内自评（30%）	组间互评（30%）	教师评价（40%）
查找文献	能多途径获取幼儿结构游戏认知相关内容,资料信效度高	20			
观摩游戏	能结合观摩的游戏分析结构游戏的特点、指导要点及价值等内容	20			
整理资料	能对相关结构游戏认知进行归纳形成思维导图,事项齐全,内容丰富	40			
展示成果	展示时能准确表达、汇报成果,条理清晰,组织有序,气氛活跃	10			
反思效果	反思内容具有针对性,表述清晰	10			

四、巩固探索

探索一: 结构游戏的搭建技能

1. 进行构造技能训练,掌握基本技能(积木构建,积塑构建,穿、编构建,分割拼图设计制作)。

　　2. 每人自制七巧板（要求边长为 8 厘米），掌握七巧板的玩法及分图法，并拼出 10 个不同造型；小组合作利用多套七巧板拼出七巧板故事并录制成视频，小组间拼的故事不重复。可参考视频七巧板故事《唱歌比赛》、七巧板故事《我长大了》、七巧板故事《狐狸与乌鸦》。

视频 2-5　七巧板故事
《唱歌比赛》

视频 2-6　七巧板故事
《我长大了》

视频 2-7　七巧板故事
《狐狸与乌鸦》

典型工作环节二　预设游戏方案

　　在组织幼儿开展结构游戏之前，需要提前确定开展哪种类型的建构，即模拟建构、主题建构和自主建构，确定建构类型后再按要求预设结构游戏方案。

一、任务描述

　　结构游戏的建构类型有 3 类，包括模拟建构、主题建构和自主建构。本环节以主题建构类型作为主要任务，了解结构游戏方案主要包含的模块内容，详见表 2-3。

表 2-3　预设结构游戏方案的任务单

任务小组	班级：		组名：
	组长：		
	组员：		
学习情境	指导结构游戏	学时	
具体任务	预设结构游戏方案		
任务要求	(1) 6～8 人为一小组做好分工与合作 (2) 结合见习、实习和幼儿园游戏观摩活动，撰写一份详细的结构游戏方案，包含游戏目标、游戏准备、游戏过程、游戏延伸等内容 (3) 每组由一人代表介绍小组的结构游戏方案		
工作步骤	**注　意　事　项**		
确定结构游戏主题	(1) 明确主题来源 (2) 确定游戏名称		
预设结构游戏方案	(1) 游戏目标撰写要求：参照教学活动三维目标撰写 (2) 游戏准备撰写要求：包括经验准备与物质准备 (3) 游戏过程撰写要求：能够按照目标设计过程 (4) 书写规范性：格式规范，层级标题清晰		

展示结构游戏方案	（1）现场展示人员要求：每一次展示换一次发言人，保证课程结束后，小组成员均做过发言代表 （2）现场展示要求：面向所有学生，声音洪亮，逻辑清晰
反思方案查漏补缺	查漏补缺要求：能够结合其他小组展示查漏补缺

二、主要学习支持

（一）确定游戏建构类型

结构游戏的建构类型有三种：模拟建构、主题建构和自主建构，不同的类型有不同的设计侧重和特点[①]。

1. 模拟建构

模拟建构活动的一般流程：观察——讨论——建构——小结，具体如表2-4。

表2-4　模拟建构活动的一般流程及指导要点

幼儿游戏流程	指 导 要 点
（1）观察	观察是模仿的基础，引导幼儿有目的地观察结构实例或结构实例图片、模型等，为后续建构打好基础
（2）讨论	引导幼儿讨论要模拟的结构物体，它有哪些特点，应该怎么建构，要特别注意哪些等 观察后进行讨论，有利于帮助幼儿梳理观察中收获的经验和将观察所得与以往的生活经验联系起来
（3）建构	提供充足的时间让幼儿建构，在幼儿进行模拟建构的过程中，教师应注意观察和指导
（4）小结	让幼儿展示作品，引导幼儿欣赏并评价作品，鼓励幼儿大胆讲述或评价 最后，教师在观察的基础上，针对模拟建构的情况进行小结

2. 主题建构

主题建构是一种有共同目的和指向较明确的活动，需要幼儿在游戏前事先做主题协调、工作计划，所以主题建构适宜在中、大班展开。主题建构活动的一般流程为：确定主题——梳理经验——合作规划——主题建构——经验分享——回应与延伸，具体如表2-5。

表2-5　主题建构活动的一般流程及指导要点

幼儿游戏流程	指 导 要 点
（1）确定主题	结构主题的产生，取自对周围生活环境的观察和丰富的社会生活经验。主题的确定要充分尊重幼儿的想法和意愿
（2）梳理经验	可以进入实地参观或观看图片、视频、模型等方式，帮助幼儿积累经验，调动幼儿参与主题建构的积极性
（3）合作规划	鼓励幼儿进行小组或集体的合作规划，引导幼儿尝试学习设计主题建构的图纸，学会分工、协商与合作，让每个参与的幼儿都明确自己的职责
（4）主题建构	幼儿按照自己的设计，合作进行主题建构。教师要注意细致地观察、适宜地引导
（5）经验分享	以幼儿为主体，引导幼儿开展自评、互评的方式来帮助幼儿梳理建构过程的有益经验。评价的内容可围绕主题建构中的合作与分工、技能的掌握、材料的运用、常规的遵守等方面进行
（6）回应与延伸	教师要对幼儿进行及时回应，以延伸幼儿的结构游戏活动。在总结活动的优点与不足之后，还要注意启发幼儿讨论，如可以增加什么材料或调整设计等问题，为下次游戏做好铺垫

[①] 张艳. 幼儿结构游戏活动指导[M]. 大连：辽宁师范大学出版社，2017：15.

3. 自主建构

在自主建构时,幼儿可以自主确立建构内容、自主选择材料、自愿选择同伴等。自主建构可发生在任意年龄段。自主建构并不意味着不需要教师,在自主建构活动中教师的角色是支持者、观察者、引导者。

自主建构有两种形式,一种是无预设目标的自主建构活动,另一种是有隐含教育目标的自主建构活动。无预设目标的自主建构活动的一般流程为:自主操作——展示作品——经验梳理,具体参考表 2-6。有隐含教育目标的自主建构活动的一般流程为:设计——操作——展示,具体参考表 2-7。

表 2-6　无预设目标的自主建构活动的一般流程及指导策略

幼儿游戏流程		指 导 策 略
(1) 自主操作	幼儿根据自己的想法进行操作	教师注意观察,利用观察记录表记录幼儿活动情况,以便更好地分析幼儿的建构水平、行为习惯、学习品质等
(2) 展示作品	幼儿展示作品,鼓励大胆介绍自己的作品	教师提前设好展示区和展示台,预留幼儿介绍作品的时间
(3) 经验梳理	帮助幼儿梳理经验,让幼儿有所收获	教师引导幼儿总结游戏过程,帮助幼儿梳理经验。同时注意收集幼儿兴趣点,分析其是否有生成主题结构游戏的价值

表 2-7　有隐含教育目标的自主建构活动的一般流程及指导策略

幼儿游戏流程		指 导 策 略
(1) 设计	在环境中展示以往主题结构游戏中幼儿优秀的作品或图片,供幼儿参考;提供纸、笔,供幼儿将自己的建构目标呈现在设计图上;分类摆放结构游戏材料,以方便幼儿选择与取放	教师鼓励幼儿自己进行设计、选材;当幼儿主动寻求教师帮助时,教师根据实际情况采取相应的方式进行引导
(2) 操作	鼓励幼儿根据自己的想法进行搭建;提示幼儿根据自己设计的目标和思路进行操作	教师注意观察,及时为有需要的幼儿提供帮助;当幼儿的搭建与设计出现偏差时,引导幼儿思考:哪一种效果更好? 为什么要这样改动?
(3) 展示	为幼儿提供展示作品的空间和时间,鼓励幼儿大胆介绍自己的作品	游戏结束后,请幼儿首先将作品与设计比较,思考:"我的成果与设计一样吗? 有什么不一样的地方? 我为什么要这样调整呢?"帮助幼儿牢记目标,养成按照计划做事情,并根据实际情况做适当调整的好习惯

(二) 预设结构游戏方案

预设幼儿结构游戏方案时要考虑不同建构类型,设计游戏方案会有所差别,但方案预设主要包含游戏名称、设计意图、游戏目标、游戏准备、游戏过程和游戏延伸,详见案例"大班结构游戏:南宁大桥"。

案例 2-1　　　　大班结构游戏:南宁大桥

设计意图

班级最近开展的主题活动是各种各样的桥,在结构游戏时有小朋友提议:"老师,我们来搭建一座大桥吧。"有小朋友说:"我想搭建南宁大桥,南宁大桥的夜景就很美,我爸爸开车带我去看过。"还有小朋友说:"我喜欢南湖大桥,我妈妈经常带我去南湖公园玩,南湖大桥的夜景也很美。"小朋友们禁不住开始跟朋友分享自己熟悉的桥……

抓住幼儿的兴趣点,结合幼儿原来的建构水平和合作能力,可以尝试开展这个大型的结构活动,于是教师设计了这个主题结构游戏,旨在更好地锻炼幼儿有计划、有条理地设想、准备及开展游戏,同时促进幼儿的建构技能和合作能力的发展。

游戏目标

（1）知道南宁大桥的基本构造以及与人们的关系（重点）。

（2）能综合运用各种结构材料和技能,有创造性地建构大桥主题（难点）。

（3）能够按计划进行分工协作,爱护建构材料和建构成果。

游戏准备

经验准备：请爸爸妈妈带幼儿参观南宁大桥,通过拍照和录像的方式收集自己所见的南宁大桥,在家通过画画的形式把自己看到的南宁大桥画出来。

物质准备：布置结构游戏区域环境,粘贴南宁各种大桥的照片和图片,提供丰富的建构材料。

游戏过程

1. 确定建构主题：搭建南宁大桥

师：小朋友们对各种各样的大桥都非常感兴趣,你们跟爸爸妈妈去参观了南宁大桥,今天我们就自己动手来搭建南宁最有代表性的大桥——南宁大桥。

2. 梳理前期经验,了解南宁大桥的结构和特点

教师根据参观拍摄的南宁大桥照片和视频,让幼儿从不同的角度观察南宁大桥的主要结构。

3. 幼儿开展游戏,教师观察指导

（1）小组合作规划搭建南宁大桥

① 鼓励幼儿按意愿自由分组。

② 引导幼儿尝试以小组形式画出本组要搭建的"南宁大桥设计图"。

③ 引导幼儿讨论并协调好小组成员的分工与责任。

（2）小组共同搭建南宁大桥

① 引导幼儿按设计的图纸进行搭建。

② 在搭建技能上给予指导,如：怎么搭架空？桥洞和桥身怎么搭建？

③ 鼓励幼儿大胆尝试,在不断尝试中总结经验。

教师观察指导要点：

① 在幼儿原有经验基础上,引发幼儿合作搭建南宁大桥。

② 引导幼儿在不断尝试中总结经验：如何把南宁大桥搭建好？

4. 展示作业,分享搭建经验

（1）每组请一名幼儿介绍与评价本组搭建的"南宁大桥"。

（2）分享本组搭建过程中的优点以及遇到的问题,鼓励本组成员可以在小组代表发言后进行补充。

5. 经验提升与总结

了解生活中更多的桥,丰富并提升搭桥所需要的共通技能。

游戏延伸

在结构游戏区提供丰富的操作材料,鼓励幼儿可以在区域活动时搭建自己喜欢的各种各样的桥。

三、任务评价

为了更好地了解学习者预设结构游戏方案能力的掌握情况,本部分设计了"预设结构游戏方案的评价单",该评价单由组内自评、组间互评、教师评价三部分构成,按组内自评 30%、组间互评 30%、教师评价 40% 的比例确定最终成绩,满分为 100 分,请根据评价单具体标准进行评价打分。评价单具体如表 2 - 8 所示。

表2-8　预设结构游戏方案的评价单

任务小组	班级：		组长：			
	小组名：		小组总得分：			
	组员：					
学习情境	指导结构游戏		学时			
具体任务	预设结构游戏方案					
评价项目	评价要点	分值	组内自评（30%）	组间互评（30%）	教师评价（40%）	
确定结构游戏主题	主题来源于生活，尊重幼儿兴趣，考虑幼儿年龄特点	10				
预设结构游戏方案	游戏目标符合年龄特点、结构游戏目标要求，游戏准备丰富、全面，游戏过程清晰明了，有操作性	60				
展示结构游戏方案	展示时能准确表达、汇报成果，游戏方案撰写规范、整洁	20				
反思方案查漏补缺	能结合其他小组的展示反思并查漏补缺	10				

四、巩固探索

探索二：预设主题结构游戏方案

请以"动物园"为主题，制订一份大班创造性主题结构游戏方案。

典型工作环节三　创设游戏环境

一、任务描述

良好的游戏环境是科学、全面开展结构游戏活动的前提和基础。教师要组织幼儿开展结构游戏，首先要考虑建构游戏环境创设的问题，本环节以建构区作为切入点开展任务（见表2-9）。

表2-9　创设结构游戏环境的任务单

任务小组	班级：	组名：
	组长：	
	组员：	
学习情境	指导结构游戏	学时
具体任务	创设班级建构区游戏环境	
任务要求	（1）6～8人为一小组做好分工与合作 （2）结合实训室材料，根据幼儿年龄特点、生活经验选择一个主题设置建构区游戏环境 （3）每组由一人代表介绍小组的建构区	

工作步骤	注 意 事 项
分析幼儿特点与需求	明确建构区所属的年龄段
创设结构游戏的环境	(1) 区域选择要求：空间宽阔，适当隔离，远离安静区 (2) 材料制作要求：在实训室材料不足情况，从幼儿角度制作 (3) 材料投放要求：符合年龄特点，考虑高、低材料投放需求
解说环境设置的依据	(1) 解说人员要求：每一次展示换一次发言人，保证课程结束后，小组成员均做过发言代表 (2) 现场展示要求：面向所有学生，声音洪亮，逻辑清晰
提出优化创设的策略	能够结合其他小组及教师的反馈进行反思并提出有效策略

二、主要学习支持

（一）经验环境准备

结构游戏是幼儿在原有认知基础上对周围生活环境、物体的再现与创造。幼儿对周围生活中的建筑和物体有较仔细的观察和了解，是开展结构游戏的基础。所以教师及家长要有意识地引导幼儿有目的地观察周围的建筑和物体，建议家长平时多带领幼儿参观所在城市有代表性的建筑，还可以引导幼儿多观察日常生活中各种不同的物体。通过观察了解建筑和物体的颜色、形状、大小、结构、周围环境的空间位置关系等，使幼儿在头脑中储存丰富的具体印象，并在游戏过程中能依靠这种印象进行想象与大胆创造。幼儿前期的观察越多越仔细，就越有助于结构游戏的顺利开展。

（二）物质环境准备

适宜的物质环境包括场地规划和空间设计两个方面。[①] 幼儿园建构游戏场地大致包括室内班级建构区、户外建构区和工作坊建构区三种。建构游戏场地的空间设计因不同场地有所不同。

1. 室内班级建构区

室内班级建构区的空间设计，可以利用组合柜、材料柜、桌椅、地垫等物品分割成材料区、建构区、展示区三大块内容。

材料区应考虑材料存放的合理性，可以将材料分为主体建构材料区、辅助材料区、材料加油站。主体建构材料区主要使用的材料，比如积木、积塑等。不同年龄班幼儿提供的材料有所区别。针对小班幼儿的需要，可以尽量提供体积较大、形状简单的材料，种类不宜过多，但同一种类的材料数量要充足。针对中班幼儿，应提供种类多样，形态多元，需要一定小肌肉动作控制才能完成的建构活动材料。针对大班幼儿，应提供数量充足、富有变化和挑战性的材料。辅助材料区可以用来投放辅助使用的材料，如废旧材料中的易拉罐、牛奶罐、塑料瓶、鞋盒、纸杯等；硬纸板、木板、塑料板等板材；麻绳、毛线等绳线。材料加油站可以提供一些适合小班幼儿的成品，以高结构材料为主，如汽车、房子、人物、大树等，幼儿可直接在建构完成后践行角色游戏；可以提供适合中、大班的低结构材料，如纸盒、各种卡纸、瓶盖、纸杯等，用于自制汽车、房子、大树等；还应提供一些工具材料，如铅笔、剪刀、胶水、订书机等用于改造的材料。

建构区是幼儿进行建构的场地。建构区的人数、人均面积、材料配置都需要考虑。室内班级建构区空间面积人均 2 平方米，区域每次进 5～7 人。

展示区是为了保留与展示幼儿的建构游戏作品而设置的。《幼儿园教育指导纲要（试行）》指出："幼儿作品是幼儿表达自己认识和情感的重要方式，也是他们富有个性和创造性的表达方式。"因此，展示区是必不可少的，可根据幼儿建构作品的不同提供不同的展示材料。小型和固定成型的建构作品可以通过展示柜和展示架进行展示与保留；大型但无法长期保存和移动的建构作品建议拍摄成照片进行展示；此外，可

[①] 邵爱红.幼儿园室内外建构游戏指导[M].北京：中国轻工业出版社，2016：20.

以提供一些展示牌和展示贴对作品及建构者等信息和背后故事进行展示。当然有条件的幼儿园可以拍摄视频进行动态展示。

2. 户外建构区

户外建构区的材料投放主要考虑就近建构区,方便取拿。户外建构区的材料主要以大型积木、纸箱、水管、轻质砖等为主。存放注意防晒、防雨、防尘等问题。不设置单独的展示区,可以在户外公共墙面展示幼儿建构的大型作品照片,也可以在室内班级建构区的展示区进行短期展示。

3. 工作坊建构区

工作坊建构区以功能室建构活动区,除室内班级常见的建构区、材料区、展示区外,可增加设计角,投放纸和笔,以满足幼儿建构前设计图纸的需要;墙面可以展示幼儿设计的图纸;投放一些关于建筑的图书、绘本等供幼儿参考。

三、任务评价

为了更好地了解学习者创设结构游戏环境能力的掌握情况,本部分设计了"创设结构游戏环境的评价单"(见表 2-10),该评价单由组内自评、组间互评、教师评价三部分构成,按组内自评 30%、组间互评 30%、教师评价 40% 的比例确定最终成绩,满分为 100 分,请根据评价单具体标准进行评价打分。

表 2-10　创设结构游戏环境的评价单

任务小组	班级:		组长:		
	小组名:		小组总得分:		
	组员:				
学习情境	指导结构游戏		学时		
具体任务	创设建构区游戏环境				
评价项目	评价要点	分值	组内自评（30%）	组间互评（30%）	教师评价（40%）
分析幼儿特点与需求	(1) 建构区创设符合年龄特点、生活经验与需求 (2) 环境创设情境化并突出主题	20			
创设结构游戏的环境	(1) 建构区空间面积选择满足游戏需要,空间布局合理 (2) 材料种类、数量、配置符合游戏需要及年龄特点 (3) 材料投放考虑全面,包括专门材料、自然材料、生活材料、辅助材料等 (4) 区域规则设置合理 (5) 墙饰有必要的示范、展示与分享空间,引导互动与开展游戏	45			
解说环境设置的依据	(1) 能根据相关理论解说环境创设的依据 (2) 能结合《3—6 岁儿童学习与发展指南》及相关理论分析该环境创设的价值	20			
提出优化创设的策略	能根据小组及教师反馈反思,提出优化策略	15			

四、巩固探索

探索三：　建构区结构游戏体验

小组成员试着到其他小组布置好的建构区玩一次结构游戏,体验感受不同的场地大小、环境创设、材料投放等对搭建的影响，并记录多人一起搭建时遇到的问题。

典型工作环节四　开展游戏活动

结构游戏的教育作用是教师在正确开展结构游戏活动中实现的。在结构游戏开展过程中，教师要激发幼儿参与结构游戏的兴趣；帮助幼儿掌握基本的结构知识与技能；引导幼儿做好结构游戏的设计；在观察的基础上，介入指导；同时帮助幼儿建立必要的游戏常规[1]。

一、任务描述

本环节主要是根据结构游戏所开展的顺序布置任务，在任务中把握结构游戏开展的工作步骤，具体任务详见表2-11。

表2-11　开展结构游戏活动的任务单

任务小组	班级：		组名：
	组长：		
	组员：		
学习情境	指导结构游戏	学时	
具体任务	开展结构游戏活动		
任务要求	(1) 6～8人为一小组做好分工与合作 (2) 能做好开展结构游戏各项步骤 (3) 每组由一人代表介绍小组的结构游戏		
工作步骤	注意事项		
激发参与结构游戏的兴趣	寻找激发幼儿参与结构游戏的方式		
掌握基本结构知识与技能	根据预设的游戏方案，引导幼儿掌握对应的结构技能		
引导做好结构游戏的设计	引导幼儿做好建构步骤。比如建构幼儿园主题时，第一步骤要设计好建构的主要物品及位置；第二步骤是设计构建物品可能要用的技能		
观察评价幼儿的结构游戏	(1) 充分利用评价指标分析幼儿结构游戏行为 (2) 能根据分析结果给出针对性建议		
指导与支持继续开展游戏	(1) 模拟组织开展结构游戏片段环节 (2) 能够设计情境，模拟教师观察并解决问题，比如解决幼儿不会搭什么、不会怎么搭、不会合作搭建等问题		

---

[1] 伍友艳.幼儿园游戏[M].长春：东北师范大学出版社，2015：78—83.

044

二、主要学习支持

（一）激发参与结构游戏的兴趣

"兴趣是最好的老师"，幼儿参加结构游戏最早源于兴趣。幼儿刚开始参加结构游戏时，往往是从摆弄结构材料开始的，一堆不起眼的结构材料能建构出各种各样的物体，这对幼儿来说是多么新奇、有趣和不可思议的。因此，教师应该注意运用多种方法激发幼儿的好奇和创作欲望。教师可以尝试在游戏导入环节通过图片、视频等引发讨论，回顾相关经验，激发幼儿建构兴趣；可以从提供特定场景入手，如幼儿以前的创作作品的图片、模型，以拓展他们建构思路，进一步刺激他们搭建游戏的愿望；可以从示范欣赏入手，教师可以通过事先构建出各种各样的结构造型引导幼儿观察和欣赏。当幼儿对作品的羡慕之情溢于言表的时候，尝试之心便会油然而生。例如，对于小班幼儿，教师可以带他们参观中、大班的结构游戏，哥哥、姐姐们的建构作品往往能更有效地激发他们参与结构游戏的兴趣。其实，教师应随时关注幼儿的兴趣点。教师应通过观察幼儿的一日生活，了解幼儿的兴趣爱好，及时把握幼儿随机生成的兴趣和需要，从而进行有效的引导，让幼儿不断关注新事物，从而拓宽知识经验，为开展结构游戏打下基础。

（二）掌握基本建构知识与技能

掌握基本的建构知识与技能是幼儿顺利进行结构游戏的基础。幼儿建构的知识技能水平，往往影响着游戏内容的拓展和游戏水平的提高。当幼儿对结构游戏产生兴趣时，进而会产生学习建构技能的愿望；而建构技能发展得越好，幼儿参与结构游戏的兴趣也就越强烈。教师在向幼儿讲解建构技能时应注意方法，如果教师只是单纯教幼儿建构技能，容易使幼儿感觉枯燥无味，对结构游戏失去兴趣。对小班幼儿，教师可用游戏口吻示范讲解建构技能，或以游戏伙伴的身份指导幼儿掌握建构技能。讲解时要注意由浅入深、循序渐进。例如，教师可以对幼儿说："我们一起来造一列火车好吗？我拿一块长方形的积木做车厢，请你拿一块圆形的积木做轮子，再请 A 小朋友拿一块圆形的积木做轮子……"对于中、大班幼儿，教师要重点引导他们学会看结构设计图，并鼓励幼儿大胆尝试，探索新的建构技能。教师应掌握每种玩具材料的基本玩法，并探索和挖掘现有材料的多种玩法，做到一物多用、一物多玩。

（三）引导做好结构游戏的设计

结构游戏是幼儿自己操作的游戏，在游戏开展的过程中思考"建什么？怎么建？用什么建？"是赋予幼儿结构活动过程意义的重要问题，这需要教师对幼儿做好积极的引导。因前面已介绍过不同类型建构游戏设计的一般流程，此处不再论述。

（四）观察评价幼儿的结构游戏

1. 对幼儿建构行为能力的观察

观察是指导的基础，在结构游戏中教师重点观察幼儿在游戏过程中是怎么发展的，而不是看他们最后的成果、作品怎么样。教师对幼儿建构行为进行观察，首先，要看幼儿是如何使用建构材料的，用它做了什么；其次，观察幼儿如何用熟悉的技能或新的技能搭建物体的各部分，以形成整体结构；再次，观察幼儿在搭建过程中的目的性、坚持性、创造性和探索性等。

2. 对幼儿掌握与遵守结构游戏规则的观察

游戏规则的内化过程涉及对规则的理解、遵守和用规则进行的与同伴协作交往等。教师在观察时，首先，要观察幼儿是否注意听教师布置游戏活动的任务；其次，注意观察幼儿是否理解教师讲的游戏规则；再次，注意观察幼儿在游戏过程中是否能坚持遵守规则；最后，观察幼儿在游戏过程中能否与小伙伴进行必要的协商沟通等。为了让幼儿更好地建立结构游戏的规则，教师可以在每次游戏结束时简单地讲评幼儿在活动中遵守规则的情况，这能促进幼儿游戏规则的形成。

3. 对幼儿创造性建构经验的观察

幼儿在建构过程中对结构材料有很多新的探索,教师要勤于观察,耐心细致地观察每个幼儿的每段活动情境。发现幼儿有创造性玩法的要及时鼓励幼儿进行分享,让他的创造性建构经验展示出来,让全体幼儿共同学习。例如,某幼儿在探索搭建大桥的桥洞时不满足于教师介绍的搭建方法,他通过不断尝试探索出了多种搭建大桥的建构方法,在活动评价中教师让他展示了自己的成果,讲述了自己创造的经验。他的这一创新得到了其他幼儿的认可,他在以后的建构活动中更积极地进行了探索,其他幼儿在以后的建构中也陆续出现了同样的方法。

4. 对幼儿建构过程中协商与合作能力的观察

幼儿建构能力的发展过程:由建构平行作品(小型作品)→建构中型作品→建构大型作品。建构中大型作品一般需要小组成员的共同协商,共同努力合作完成。那么,教师应观察幼儿在建构物体的过程中,是否有目光接触、语言和动作交流。首先,观察幼儿如何分配材料,特别是对新出现的材料的使用是否有争抢打闹的现象;其次,观察幼儿如何分工合作建构以及解决幼儿在游戏过程中出现的问题。例如,在主题建构"我喜欢的幼儿园"时,对幼儿园的空间布置幼儿产生了不同观点,有的幼儿说"这样设计我们的幼儿园更漂亮",有的幼儿说"这样设计我们的幼儿园会更好玩"……针对这一现象,教师可以把问题交给幼儿,让幼儿自己解决,并观察幼儿在讨论中如何达成共识。

视频 2 - 8
微课"结构(建构)游戏的观察与支持"

结构游戏的观察内容与角色游戏的观察内容有明显区别,结构游戏的观察评价可以参考表 2 - 12、表 2 - 13。

表 2 - 12　儿童结构游戏评价指标[①]

	非建构行为
建构行为	堆叠、平铺、围拢
	简单架空
	简单组合
	复杂架空
	复杂组合
表征行为	无表征
	简单表征
	复杂表征

表 2 - 13　幼儿积木游戏水平评价表[②]

项　目	评　价　标　准	评分
1. 材料的运用	光拿着玩,不会搭 对积木形、色有选择,意识不强 有意识选用材料,反复尝试 迅速选定材料,并能综合运用材料,运用有特色	
2. 建构的形式	简单排列、堆高、铺平 能架空出门 能封闭建构,造型比较复杂,能命名,但形象不能逼真 能按特定形象逼真建构,运用堆成并能装饰	

---

① 潘月娟.学前儿童观察与评价[M].北京:北京师范大学出版社,2015:183.
② 丁海东.学前游戏论[M].山东:山东人民出版社,2001:215—216.

续　表

项　目	评　价　标　准	评分
3. 主题目的性	无目的,无主题 目的不明确,易附和他人 能确定建构主题,但不稳定 主题明确,能坚持并深化开掘	
4. 情绪专注力	注意水平低,情绪呆滞 一般情绪状态,注意力分散 情绪良好,注意力较集中 情绪积极,能专注,持续时间长	
5. 社会性水平	独自搭建 平行搭建 联合搭建 合作搭建	
6. 常规	遵守积木规则 爱护玩具 能收放积木,整理动作迅速	
7. 创造表现力	建构主题与造型方式富于创造性	

（五）指导与支持继续开展游戏

教师对结构游戏的指导要做好以下工作:首先,要做好结构游戏前的准备工作,包括丰富幼儿对周围事物的印象,教给幼儿必要的结构知识和技能,提供充分的建构材料和适合的游戏时间、场地,制定必要的游戏常规;其次,在此基础上开展游戏的过程中注重培养建构活动的目的性和坚持性;再次,在游戏结束时指导幼儿收拾整理结构材料和展示建构成果;最后,对本次游戏进行评价,评价要多以正面表扬、鼓励为主。

1. 在观察的基础上介入游戏

观察幼儿在结构游戏中的表现及其结构游戏水平,是指导幼儿游戏的前提。教师是否需要介入游戏,通常取决于教师对幼儿游戏行为的判断。而只有在观察的基础上,了解幼儿的建构意图,了解幼儿在游戏中遇到的困难,了解每个幼儿的发展水平之后,才便于教师介入游戏进行有针对的指导。

2. 帮助建立必要的游戏常规

结构材料具有零散与多样的特点,使结构游戏特别容易出现材料散乱和遗失,甚至引发安全隐患。因此,建立必要的游戏常规,帮助幼儿养成良好的行为习惯,在结构游戏的指导中显得尤为重要。具体的常规视班级情况而定,但一般应注意以下六方面:

①　按标志指示进入活动区;
②　在指定的区域内玩游戏;
③　不扔、砸、踩、踏结构材料;
④　积木垒高不能超过自己的头部;
⑤　活动结束,将材料归类收放;
⑥　会保护和欣赏自己与他人精心建构的作品。

3. 及时评价总结

建构游戏结束后,教师要对活动进行总体评价。在这之前教师可以引导孩子进行自评或互评,最后进行总体评价。教师可以从以下3个方面进行总体评价:对幼儿结构游戏中的优点进行肯定;表扬有突出表现及进步明显的幼儿,以增强幼儿获得成功的喜悦感;结构游戏开展过程中的游戏常规及建构中存在的问题。

三、任务评价

为了更好地了解学习者开展结构游戏活动的能力的掌握情况,本部分设计了"开展结构游戏活动的评价单"(见表2-14),该评价单由组内自评、组间互评、教师评价三部分构成,按组内自评30%、组间互评30%、教师评价40%的比例确定最终成绩,满分为100分,请根据评价单具体标准进行评价打分。

表2-14　开展结构游戏活动的评价单

任务小组	班级:		组长:			
	小组名:		小组总得分:			
	组员:					
学习情境	指导结构游戏		学时			
具体任务	开展结构游戏活动					
评价项目	评价要点	分值	组内自评（30%）	组间互评（30%）	教师评价（40%）	
激发参与结构游戏的兴趣	激发幼儿参与游戏的方式适宜,有吸引力	10				
掌握基本结构知识与技能	能准确把握所需要的结构知识与技能	10				
引导做好结构游戏的设计	能够设计开展建构的步骤	20				
观察评价幼儿的结构游戏	能够正确观察记录并结合评价指标分析评价幼儿水平,能够根据评价提出对应的指导策略	20				
指导与支持继续开展游戏	(1) 模拟组织开展结构游戏片段环节 (2) 能够设计情境,模拟教师给予观察解决问题,比如解决不会搭什么、不会怎么搭、不会合作搭建等问题	40				

四、巩固探索

探索四：　结构游戏观察与评价

请扫码观看视频"中班建构土楼",请根据视频分析幼儿游戏行为,并给予评价与建议。

视频2-9
中班建构土楼

观察者:　　　观察时间: 被观察者:　　　年龄:　　　性别: 观察目的: 观察目标:		
事件描述（根据观察目标描述幼儿行为）	识别(分析评价幼儿行为)	回应(提供针对性指导建议)

　　康德说过："人是两个世界的公民。一个是日常的经验世界,即自然世界;一个是灵魂和精神的世界,即自由世界。"[①]教师往往受到自己日常经验的局限,忽视了精神世界的思考提升。教师的职业特点使得教师必须学会反思,同时,要提高指导游戏行为的有效性,教师必须善于对游戏指导行为进行及时的自我反思。反思结构游戏实施过程的主要目的是进一步内化教师对结构游戏认知、游戏环境创设、游戏方案预设、游戏开展等能力的把握。

一、任务描述

　　通过《3—6 岁学习与发展指南》《幼儿园教育指导纲要(试行)》《幼儿园教师专业标准(试行)》等与幼儿教师职业相关文件对结构游戏的实施过程进行审视和反省,可以进一步巩固对"指导幼儿结构游戏"这一学习情境的认识,详见表 2-15。

表 2-15　反思结构游戏实施过程任务单

任务小组	班级:		组名:	
	组长:			
	组员:			
学习情境	指导结构游戏		学时	
具体任务	反思结构游戏实施过程			
任务要求	(1) 6~8 人为一小组做好分工与合作 (2) 充分利用反思工具进行审视与反思 (3) 将反思撰写成文			
工作步骤	注 意 事 项			
利用反思工具, 进行审视与反思	充分利用《3—6 岁学习与发展指南》《幼儿园教育指导纲要(试行)》《幼儿园教师专业标准(试行)》等与幼儿教师职业相关的文件进行活动的审视和反省,并撰写成文			
检查反馈反思, 改善与提升反思	组间进行反思的检查反馈			

二、主要学习支持

　　在反思结构游戏实施过程中,教师一方面要反思自己对结构游戏的认知程度;另一方面也要反思组织与指导结构游戏的能力,包括创设结构游戏环境、预设结构游戏方案、基于观察支持幼儿开展结构游戏的能力等。在反思结构游戏认知时,重点反思对结构游戏年龄特点与指导要点的把握以及相关建构知识的掌握与运用。在反思组织与指导结构游戏的能力时,应该关注幼儿在结构游戏中的反应,及时判断;所确定的结构游戏目标是否合适;创设的结构游戏环境及提供的游戏材料是否适宜;游戏过程中给予的支持与指导策略是否有效适宜。同时要思考,如果不适宜,应分析结构游戏实施过程中存在的问题,寻找解决的方法,使组织与实施的结构游戏过程实现最优化。在下一次结构游戏开展之前,教师就可以根据反思的结

[①] 张汝伦. 坚持理想[M]. 上海:上海人民出版社,1996:26.

果,选择适宜的策略和方法,制订合理的结构游戏计划,促进幼儿结构游戏的顺利进行,推动结构游戏水平的发展。

三、任务评价

为了更好地了解学习者对指导幼儿结构游戏这一学习情境的掌握情况,本部分设计了"反思结构游戏实施过程的评价单"(见表 2-16),该评价单由组内自评、组间互评、教师评价三部分构成,按组内自评 30％、组间互评 30％、教师评价 40％的比例确定最终成绩,满分为 100 分,请根据评价单具体标准进行评价打分。

表 2-16 反思结构游戏实施过程评价单

任务小组	班级:		组长:		
	小组名:		小组总得分:		
	组员:				
学习情境	指导结构游戏		学时		
具体任务	反思结构游戏实施过程				
评价项目	评价要点	分值	组内自评（30％）	组间互评（30％）	教师评价（40％）
利用反思工具,进行审视与反思	能结合《3—6 岁学习与发展指南》《幼儿园教育指导纲要(试行)》《幼儿园教师专业标准(试行)》等与幼儿教师职业相关文件进行活动的审视和反省	70			
检查反馈反思,完善与提升反思	小组能根据组间的检查与反馈进一步完善与提升反思	30			

四、巩固探索

探索五: 对结构游戏的反思与展望

请列出在"指导幼儿结构游戏"这一学习情境的学习过程中存在的问题,并提出解决策略。同时,尝试将所学知识通过组间进行"出题"与"答题",以进一步内化。

_____

_____

_____

拓展阅读

相信下列书籍能帮助你更有效地学习本次的学习情境内容:

◆ 丁海东.幼儿园游戏组织与指导(第三版)[M].长沙:湖南大学出版社,2019.
◆ 华爱华.幼儿游戏理论(3 版)[M].上海:上海教育出版社,2017.
◆ 张艳.幼儿结构游戏活动指导[M].大连:辽宁师范大学出版社,2017.
◆ 邵爱红.幼儿园室内外建构游戏指导[M].北京:中国轻工业出版社,2016.

课后复习

　　√　**收集**：查找资料，收集不同年龄班结构游戏的优秀方案。

　　√　**归纳**：以小组为单位把各类型结构游戏的建构技能，通过图片加视频的形式呈现出来，要求能对各种建构技能进行讲解和操作。

　　√　**实践**：观摩幼儿园结构游戏活动，对教师的结构活动设计、组织、指导及幼儿在活动中的表现分别作出评价。

　　√　**思考**：如何科学有效地指导幼儿进行结构游戏？

　　√　**分享**：分享自身在学习幼儿结构游戏中的收获与疑虑。

应知应会自测

◆　**应知自测**

1. 结构游戏发展阶段是（　　）。

　　A. 搬弄——重复——围封——模型

　　B. 模型——搬弄——搭建——围封——重复——再现

　　C. 重复——搬弄——搭建——围封——模型——再现

　　D. 搬弄——重复——搭建——围封——模型——再现

2. 幼儿扮演建筑工人，在建构区利用积木搭建城堡。请问题干中涉及的游戏类型有（　　）。

　　A. 角色游戏和表演游戏　　　　　　　　　　B. 角色游戏和结构游戏

　　C. 结构游戏和表演游戏　　　　　　　　　　D. 表演游戏和音乐游戏

3. 儿童利用各种建筑、结构材料如积木、积塑、沙、土、金属部件等，进行建筑、构造的游戏被称为（　　）。

　　A. 结构游戏　　　　B. 表演游戏　　　　C. 角色游戏　　　　D. 规则游戏

4. 被称为"塑造工程师的游戏"的是（　　）。

　　A. 单独游戏　　　　B. 建构游戏　　　　C. 知觉游戏　　　　D. 规则游戏

5. 幼儿在结构游戏中，由独自搭建发展为能与同伴联合搭建，主要反映了游戏中幼儿（　　）的水平。

　　A. 运用材料　　　　B. 建构形式发展　　　　C. 社会性发展　　　　D. 行为发展

◆　**应会自测**

1. 如何有效指导大班幼儿结构游戏？

2. 区域活动时间结束，幼儿陆续整理好区域的玩教具，教师对今天的区域活动开展情况进行总结。由于今天建构区的幼儿离开区域的时间比表演区、阅读区、美工区的要晚一些，而且也没有用积木搭建出一个完整的造型。幼儿教师总结说道："今天，要批评建构区的小朋友，不像以前的小朋友搭建好一个漂亮的房子。"你认为案例中教师的总结评价对吗？教师应该如何指导幼儿开展结构游戏？

3. 幼儿教师资格证考试面试试讲及答辩

（1）试讲方案。

题目：建构游戏"雪花片"

内容：①利用雪花片搭出交通工具；②模拟组织幼儿开展雪花片建构游戏。

基本要求：①模拟组织幼儿利用雪花片搭出交通工具；②在游戏过程中搭出 2～3 个交通工具；③请在 10 分钟内完成上述任务。

（2）答辩题目：

问题1：除了搭出交通工具，你还能用雪花片搭出哪些交通工具？

问题2：本次活动适合哪个年龄班的幼儿？

学习情境三　指导幼儿表演游戏

主要学习支持框架

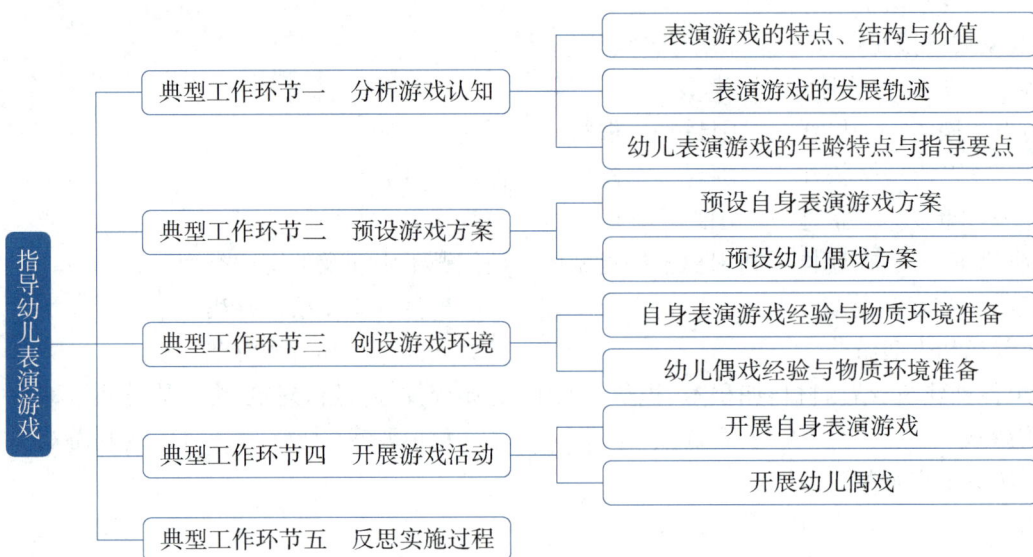

```
                              ┌─────────────────────────────┐
                              │   表演游戏的特点、结构与价值   │
                              ├─────────────────────────────┤
          典型工作环节一　分析游戏认知│     表演游戏的发展轨迹       │
                              ├─────────────────────────────┤
                              │ 幼儿表演游戏的年龄特点与指导要点 │
                              └─────────────────────────────┘
                              ┌─────────────────────────────┐
                              │      预设自身表演游戏方案      │
          典型工作环节二　预设游戏方案├─────────────────────────────┤
                              │       预设幼儿偶戏方案        │
                              └─────────────────────────────┘
指导幼儿                       ┌─────────────────────────────┐
表演游戏                       │   自身表演游戏经验与物质环境准备 │
          典型工作环节三　创设游戏环境├─────────────────────────────┤
                              │   幼儿偶戏经验与物质环境准备   │
                              └─────────────────────────────┘
                              ┌─────────────────────────────┐
          典型工作环节四　开展游戏活动│      开展自身表演游戏       │
                              ├─────────────────────────────┤
                              │        开展幼儿偶戏         │
                              └─────────────────────────────┘

          典型工作环节五　反思实施过程
```

学习目标导航

知识目标

1. 能说明幼儿表演游戏的特点、结构与价值。
2. 能理解幼儿表演游戏的发展轨迹及小、中、大班相应的发展阶段特点。
3. 能把握各年龄段两类表演游戏(幼儿自身表演游戏及偶戏)的指导要点。

能力目标

1. 能根据小、中、大班表演游戏的特点,选择适宜的内容进行戏剧表演。
2. 能结合不同表演游戏主题,小组合作模拟进行表演游戏的组织与指导。
3. 能主动获取与整理有关幼儿表演游戏组织与指导的有效信息,结合已有知识经验,展示学习成果,并能对本任务的学习情况以及以往实习工作进行总结与反思。

情感目标

1. 树立正确的幼儿表演游戏观。
2. 在小组合作学习中逐步学会反思自身的学习过程。

典型工作环节一　分析游戏认知

表演游戏是幼儿以故事为线索展开的游戏活动[①],所谓的故事不仅可以指儿童文学作品,也可以是幼儿自己创编的故事以及他们经历过的事件,是幼儿通过角色扮演,运用语言、动作、表情等再现文艺作品内容的一种创造性游戏,如自身表演(见图3-1)和木偶戏(见图3-2)。表演游戏反映了幼儿对文学作品的理解,是幼儿对生活经验的再现,通过独特的表达方式与自身对话、与作品对话、与观者对话。因此,表演游戏有自身的特点与结构。

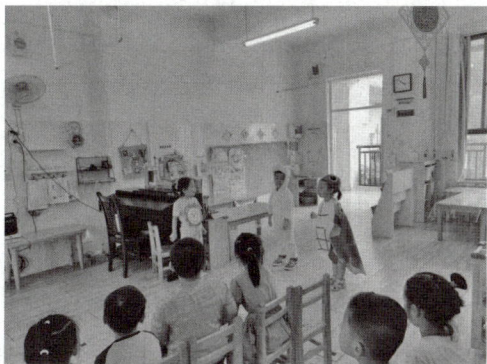

图3-1　幼儿自身表演:龟兔赛跑

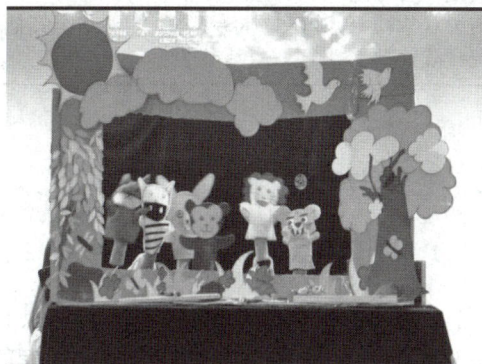

图3-2　幼儿偶戏:老虎拔牙

一、任务描述

了解表演游戏的基本原理,理解与把握表演游戏的特点、价值、发展轨迹、年龄特点与指导要点,可以为开展表演游戏奠定基础,本环节以分析表演游戏的认知为主要任务,具体任务单见表3-1。

表3-1　分析表演游戏认知的任务单

任务小组	班级:		组名:
	组长:		
	组员:		
学习情境	指导表演游戏	学时	
具体任务	分析表演游戏认知		
任务要求	(1) 6～8人为一小组做好分工与合作 (2) 通过查阅文献了解表演游戏特点、结构、发展水平与价值、年龄特点与指导要点等 (3) 通过深入幼儿园观摩表演游戏活动或者观看相关视频,并结合活动归纳对应的表演游戏认知内容 (4) 每组由一人代表介绍查阅并整理归纳的资料		
工作步骤	注 意 事 项		
查找文献,了解幼儿表演游戏认知内容	(1) 资料获取的形式:电子或纸质 (2) 资料获取的渠道:网络教学平台、教材、电子资源等		

---

① 刘焱.儿童游戏通论[M].北京:北京师范大学出版社,2004:504.

续　表

观摩游戏，分析幼儿表演游戏发展状况	（1）视频的来源：需明确所观察的表演游戏来源，如见习、实习时观察的游戏或是表演游戏视频实录 （2）视频内容：游戏需涉及表演游戏相关知识点
整理资料，编制幼儿表演游戏认知思维导图	（1）整理资料的流程：对搜集所获得的资料进行审查、检验、分类、汇总等初步加工，使之系统化和条理化，并以集中、简明的方式反映幼儿表演游戏认知的过程 （2）整理资料的要求：具体资料来源标明出处 （3）思维导图制作要求：全开的海报纸；每个一级主题用不同颜色区分；描述的语言简洁明了
展示成果，介绍幼儿表演游戏认知思维导图	（1）现场展示人员要求：每次展示换不同的发言人，保证课程结束后，小组成员均做过发言代表 （2）现场展示要求：面向所有学生，声音洪亮，逻辑清晰
反思效果，对幼儿表演游戏认知情况查漏补缺	查漏补缺要求：能够结合其他小组展示情况查漏补缺

二、主要学习支持

（一）表演游戏的特点、结构与价值

相对于幼儿的自由游戏而言，表演游戏具有一定的结构性。这种结构性既来自"故事"为游戏提供的框架，也来自教师的指导。所谓"故事"，不仅可以指儿童文学作品，也可以是幼儿自己创编的故事以及他们经历过的事件。简而言之，表演游戏是幼儿以"故事"为线索展开的游戏活动。

1. 幼儿表演游戏的特点

（1）兼具"游戏性"和"表演性"

表演游戏区别于其他类型的游戏活动的特殊性在于它兼具"游戏性"和"表演性"。从选择和确定所要表演的故事或作品的那一刻起，表演游戏就已经有了一个规范游戏者的框架。在游戏的过程中，幼儿会自发地在头脑中将自己的言行与故事情节、人物联系起来，故事作为"脚本"规范着幼儿的行为，成为幼儿行为表现的框架和评价自己与他人游戏行为的尺度。正是基于故事或作品的"再现"要求而构成了表演游戏"表演性"的基础，就是说表演游戏也是一种艺术表演活动，但是幼儿园表演游戏是游戏而不是戏剧表演，兼具"游戏性"和"表演性"。

（2）是幼儿创造性的自娱活动

表演游戏与戏剧表演的根本区别在于，表演游戏是幼儿自己"自娱自乐"的活动，幼儿只是因为"有趣好玩"而在"玩"，他们并不是在为"观众"表演。事实上，他们心目中并没有"观众"，他们也根本不在乎"观众"。

（3）是需要教师的指导性活动

表演游戏的"表演性"要求幼儿以自身为媒介，运用包括语言、表情、动作姿势等在内的手段来再现特定的故事，这种再现的过程本身对于幼儿来说是多种能力的学习和锻炼的过程，也是幼儿获得各种有益的学习经验的过程。幼儿的表演游戏要经历一个从一般性表现到生动性表现的发展过程。但是，幼儿自身并不能完成从一般性表现到生动性表现的提升，也不能完成从目的性角色行为到嬉戏性角色行为再到更高水平的目的性角色行为的回归。表演游戏的"表演性"以及幼儿表演游戏的一般规律和年龄特点决定了教师对幼儿的表演游戏进行指导的必要性。帮助幼儿完成从一般性表现到生动性表现的提升，从目的性角色行为到嬉戏性角色行为再到更高水平的目的性角色行为的回归，正是教师指导幼儿表演游戏的目的和任务所在。这也正是表演游戏不同于其他类型游戏的特点。

2. 幼儿表演游戏的结构

幼儿表演游戏的一般结构包括主题、角色、情节、材料道具、动作、对白和旁白等。

主题：幼儿表演游戏的主题选择一般基于幼儿经验与兴趣。

角色：角色指幼儿扮演的表演游戏中的人物，一般的角色可以来自童话或故事。

情节：表演游戏的情节发展与设计源于文学作品，或改编于文学作品。

材料道具：用于角色装扮的辅助材料可以由幼儿选择、制作，使幼儿更好地进入情节，完成表演。

动作：在表演游戏中，幼儿的动作表现应凸显角色的典型特征。

对白、旁白：对白指角色之间的对话；旁白指戏剧角色背着台上其他剧中人对观众说的话，说话者不出现在舞台上，但直接以语言来介绍情节内容、交代剧情或发表议论。对白和旁白的使用能够推动故事情节的发展，保证表演的完整性。

3. 表演游戏对幼儿发展的价值

（1）表演游戏能加深幼儿对文学作品的学习理解

来源于文学作品的表演游戏是对文学作品的再现，能够帮助幼儿进一步理解、学习文学作品。幼儿在参与表演游戏的过程中，会再现角色的对话、动作、表情，体会角色的情绪情感，并完整演绎故事情节。同时，在宽松的游戏氛围中，幼儿往往会根据自己的生活经验和对文学作品的理解，改编、拓展原作中的情节、内容等。

（2）表演游戏能够促进幼儿语言的发展

幼儿表演游戏是对文学作品的再现，幼儿在表演过程中需要熟记文学作品中这些优美、生动的语言，并用灵活丰富的语调、表情等来表现对角色的理解。通过对某些角色的扮演，可以让幼儿掌握各种角色的对话方式，帮助幼儿学习一定的语言规则，从而提高幼儿社会性语言的发展，进一步促进幼儿语言表达能力的发展。

（3）表演游戏能促进幼儿社会性的发展

众多研究表明，表演游戏对幼儿社会性角色观念的形成等社会性发展有影响作用。表演游戏可以扩大幼儿与同伴的交往。在宽松的表演游戏环境中，幼儿可以自由与同伴讨论角色的分配，一起协商解决遇到的问题与困难。表演中需要的相互配合与提醒等都是幼儿交往的机会，这个过程大大地促进了幼儿社会性的发展。

（二）　表演游戏的发展轨迹

了解幼儿表演游戏的发展轨迹有助于教师看到幼儿发展的过程，更好地理解幼儿行为特点。关于幼儿表演游戏的连续发展，国内尚未有具体的评价工具，美国《学前儿童（0～6岁）预期发展结果概况》[①]详细描述了0～6岁儿童连续发展的整体状况，是为幼儿及其家庭建立的评价工具，可以作为了解幼儿表演游戏中主要行为的参考，其中"参与和坚持""分享使用空间与材料""象征性和社交戏剧游戏""戏剧"包含了相关信息，详见表3-2、表3-3、表3-4、表3-5。

表3-2　0～6岁儿童"参与和坚持"连续发展状况

参与和坚持							
反应程度		探索程度		建立程度			综合程度
早期	后期	早期	后期	早期	中期	后期	早期
不适用	此测量没有较低的等级	短暂地参与简单的活动	选择活动，但即使借由成人的支持专注于一个活动，仍会迅速地从某个活动转移至另一个活动	即使短暂地将兴趣转移至其他活动，亦能借由成人的支持，继续进行自己选择的活动	寻求成人的支持渡过难关，并继续进行自己选择的活动	参与自己选择的活动，自行渡过难关	多次返回活动，以练习技能或完成活动

① 加利福尼亚教育部. 学前儿童（0～6岁）预期发展结果概况［EB/OL］. https://www.cde.ca.gov/sp/cd/ci/documents/drdp2015preschool.pdf，2015/2021-07-23.

表3-3 0～6岁儿童"分享使用空间与材料"连续发展状况

分享使用空间与材料							
反应程度		探索程度		建立程度			综合程度
早期	后期	早期	后期	早期	中期	后期	早期
不适用	此测量没有较低的等级	展现对一些特定玩具或材料的偏爱	即使另一个儿童正在使用材料,亦能拿取并玩耍感兴趣的材料	借由采取行动控制材料,表示他/她知道其他儿童可能要使用该材料	持续掌控某些偏好的材料,让他人使用剩余材料,然而需借由成人的支持,以与其他儿童分享其偏好的材料	大多数可不经成人的教促,而遵循分享的期望或程序	在无明确分享期望的情况下,与他人分享空间或材料

表3-4 0～6岁儿童"象征性与社交戏剧游戏"连续发展状况

象征性和社交戏剧游戏							
反应程度		探索程度		建立程度			综合程度
早期	后期	早期	后期	早期	中期	后期	早期
以基本方式回应人或动物	以各种方式探索人和物体	以功能性或有意义的方式运用或结合物体	假装某个物体代表另一个物体,或作为不同目的之用	参与一连串的角色扮演游戏	与他人就共同的构想一起参与角色扮演游戏	与他人一起参与一连串的角色扮演游戏	借由针对共同的细部构想归纳及协商角色或规则,与他人一起参与一连串的角色扮演游戏

表3-5 0～6岁儿童"戏剧"连续发展状况

戏 剧							
反应程度		探索程度			建立程度		综合程度
早期	后期	早期	中期	后期	早期	中期	后期	早期
不适用	不适用	此测量没有较低的等级	展现对成人戏剧性角色演出的兴趣	运用面部表情、声音或手势回应成人的戏剧性角色演出	运用面部表情、声音、手势或身体动作,以简单方式呈现熟悉的角色	在对以某个故事、歌曲或诗词为基础的即兴戏剧提供意见时,以一些细节描绘角色,或者对某个情节的对白或构想提供意见,以回应成人的建议	给戏剧提供意见时,创造并能保持角色的细节,而无须成人的提示	对即兴戏剧提供意见时,表达角色情绪或想法的细节

从表中可以看出,随着年龄的增长,在坚持性上,0～6儿童的坚持性越来越强,从常常变化活动到在成人的协助下能够坚持活动,并学会寻求帮助,最后能够自主选择活动并想办法解决困难,有时甚至为了完善活动反复练习。在材料和空间使用及戏剧游戏中,0～6儿童刚开始只喜欢自己拿自己喜欢的材料,随后有初步的合作意识,开始愿意与他人分享自己喜欢的材料,并且能以物代物,在扮演游戏中,以功能性或有意义的方式运用或结合物体。当合作意识越来越强时,能主动与他人分享材料,能与他人一起创造故事情节并共同扮演,协商角色和规则,能够运用表情、语言、动作等表达角色。

(三) 幼儿表演游戏的年龄特点与指导要点

幼儿表演游戏具有综合性,涉及幼儿各方面的行为,其主要涉及的行为发展轨迹为我们了解小、中、大班幼儿表演游戏的年龄特点提供了参考。下面主要从幼儿表演游戏的目的性、角色意识、角色分配、角色扮演、材料使用等方面具体分析小、中、大班幼儿表演游戏的特点,并给出相应的指导建议。

1. 小班表演游戏

年龄特点: 小班以被动性角色行为为主,他们会严格按照故事内容和教师的意思再现故事。但是他们几乎没有任务意识,喜欢玩自己喜欢的游戏,常常忘了自己的目的。由于小班幼儿还处于平行游戏阶段,一般以自己扮演为主,很少出现根据游戏情节合作表演的行为;角色意识较弱,常常忘记自己所扮演的角色。在角色扮演上以一般性表现为主,表演欲望强,但表演能力弱,表演时语音不准确,听辨能力差,热衷于重复摆弄各种材料或用材料装扮自己。小班幼儿不能自己布置游戏场景及设计相关材料,他们需要相似替代物才能进行表演。如,在"拔萝卜"的表演游戏中,幼儿还不能将一块积木想象成胡萝卜,他们需要像胡萝卜一样的材料作为道具才更能引发其游戏行为。

指导要点:小班幼儿的表演游戏以愉悦性为主,在内容的选择上,应选幼儿感兴趣的、对话简洁、角色鲜明、重复多、动作表现性较强的作品,以1~2个场景为宜,避免角色更换过多。材料准备以教师创设为主,应投放形状逼真的服装和道具以增强幼儿的角色意识。在角色扮演表现上,教师可适时示范引导,为幼儿提供方向。

2. 中班表演游戏

年龄特点:研究表明,中班幼儿游戏的目的性仍然较差,需要成人一定的提示才能坚持游戏主题[1]。如他们往往因为准备道具、材料而忘了游戏的最终目的,准备的材料成了嬉戏的玩具,表现了中班幼儿任务意识不强的特点。在有相应道具如头饰、服饰的情况下,幼儿能较顺利地完成角色分配任务,但是需要经过一段无所事事或者嬉戏打闹的时间,然后才渐渐进入游戏的计划、协商阶段。由于幼儿的兴趣与经验逐渐增多,他们常会将自己感兴趣的东西加入游戏中,嬉戏性角色行为增多,如在玩"三只小猪"的游戏中,幼儿自己想象狼被烟吹走、数小猪等情节并夸张地表演出来。他们有一定的角色更换意识,但角色更换意识不强,还不能很好地区分日常行为与扮演行为,如在"鸭子骑车记"的活动中,幼儿还不能从鸭子的角度表演骑车,而是根据自己的日常经验来骑车。另外,由于语言、移情能力等方面未充分发展,其角色扮演以一般性表现为主,虽然其表演仍以动作为主要手段,但相对小班,中班幼儿能够运用语言、动作、表情或语言和动作的结合表现内容。

指导要点:教师应为中班幼儿提供适宜的游戏时间和空间,保证幼儿有不少于30分钟的游戏时间。教师可选择有简单对话、易于幼儿用动作表现的作品,增加师幼共建的作品,允许幼儿、支持幼儿创造表演游戏内容。在游戏最初开展阶段,教师要帮助幼儿做好各项工作的分配,通过多种形式讲解角色更换原则。但教师不要过多干预幼儿的游戏,不要急于示范,要耐心等待幼儿协商、讨论,给予幼儿嬉戏行为的空间,提醒幼儿坚持游戏主题。在游戏展开阶段,教师应主动提高幼儿的角色表演能力,可以通过参与幼儿的游戏,为幼儿提供适当的示范,也可以一起讨论角色行为、角色情感等。给中班幼儿提供材料应注意材料的结构化程度,提供简单易搭的材料,材料以2~4种为宜,以免材料过多造成干扰。

3. 大班表演游戏

年龄特点:与中班幼儿相比,大班幼儿有较强的任务意识,行动的目的性、计划性增强。他们能独立完成角色分配任务。在游戏开始前能就游戏的材料制作、规则、情节、出场顺序等进行协商;进入游戏之后的同伴交往内容集中在动作和对白方面,并且能够相互小声地、悄悄地提示或告知同伴。整个游戏过程已能按照"计划、协商→合作表演→再计划、协商"的步骤进行游戏[2]。大班幼儿角色意识较强,能够迅速形成角色认同,进入游戏。他们不只是简单地再现故事,扮演意识较强,他们能够自觉地等待,有序出场,而且在扮演角色时能注意语气语调与日常言语动作的区别。大班幼儿已经不只是简单地再现故事,而是能够根据自己的理解塑造角色、调整对白与动作,能根据情况综合运用动作、语言、表情等来表现故事内容,具有较高的表现能力,生动性大大增强。

指导要点:教师应尽可能地少干预大班幼儿的表演游戏。教师可为大班幼儿提供多种多样的游戏材料、时间和空间,鼓励和支持他们多样化的探索。随着游戏的展开,教师要仔细观察、感受、分析儿童的情绪、体验与表达,及时给幼儿提供反馈,提高幼儿表现故事、塑造角色的能力。对于大班幼儿来说,教师反馈的侧重点应在如何塑造角色上,要帮助幼儿注意运用语气、语调、夸张的动作、生动的表情来塑造角色。

① 刘焱,李霞,朱丽梅. 中、大班幼儿表演游戏的一般规律和年龄特点研究[J]. 学前教育研究,2003(4):24.
② 刘焱,李霞,朱丽梅. 中、大班幼儿表演游戏的一般规律和年龄特点研究[J]. 学前教育研究,2003(4):26.

三、任务评价

为了更好地了解学习者对表演游戏相关知识与能力的掌握情况,本部分设计了"分析表演游戏分值的评价单"(见表3-6),该评价单由组内自评、组间互评、教师评价三部分构成,按组内自评30%、组间互评30%、教师评价40%的比例确定最终成绩,满分为100分,请根据评价单具体标准进行评价打分。

表3-6　分析表演游戏认知的评价单

任务小组	班级:		组长:			
	小组名:		小组总得分:			
	组员:					
学习情境	指导表演游戏		学时			
具体任务	分析表演游戏认知					
工作过程	评价要点	分值	组内自评(30%)	组间互评(30%)	教师评价(40%)	
查找文献	能多途径获取幼儿表演游戏认知相关内容,资料信效度高	20				
观摩游戏	能结合观摩的游戏分析表演游戏的特点、指导要点及价值等内容	20				
整理资料	能将相关表演游戏认知归纳成思维导图,事项齐全,内容丰富	40				
展示成果	展示时能准确表达、汇报成果,条理清晰,组织有序,气氛活跃	10				
反思效果	反思内容具有针对性,表述清晰	10				

四、巩固探索

探索一: 表演游戏与角色游戏的区别

自主查阅资料,思考表演游戏与角色游戏的区别。

_____

_____

_____

典型工作环节二　预设游戏方案

在表演游戏开展之前,需要提前预设游戏主题,对主题所依托的"载体"进行修改使其适合幼儿开展游戏,并制定游戏方案。幼儿表演游戏的种类主要有幼儿自身表演和偶戏,两者从主题选择到游戏的开展、结束,其工作过程所需的知识和能力有所不同,接下来将分别介绍。相关幼儿自身表演游戏可以扫码观看视频自身表演"小熊请客",偶戏可以扫码观看视频偶戏"老虎拔牙"、偶戏"小熊请客"。

视频 3-1　自身表演"小熊请客"　　视频 3-2　偶戏"老虎拔牙"　　视频 3-3　偶戏"小熊请客"

一、任务描述

本环节任务主要是选择幼儿自身表演或者偶戏进行方案的预设,任务单详见表 3-7。

表 3-7　预设表演游戏方案的任务单

任务小组	班级：　　　　　　　　　　　　　　　　组名：	
	组长：	
	组员：	
学习情境	指导表演游戏	学时
具体任务	预设表演游戏方案	
任务要求	(1) 6～8 人为一小组做好分工与合作 (2) 结合见习、实习和幼儿园游戏观摩活动,撰写一份详细的表演游戏方案,包含游戏目标、游戏准备、游戏过程、游戏延伸等内容 (3) 每组由一人代表介绍小组的表演游戏方案	
工作步骤	注　意　事　项	
确定表演游戏主题	(1) 明确主题(剧或本)来源 (2) 确定游戏名称	
预设表演游戏方案	(1) 游戏目标撰写要求：参照教学活动三维目标撰写 (2) 游戏准备撰写要求：包括经验准备与物质准备 (3) 游戏过程撰写要求：能够按照目标设计过程 (4) 书写规范性：格式规范,层级标题清晰	
展示表演游戏方案	(1) 现场展示人员要求：每一次展示换一次发言人,保证课程结束后,小组成员均做过发言代表 (2) 现场展示要求：面向所有学生,声音洪亮,逻辑清晰	
反思方案查漏补缺	查漏补缺要求：能够结合其他小组展示查漏补缺	

二、主要学习支持

（一）预设自身表演游戏方案

1. 确定幼儿表演游戏主题

相对于幼儿的自由游戏,表演游戏具有一定的结构性,这种结构来自表演游戏所依赖的"载体"提供的框架,也来自教师的指导。这里所说的"载体",不仅可以指适合幼儿表演的文学作品,也可以是幼儿自己创编的故事以及他们经历过的事件。因此,幼儿表演游戏的主题可以源于文学作品甚至其他艺术作品如绘画、音乐、影视等,也可基于幼儿的日常生活事件。无论是社会生活事件还是幼儿自己的生活事件,无论是积极的生活事件还是消极的生活事件,只要幼儿感受到了,总会或多或少地融入到表演中来。[①] 教师可引导幼儿对这些事件、需求进行讨论,给予幼儿一些表达自己认识和感受的机会,进而逐渐发展并预设游戏主题。如"鸭子骑车记"的游戏来源于教师发现有一段时间孩子们特别在乎别人的看法,对自己不擅长

---

① 虞永平. 怎么看,怎么评,怎么干——学前教育质量问题需要三思而笃行[J]. 辽宁教育,2014(02)：42—44.

的活动采取回避的态度,而《鸭子骑车记》也正是该班幼儿近期探索的一个绘本,兴趣正浓。

2. 修改表演游戏依托的"载体"

幼儿表演游戏依托的"载体"即游戏"剧本",包括文学作品、艺术作品、影视作品、生活事件等。不管表演游戏的主题源于哪一类"载体",都需要对其进行进一步的创作,使其更适合幼儿开展游戏。这里主要介绍幼儿表演游戏常用的两种主题来源如何变为幼儿游戏的"剧本"。

（1）从故事到"剧本"

儿童故事是幼儿熟悉的文学类型,但是有的故事并不适合幼儿展开游戏,因此要对故事进行适当的改编,使其具有较强的可表演性。如弱化旁白的作用,酌情删除旁白的台词,转而用角色的对话、动作来推进情节的发展,同时增强角色对话的韵律性和重复性,以更好地激发幼儿的兴趣。

案例 3-1　　　　　　　　大班表演游戏"青蛙送瓜"的改编

青蛙送瓜（原故事）

易秋/文　赵光宇/图

夏天,青蛙的西瓜丰收了。青蛙请小伙伴们来吃西瓜。

小白兔围着西瓜跑了一圈:"哇,好大好大的西瓜!"

小田鼠舔舔嘴巴:"嗯,这么大的西瓜一定好甜好甜!"

小刺猬刺了一下西瓜皮:"可是,这么大的西瓜怎么吃呀?"

小蚂蚁说:"把它推下山坡就能打开它。"

"嘿哟!嘿哟!"大家使出全身的劲儿,大西瓜还是在原地,一动不动。

青蛙说:"大家别着急,我一定会想出好办法的。"

砰砰砰……

过了几天,每家每户的窗口都伸进来一根管子,管子上还接了水龙头。

小白兔打开水龙头,流出来的是红红的水,轻轻地舔了一下:"哇!好甜,好甜!"

小刺猬轻轻地吸了一口:"真棒,真棒!是西瓜汁啊!"

小田鼠咕噜噜地喝了一大口:"真好,真好!一定是青蛙送来的。"

青蛙送瓜（改编版）

注:括号内的为角色动作。

准备:

1. 角色:青蛙、小白兔、小田鼠、小刺猬、小蚂蚁(若干)。

2. 背景:西瓜地里。

3. 道具:西瓜地背景图;成熟的大西瓜一个;角色道具,尺子、三角尺、卷尺、各种水管等;小白兔、小田鼠、小刺猬、小蚂蚁的家。

剧情:

第一幕:青蛙请客。

旁白:秋天,青蛙种的大西瓜熟了,它邀请好朋友们来做客。(配乐《小青蛙卖瓜》)

青蛙:快看,快看,我种的大西瓜熟了。

旁白:其他小动物们这边看看,那边看看,转个圈,再看看,兴奋得很。

小白兔(围着西瓜跑了一圈):哇,好大好大的西瓜!

小田鼠(舔舔嘴巴):嗯,这么大的西瓜一定好甜好甜!

第二幕:一起搬瓜。

旁白:这么大的西瓜怎么吃得了呢?

小刺猬(刺了一下西瓜皮):可是,这么大的西瓜怎么吃呀?

小蚂蚁:把它推下山坡就能打开它。

齐：那我们一起试一试吧！嘿哟！嘿哟！1,2,3 加油！加油！

（小田鼠拉着西瓜茎努力往前拉，小白兔、小刺猬、小青蛙、小蚂蚁们在后面位置努力向前推，可是西瓜却一动也不动。）

旁白：嘿哟！嘿哟！小动物们累得气喘吁吁，用尽了所有力气，西瓜还是一动不动。看来它的这个办法也不行。

第三幕：吃瓜的好办法。

小白兔、小田鼠、小刺猬、小蚂蚁们：怎么办呢？（做想办法的动作）

青蛙：有了。我有办法了。

其他动物：什么办法呀？

青蛙：你们先回家等我的好消息，我弄好后你们就知道了。

旁白：青蛙的好朋友们回家后，青蛙开始忙碌起来，测量大西瓜到朋友们家的距离，并接上了水管，安装上水龙头，把西瓜弄成果汁。

青蛙：大功告成，这样一来我的好朋友们就可以喝上西瓜汁啦！（青蛙哼着小曲《青蛙最伟大》）

第四幕：好喝的西瓜汁。

小白兔（打开水龙头，用杯子假装装满，舔嘴巴）：哇，真好喝，好甜！好甜！

小刺猬（打开水龙头，用杯子假装装满，放吸管进杯子吸了一口）：真棒呀！好喝的西瓜汁！

小田鼠（打开水龙头，用杯子假装装满，咕噜噜喝一大口）：真好，真好！一定是青蛙送来的。

小蚂蚁（高举着三角杯优雅地抿一小口）：感觉在办西瓜酒会一样，真好喝！

齐：谢谢我们的好朋友青蛙。（配乐《好朋友》）

（2）从幼儿的生活事件到"剧本"

什么样的事件可以作为表演游戏的"剧本"呢？张金梅教授总结了以下几点：具有冲突性，幼儿面临着如何解决冲突的问题，能够发展出具有中心意义的情节来；具有教育性，这种冲突导致了幼儿对自我和他人的重新认识和思考，对幼儿身心和谐发展具有教育价值；可表演性，事件要有任务，也要有故事情节，且易为幼儿用动作、语言表现出来[1]。需要注意的是，不管是什么事件，需是幼儿所关心的问题。例如，幼儿对婚礼非常感兴趣，但是由于幼儿讲述的很多事情都是片段，每个人对于婚礼的记忆也不相同，于是教师提议幼儿将自己想到的事情画下来，通过幼儿的讲述解释，记录每幅图画表示的含义。接着选用图画，然后让幼儿排序，从而形成了幼儿自己制作的故事剧本。

3. 预设幼儿自身表演游戏方案

预设游戏方案可以帮助教师厘清工作的大致方向。表演游戏方案的预设主要包含游戏名称、设计意图、游戏目标、游戏准备、游戏过程、游戏延伸等内容。

| 案例 3-2 | 中班自身表演游戏：三只蝴蝶[2] |

设计意图

《三只蝴蝶》故事源于中班主题活动"春天来了"，在这一主题实施的过程中，幼儿对蝴蝶和花的不同造型、姿态、动作等较感兴趣。另外，在此主题下素材点有："春游去""在园地里""蝴蝶、蜜蜂和蝌蚪"，都为"三只蝴蝶"表演活动开展提供了经验储备，"三只蝴蝶"的表演活动与主题"春天来了"可以充分融合。而且，此故事情节主线清晰，重复的对话、互动的情景是幼儿喜欢并且便于表演的。三只蝴蝶面对困难，共同进退、团结友爱，有益于中班幼儿良好个性的培养，感受与同伴相处的乐趣，对于幼儿间的情感交流和社会交往有促进作用。

---

[1] 张金梅.幼儿园戏剧综合活动研究[D].南京师范大学博士学位论文,2003：76.
[2] 案例来自上海市闵行区虹鹿幼儿园,有改动.

游戏目标

（1）乐意和同伴一起表演,体验共同表演的快乐。

（2）能够专心倾听文学作品,并能对故事中的部分场景产生相应的联想和情绪反应。

（3）声音响亮、较清楚,尝试用不同的音色和动作表现角色的情绪和特征;尝试丰富剧情、自由想象不同的情节发展,创编故事。

游戏准备

经验准备:家长带领幼儿外出参观春天的各种花草树木、动物昆虫等,感受春天的美丽。

物质准备:师幼共同收集花和蝴蝶的图片、视频、相关的音乐等;自然认知类书籍,如《春天的动植物》;故事图书,如《三只蝴蝶》。

游戏过程

1. 主题开启

语言活动:三只蝴蝶。

说明:活动开启的形式和途径可以根据文学作品的特征、教学的需要及幼儿发展的需求进行选择。

2. 感受体验

（1）感受体验一:观察小花园。

活动形式:在户外散步时进行,或亲子活动、社会实践、自由活动、专用活动室、个别化学习活动、游戏活动、渗透于基础性找春天活动中。

资源支持:幼儿园的小花园。

教师观察指导要点:

① 引导幼儿观察了解各种花开放的姿态、颜色等,并交流自己的发现。

② 引导幼儿自由组合表现,用肢体动作做花朵的形状。

（2）感受体验二:下雨时的心情。

活动形式:在专用活动室进行。

资源支持:下大雨时的视频。

教师观察指导要点:

① 引导幼儿欣赏、交流下雨时各自的心情变化。

② 引导幼儿运用语言与肢体动作等表现下雨时的情节。

（3）感受体验三:蝴蝶飞。

活动形式:渗透于基础性音乐活动中。

教师观察指导要点:

① 引导幼儿在观察蝴蝶飞的基础上,大胆想象并用肢体动作进行表现。

② 创设"下雨了、太阳出来了"的情景,引导幼儿大胆表现蝴蝶躲雨时的情节。

③ 利用分组表演的形式,引导幼儿开展同伴间的交流与分享活动。

3. 表达表现活动:正式游戏

幼儿自主游戏,教师重点观察:

（1）观察幼儿是否明确自己所扮演的角色和承担的任务,大胆自信地表现。

（2）活动中幼儿是否能做到合作有序、分工明确。

4. 总结与分享

问题:你喜欢你的表演吗?你是怎么表演的?在游戏中遇到了什么问题?你是如何解决的?

游戏延伸

个别化学习活动:春天的蝴蝶和花朵(音乐游戏)。

（二）预设幼儿偶戏方案

偶是指用木头、布料等材料制成的人物、动物。通过偶的表演来再现文艺作品的内容,称为偶戏。常见的偶有布袋偶、手指偶、杖头偶、提线偶等,还有一种重要的表演形式就是人偶同演。运用偶具的表演融合了造型、动作、对话、编剧、即兴创作、布景、服装设计并兼具绘画、舞步、戏剧于一体。在幼儿园中,幼儿操作偶具进行表演的游戏称为幼儿偶戏。

幼儿通过操控偶具表演和再现文艺作品、生活经验,赋予偶具生命,通过偶具这个"客体"表达自我。幼儿偶戏属于表演游戏,所以在开展游戏之前,需要教师预设幼儿的表演游戏方案。

1. 确定幼儿游戏主题和剧本

幼儿偶戏的主题来源一般是已有的绘本、民俗、神话等故事,或者是幼儿看过的影视剧(动画片等),又或者是幼儿自身的经历。教师可以鼓励幼儿积累文学作品方面的经验,积极、主动、兴奋、勇敢地提出自己所喜爱的游戏主题。教师要善于发现幼儿的兴趣点,引导幼儿共同讨论,预设游戏主题,选择适合幼儿表演的作品。同时游戏主题要具有开放性,预设与生成相结合。

幼儿偶戏是比较常见的表演游戏,在开展幼儿偶戏之前需要确定表演的框架。表演游戏虽然也是幼儿自己"创造的"游戏,但是,原本的故事(不管是来自儿童文学作品还是来自幼儿自己的创造)规定了游戏的基本框架。在表演游戏的展开过程中,幼儿会自发地在头脑中将自己的言行与故事中的情节、人物联系起来,也就是说"故事"成为游戏者认可的标准和行为的框架,幼儿必须在这个框架中游戏。即便游戏所依托的故事是幼儿在活动过程中逐渐创编发展起来的,但在每次表演之前游戏者之间都会有一个基本达成一致的脚本,角色的行为或多或少地都要受这个脚本规范,不能随意操作。

选择主题后,教师可以引导幼儿在原作品内容、情节及人物个性特征、心理活动理解的过程中进行创造性的添加与补充。幼儿偶戏的改编和创作所使用的手法也是多样的。如采用对比的手法,大多是出现两种不同性格的人物,通过他们所展开的矛盾,如聪明和愚蠢、勤奋和懒惰、勇敢和懦弱、善良和丑恶等行为,对比什么是对的和什么是错的。为偶具设计剧本与为真人设计剧本类似,但稍有不同。如在改编剧本时要注意情节、角色与偶具的对应,考虑到角色动作与偶具是否合适等。选用的素材需要游戏参与者全员参与讨论,剧本素材也都应根据需要进行调整。如素材内容的角色、情节、对白、旁白(如有需要)等要根据参与游戏的人数、幼儿年龄特点进行修改。但是要注意的是,幼儿偶戏因场地限制,需要尽量精简角色,避免在戏台操作时出现忙乱、碰撞的现象;尽量避免如"我的肚子好饿哦""这里有一个凳子"的解释性台词。

| 案例 3-3 | 中班表演游戏"小壁虎借尾巴"的改编 |

小壁虎借尾巴(原故事)

一天,小壁虎在墙角捉蚊子,一条蛇咬住了他的尾巴。小壁虎慌忙逃跑,一使劲儿,尾巴挣断了。没有尾巴多难看啊!小壁虎难过极了。小壁虎伤心地爬到屋檐下,他看见小燕子在空中摆着尾巴飞翔,眼睛一亮:"我可以借条尾巴呀!"

于是,小壁虎对燕子说:"燕子阿姨,您的尾巴借给我行吗?"燕子说:"不行呀,我飞的时候,要用尾巴控制方向呢。"小壁虎告别了燕子,决定继续去借尾巴。

小壁虎刚爬到小河边,看到河面上冒出一串水花,他走近一看,原来是小鱼在河里摇尾巴呢。小壁虎说:"小鱼姐姐,你的尾巴借给我行吗?"小鱼说:"真对不起,我要用尾巴拨水呢。"小壁虎一点都不灰心,又向前爬去。

小壁虎爬呀爬,爬到草地上。小壁虎冲着一头正在吃草的老黄牛说:"黄牛伯伯,您的尾巴借给我行吗?"老黄牛说:"不行呀,我要用尾巴驱赶蚊子和苍蝇。"

小壁虎借不到尾巴,又累又难过,他想回家了。小壁虎默默地往家里爬去,一边爬一边想:"大家的尾巴都那么有用,我借不到尾巴了,怎么办呢?"一回到家,小壁虎就钻进妈妈怀里,把借尾巴的事告诉了妈妈。妈妈笑着说："傻孩子,你转过身子看看。"小壁虎转身一看,高兴地大叫起来:"我长出一条新尾巴啦! 我的尾巴是最棒的!"

小壁虎借尾巴(修改版)

人物:小壁虎、小燕子、小鱼、啄木鸟、老黄牛、壁虎妈妈。

场景:树林里。

注:括号内的为角色动作。

第一幕:

小壁虎:(手拿尾巴)我的尾巴被蛇咬掉了,太难看了! 怎么办呢? 我去借一条尾巴吧!

第二幕:

小燕子:在天空中飞来飞去。

小壁虎:(手拿尾巴,挥手)燕子阿姨,您的尾巴借给我行吗?

小燕子:(摇头)不行呀,我飞的时候,要用尾巴控制方向呢。

小壁虎:(继续往前爬)没关系,我再找找! 再见!

小鱼:在河里游来游去。

小壁虎:小鱼姐姐,您的尾巴借给我行吗?

小鱼:(摇尾巴)真对不起,我要用尾巴拨水呢。

小壁虎:(继续往前爬)没关系,我再找找! 再见!

老黄牛:(在草地吃草)。

小壁虎:黄牛伯伯,您的尾巴借给我行吗?

老黄牛:(摇尾巴)不行呀,我要用尾巴驱赶蚊子和苍蝇。

小壁虎:(继续往前爬)没关系,我再找找! 再见!

第三幕:

小壁虎:爬来爬去,哭起来。

壁虎妈妈:(抱住小壁虎)发生什么事了?

小壁虎:我的尾巴被蛇咬掉了,我到处借,没借到。

壁虎妈妈:(摸小壁虎的新尾巴)傻孩子,你转过身子看看。

小壁虎:(开心大叫)我长出一条新尾巴啦! 我的尾巴是最棒的!

2. 选择适宜的幼儿偶戏形式

在选取故事或剧本(即确定框架)后,可以开始考虑采取适宜的偶具并决定游戏的形式了。大型偶戏多在面积较大的空地进行游戏,户外、教室内均可以;而一般的偶戏活动则以轻便、易于操作的小型手控偶具为主,室内较多。基于幼儿的年龄特点及幼儿园教室环境,幼儿偶戏活动基本采用较为简单的表现形式。

(1)大型偶戏

大型偶戏主要是各种巨型偶具、游行偶具、套头面具(见图3-3)。考虑到学龄前幼儿的

视频3-4
"我是小演员"

图3-3 套头面具类偶戏

身体协调性不够灵活,身体控制能力较差,在幼儿园中巨型偶具游戏、游行偶具游戏较少发生,套头面具游戏较易开展。套头面具偶戏制作与使用案例可以扫码观看视频"我是小演员"。

(2) 人偶共演游戏

以纸板、纸袋或装饰的各型偶具充当剧本中的角色并与人共同游戏的偶戏均属于人偶共演形式。这种偶戏的偶具类型无限制,只要大小比例能够与幼儿搭配共同游戏即可。可以单独游戏,也可以与同伴合作游戏。

(3) 操偶者表演的偶戏

以戏剧演出的形式,由两至三个操偶者共同表演。操偶者按剧本说出所操控角色的台词,或即兴创作情节与台词进行游戏,由另外一个操偶者做有效配合演出。

3. 预设幼儿偶戏方案

幼儿偶戏兼具"游戏性"和"表演性",但本质上我们把幼儿园表演游戏的性质定位于"游戏"而不是"表演"。但是游戏需要事先做好一定的计划,便于师幼共同准备。幼儿偶戏表演方案的预设主要包含游戏名称、设计意图、游戏目标、游戏准备、游戏过程、游戏延伸等内容。

中班偶戏:三只蝴蝶(手指偶)

设计意图

《三只蝴蝶》是幼儿熟悉且喜爱的故事,且情节简单,角色对话重复,易于幼儿模仿、表演。因此,选用这个故事开展手指偶表演游戏。

游戏目标

(1) 喜欢参加偶戏活动,懂得朋友之间要友爱、互助。

(2) 能够熟练操作偶具,用不同的语气、动作来表现蝴蝶戏偶与花朵之间的角色对话。(难点)

(3) 知道故事的主要情节及角色之间的对话。(重点)

游戏准备

经验准备:熟悉故事《三只蝴蝶》,知道操控偶具的一般方法。

物质准备:花园舞台(桌面边缘、纸箱边缘即可),指偶(包括三种颜色的花、三只不同颜色的蝴蝶)。

游戏过程

1. 回忆故事《三只蝴蝶》,引出主题

(1) 指导语:还记得《三只蝴蝶》的故事里有谁吗?它们发生了什么事情?

(2) 出示蝴蝶手指偶,引导幼儿回忆故事情节及对话。

2. 组织讨论,熟悉戏偶

《三只蝴蝶》里有谁?发生了什么?蝴蝶和花朵都说了什么?我们用手指偶试一试。

3. 自主开展游戏,教师观察指导

(1) 教师:今天我们来演一演《三只蝴蝶》的故事,谁来扮演蝴蝶?谁来扮演花朵?在哪里进行表演?

(2) 教师鼓励幼儿通过讨论自主选择角色并选择合适的场地。

(3) 幼儿进行一次游戏,教师与幼儿进行游戏总结。

教师观察指导要点:

① 教师关注幼儿角色分配和道具使用情况。

② 教师指导幼儿按顺序出场,说清各个角色的对话。

4. 重复游戏

(1) 指导语:这次谁来扮演蝴蝶/花朵?三只蝴蝶在花园里还可能会发生什么事呢?

(2) 幼儿自主游戏。

5. 总结、分享经验，提升游戏难度

指导语：三只蝴蝶还会去哪里？会遇到哪些新朋友？还会发生什么好玩的事情呢？

游戏延伸

在表演区投放《三只蝴蝶》手指偶道具，鼓励幼儿自由表演，丰富表演经验。

三、任务评价

为了更好地了解学习者预设表演游戏方案能力的掌握情况，本部分设计了"预设表演游戏方案的评价单"（见表 3－8），该评价单由组内自评、组间互评、教师评价三部分构成，按组内自评 30％、组间互评 30％、教师评价 40％的比例确定最终成绩，满分为 100 分，请根据评价单具体标准进行评价打分。

表 3－8　预设表演游戏方案的评价单

任务小组	班级：		组长：		
	小组名：		小组总得分：		
	组员：				
学习情境	指导表演游戏		学时		
具体任务	预设表演游戏方案				
工作步骤	评价要点	分值	组内自评（30％）	组间互评（30％）	教师评价（40％）
确定表演游戏主题	主题来源于生活，尊重幼儿兴趣，考虑幼儿年龄特点	20			
预设表演游戏方案	游戏目标符合年龄特点、表演游戏目标要求，游戏准备丰富、全面，游戏过程清晰明了有操作性	45			
展示表演游戏方案	展示时能准确表达、汇报成果，游戏方案撰写规范、整洁	20			
反思方案查漏补缺	能结合其他小组的展示反思并查漏补缺	15			

四、巩固探索

探索二：　创编剧本

每组选择一个文学作品、艺术作品、影视作品或生活事件，对其进行适宜改编，并进行合理的创新，使其适合幼儿表演。

_____

_____

_____

_____

典型工作环节三　创设游戏环境

表演游戏环境的创设是开展表演游戏的必要条件。根据幼儿的年龄特点、兴趣需要创设游戏环境,可以萌发幼儿参与表演游戏的愿望,帮助幼儿较快进入游戏状态。

一、任务描述

本环节主要是以表演区游戏环境的创设作为切入点进行表演游戏环境的创设实训,详见表 3-9。

表 3-9　创设表演游戏环境的任务单

任务小组	班级:		组名:	
	组长:			
	组员:			
学习情境	指导表演游戏		学时	
具体任务	创设表演区游戏环境			
任务要求	(1) 6～8 人为一小组做好分工与合作 (2) 结合实训室材料,根据幼儿年龄特点、生活经验选择一个主题设置表演区游戏环境 (3) 每组由一人代表介绍小组的表演区游戏环境			
工作步骤	注 意 事 项			
选择合适的类型及主题	无			
创设表演区游戏环境	要考虑空间布局、材料投放、墙饰等方面内容			
解说环境设置的依据	(1) 现场展示人员要求:每一次展示换一次发言人,保证课程结束后,小组成员均做过发言代表 (2) 现场展示要求:面向所有学生,声音洪亮,逻辑清晰			
提出优化创设的策略	能够结合其他小组及教师的反馈反思并提出优化环境的策略			

二、主要学习支持

自身表演游戏与偶戏在游戏准备上有所差异,下文将依次进行介绍。

（一）自身表演游戏经验与物质环境准备

1. 经验环境准备

有了剧本以后,教师要进一步组织与作品内容理解有关的活动,帮助幼儿深入理解、体验作品内涵,让幼儿切身地感受作品的内容。通过开放式讨论分段整理剧本,给幼儿充分表达想法和创意的机会,不急于求成。

2. 物质环境准备

游戏的物质基础是游戏材料,它对游戏的性质、内容有着重要的作用。按照材料的用途,幼儿表演游戏的材料可分为场景搭建类材料、装扮类材料和道具类材料[①]。从结构化程度来看,分为高结构材料和低结构材料。高结构材料也叫成型玩具,是经过设计制作成的模拟各种物品的材料,具有玩法单一、功能固

---

① 张燕君. 4～6 岁幼儿表演游戏支持策略的研究[D]. 华中师范大学硕士学位论文,2017:34.

定、形象逼真等特点。低结构材料,也称为未成型玩具,其不限定幼儿的玩法,而是允许幼儿充分发散思维、发挥想象,进行以物代物。如下是教师工作中需要了解的基本投放要求,具体操作时应结合本班幼儿的特点及需要调整。

(1)场景搭建类材料

场景搭建主要是创设背景,引发幼儿的表演游戏,所以以低结构为主,高结构为辅。也就是说,教师可制作大背景道具摆放在活动区,但具体的细节由幼儿运用低结构材料自主制作。如为"老虎拔牙"制作森林背景、医院标志等高结构材料引发幼儿兴趣,投放积木、纸张等让幼儿根据表演内容,自主细化游戏场景,有助于发挥幼儿的想象力,同时也体现了"幼儿为主体"的原则。

(2)装扮类材料

装扮类材料指的是用于装扮故事角色、提升幼儿角色意识的材料,如头饰、服饰(见图3-4)、手偶(见图3-5)等。高结构材料能够提升幼儿的角色意识,比较适合小班。到了中班以后,可适当减少高结构装饰材料,增加低结构材料,从而赋予幼儿更多的自主权,同时让幼儿在自主操作的过程中提升对角色的认识和游戏兴趣。

图3-4 表演服饰

图3-5 动物手偶

(3)道具类材料

道具具有一定的灵活性。随着游戏的进展,幼儿的游戏内容逐渐丰富,也会不断需要新的道具,教师最好提供大量低结构的美工材料和建构材料,鼓励与支持幼儿自制,或根据幼儿以物代物的水平引导幼儿以物代物。

表演游戏区需要的空间较大,且表演游戏较嘈杂。我国当下幼儿园一般活动室面积不大,因此,幼儿园可以充分利用走廊、楼梯道拐角、小阳台等,创设表演游戏环境,如图3-6幼儿在户外开展表演游戏,图3-7为幼儿在楼梯道拐角开展表演游戏。天气好时,也可在户外找一块空地,投放材料让幼儿游戏。

图3-6 表演游戏"换妈妈"

图3-7 表演游戏"借你把伞"

此外,自由轻松的氛围有助于幼儿的创造性表达与表现,教师要创设支持、鼓励幼儿的心理环境,让幼儿在充分信任环境的基础上自主自由地游戏。

（二）幼儿偶戏经验与物质环境准备

1. 经验环境准备

（1）建构偶戏剧本经验

虽然在游戏中不应强调完全按照表演游戏"故事"框架的规范,但剧本的结构性更强。而且,"故事"作为表演游戏的"脚本",需要所有游戏者的"认同"或"约定俗成"。教师要引导幼儿运用多种途径理解和熟悉剧本,同时熟悉偶具角色特点,包括其性格、年龄、说话方式、行动特色。

（2）熟悉操偶的简单动作

不论是什么形式的偶具操控都是在模拟与真实情况相仿的动作,同时还要根据角色的身份、情况配上语言与音效。以下提供几个台词与动作的搭配演练参考,但只要幼儿熟悉常见的搭配即可,在游戏中不要求完全一致,幼儿在游戏时可以即兴发挥。

①"是——我愿意!"——偶具的头部由上而下的方向晃动数次。

②"不——我不赞成!"——偶具的头部左右晃动。

③"来来来!"——将手部举平,由内向外摆动。

④"再见!"——将手部居高左右摆动。

⑤"请坐! 请坐!"——偶具身体略微向前,将手略向下伸直。

⑥"哈哈哈哈哈哈!"狂笑——双手向两侧,身向后倾并轻微抖动再回原处。

偶戏操作的动作以简单为宜,其他的动作如追逐、跑、走、爬、跳等动作,用相当的动作姿势,由左向右或由右向左移动即可。注意在操作过程中偶具不能掉落。

2. 物质环境准备

在确定了表演的框架、形式之后,教师与幼儿要开始准备偶戏表演所需要的偶具。偶具的类型有很多,简单介绍如下。

（1）偶具的选择

一般幼儿园会有一些常见的现成偶具,如毛绒娃娃、手指偶等。如果在预设游戏的框架、主题、角色之后,缺少相应的偶具,教师可以引导幼儿在美工区制作所需偶具。根据操作性质与外形差异,偶戏可以分为提线偶戏、手控偶戏、大型偶戏,不同的偶戏所需要的偶具不同。

① 提线偶戏。提线偶戏,是以细绳索吊住偶具(或傀儡)的头、手、肩、关节、脚等部位,由细绳所系的另一端吊架,以手持吊架或绳索做摆动、移位、拉放等动作操作,来控制偶具身体各部位来做表演。由于提线偶戏的制作与操控表演技巧较为复杂,需要长时间训练才能熟练操作,不易于幼儿灵活运用与游戏。

② 手控偶戏。凡是由操偶者直接以手部运动便能够操控偶具的形式,都属于这类型的偶戏。其偶具包括纸袋偶具、平板偶具、手套偶具、影子偶具等。

纸袋偶具:采用大小不同的纸袋制作而成,根据纸袋的大小不同,经过装饰后可以套在手上,用手来操作表演。大型纸袋可以在纸袋上挖出眼睛和嘴巴,经过绘制或装饰后套在头上表演。

指头偶具:即我们平常说的手指偶(见图3-8)。将布、纸、塑料之间的平面纸缝成一个个小小的指头套子,依人物的特征画上面部五官或者一些装饰物之后,套在手指头上,便成了指头偶具。如果有破旧废弃的旧手套,可以剪下手掌部分,留下指头部分进一步装饰后使用。双手十个指头可以依人物大小,套上不同角色后进行游戏。

手套偶具:也称布袋戏,将两片裁好的布(包括手臂或头部)自边缘缝好,头部可采用绘制刻好的中空的木偶头予以缝合,把手套入,食指伸直,居中作为头部,拇指及中指居两侧作为手臂操作游戏,即为布袋戏(见图3-9)。

平板偶具:以平面的板子(铁、纸、木料等材质皆可)剪裁成角色外形,经过绘画或装饰完成之后,以木条或竹条作为杆子粘钉于板子后面,幼儿手持平板偶具游戏。

图 3-8 指头偶具

图 3-9 手套偶具

影子偶戏：影子偶戏需借助灯光的投射，经过某种物体(如手等)所形成于墙壁、纸张、影台或银幕上的阴影及动作，进行表演游戏。如图 3-10 的皮影戏舞台就是借助灯光开展"小猫钓鱼""鹅大哥出门"的影子偶戏。一般而言，影子偶戏若要取得比较好的效果，需要在暗室、夜间或光线较暗的室内空间进行，同时投影时尽量避免其他物体投射在幕布上，才能使得主要物体的灯光投射能够形成较为清晰的影子或者剪影。影子偶戏道具制作与演示可以扫码观看视频"皮影戏"。

视频 3-5
"皮影戏"

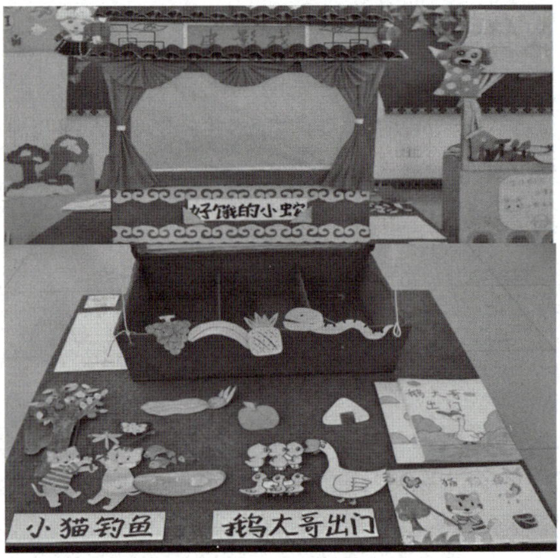

图 3-10 皮影戏舞台

另外要注意，在具体手控偶具的选择上，应选择操控方式简单、容易上手的，而不是让幼儿手忙脚乱地周旋于复杂的偶具操控中，以至于无暇顾及情节发展和语言沟通。

③ 大型偶戏

大型偶戏是由一人或数人，以身体各部位(如四肢、躯干等)动作来操控偶具的游戏。大型偶具主要为纸板偶具、巨型偶具、游行偶具。

纸板偶具：用纸箱、纸板等裁成与幼儿相当的偶具模样，如人、动物或者某物的一部分，在上面描绘图样或利用其他材料进行装饰之后，以手或身体配合表演。

巨型偶具：巨型偶具的大小一般要与人体相当，让表演者钻入偶具内部或手持操作进行表演游戏。

游行偶具：这种偶具可以利用巨型偶具进行表演，但需要更多操控者合作操作进行表演或游行。比如，我国农历新年表演的舞龙舞狮等。

(2) 偶具的制作

当幼儿园没有现成的偶具提供时，教师可以与幼儿共同制作偶戏所需要的偶具。可以在讨论剧本、角色特点时，大致确定需要制作哪些偶具，并在美工区或者集体教学活动时间与幼儿共同设计、制作。偶具的准备不需要太过逼真，有象征性即可。对于年龄小的幼儿而言，逼真的偶具可以提高幼儿的角色意识，年龄较大的幼儿可以采用"以物代物"的形式。

3. 规划幼儿偶戏舞台

（1）偶具的演出舞台选择

偶具操作游戏几乎可以在任何地方进行，并无严格的限制。桌子椅子的边缘、一面墙壁前和一个箱子、一个帷幕镜框、一块幕布前等都可以开展偶戏活动。在选择场景的时候，需要考虑偶戏的表现形式、偶具的大小等。如手指偶和手套偶的游戏可以直接在桌面、椅子、箱子上进行，也可以搭建简单的舞台场景；大型偶具的游戏需要大一些的空间，方便幼儿行动，可以选择在户外、走廊、楼梯转角等地方开展；影子偶戏对环境的要求较复杂，上文已提及，这里不再赘述。

值得注意的是，与幼儿自身表演游戏不同的是，偶戏的开展需要预留给操偶者（幼儿）足够的活动空间，便于幼儿操作偶具进行游戏。

（2）偶具的演出舞台场景布置

选择偶具操作地点之后，可以鼓励幼儿丰富舞台的布置。教师在组织幼儿设景前要先引导幼儿讨论：这些场景可以怎样来布置，需要用些什么材料，可以用什么替代物，然后让幼儿按偶戏表演的需要进行布景。场景搭建类材料以低结构为主，高结构为辅；装扮类材料需要高结构材料与低结构材料相结合，帮助幼儿增强角色意识，提升角色认同感和游戏兴趣。

此外，为了保证幼儿偶戏的顺利开展，需要教师以引导者、支持者、合作者的身份支持幼儿的游戏，提供宽松的心理环境，帮助幼儿更好地投入游戏中。

三、任务评价

为了更好地了解学习者创设表演游戏环境能力的掌握情况，本部分设计了"创设表演游戏环境的评价单"（见表 3-10），该评价单由组内自评、组间互评、教师评价三部分构成，按组内自评 30%、组间互评 30%、教师评价 40% 的比例确定最终成绩，满分为 100 分，请根据评价单具体标准进行评价打分。

表 3-10　预设表演游戏方案的评价单

任务小组	班级：		组长：			
	小组名：		小组总得分：			
	组员：					
学习情境	指导表演游戏		学时			
具体任务	预设表演区游戏方案					
评价项目	评价要点	分值	组内自评（30%）	组间互评（30%）	教师评价（40%）	
选择合适的类型及主题	游戏类型及主题符合幼儿特点及年龄需要	15				
创设表演游戏的环境	（1）区域布局上：①空间大小满足表演需要；②整体布局有艺术感，能激发表演欲望；③画面及色彩有感染力，能启发幼儿想象 （2）材料投放上：①材料生动、形象，能激发表演欲望；②材料种类、数量充足，能满足不同角色表演需要；③有满足幼儿需求的半成品及替代材料；④材料的取放、使用有规则引导 （3）区域墙饰上：①墙饰背景等与表演内容匹配；②有表演的记录与展示的墙面，满足幼儿自我欣赏的需要	50				

解说环境创设的依据	(1) 能根据年龄特点、主题等解说环境创设的依据 (2) 现场展示要求：面向所有学生，声音洪亮，逻辑清晰	20			
提出优化创设的策略	能够结合其他小组及教师的反馈反思并提出优化环境的策略	15			

四、巩固探索

探索三：制作与展示

请为小、中、大班幼儿选择合适开展表演游戏的 1 个文艺作品，并设计适合角色的服装和道具。

_____

_____

_____

典型工作环节四　开展游戏活动

幼儿表演游戏的发展要经历从一般性表现到生动性表现的发展过程，角色行为也经历从目的性角色行为到嬉戏性角色行为，再到更高水平的目的性角色行为的变化过程。开展幼儿表演游戏是指导幼儿表演游戏这一典型工作环节的关键环节。

一、任务描述

本环节任务是选择自身表演或者偶戏的形式进行表演实训。在这之前要做好表演类型及主题的选择，确定好表演的形式，并自行设计、制作场景道具，创设好游戏环境，详见表 3 - 11。

表 3 - 11　开展表演游戏活动实训的任务单

任务小组	班级：		组名：
	组长：		
	组员：		
学习情境	指导表演游戏	学时	
具体任务	表演游戏实训		
任务要求	(1) 6～8 人为一小组做好分工与合作 (2) 能做好开展表演游戏实训的各项准备工作 (3) 全班面前展示小组的表演游戏		
工作步骤	注意事项		
展示表演游戏实训	注意在实训中理解与把握作品、展示表演与表现能力、注重表演中的合作与交往		
反思表演实训效果	能够结合其他小组及教师的反馈反思并提出有效策略		

二、主要学习支持

幼儿在表演游戏过程中,需要教师有目的地观察,通过观察了解幼儿表演游戏的状态、表演游戏水平、游戏兴趣及需要,以更好地给予指导与支持。

(一) 开展自身表演游戏

1. 计划自身表演游戏

幼儿要有足够的时间来计划游戏,这是至关重要的。在计划的时间中,应让幼儿大胆表述自己的想法,同时也要学会倾听同伴的意见,当同伴和幼儿自己的想法有分歧时,教师要引导幼儿能够尝试通过多种方式进行协商、沟通,最终进行决策。表演游戏的计划包括角色分配、场地布置和游戏规则。在角色分配上,一般有这两种方式:第一种是请教师帮忙分配,这适合用在表演游戏之初,或者在幼儿遇到争执时,一时想不到解决办法,可以请求教师帮忙;第二种是抽签,这可以用在幼儿都喜欢某个角色时。场地布置是表演游戏开展的重要依托,幼儿需要根据作品内容和准备的材料协商布置场地,小班以教师的帮助为主,中、大班可逐渐减少教师的指导,给予幼儿更多自主设计的权利。

2. 教师观察与指导幼儿游戏

(1) 观察幼儿表演游戏

观察是指导的前提,通过了解幼儿学习特点、需要与兴趣,教师可以与幼儿互动,支持幼儿的游戏。当幼儿游戏时,教师可以进行整体扫描式的观察,通过幼儿的言行、表情等了解他们是处于积极主动的游戏状态还是无所事事的消极状态,了解游戏材料、游戏空间是否适合幼儿的需要;同时,也要有重点地个别观察,注意小组幼儿或个别幼儿的特定需要,适时适度地提供帮助。教师可以参考表3-12、表3-13对幼儿的表演游戏过程和行为进行记录。表演游戏观察与支持的更多内容可扫码观看视频微课"表演游戏的观察与支持"。

视频 3-6
微课"表演
游戏的观察
与支持"

表 3-12　表演区游戏过程评价记录表①

班级:		时间:	人数:	姓名:	记录者:

项目	描　　述
游戏的开始	发起者 游戏者 游戏方式
游戏中的角色	
游戏情节的顺序	1. 2. ……
象征	象征性物品(以物代物) 象征性行为(假装动作)
使用真实资源	服装 道具 场景
游戏的结束	结束者 游戏者 结束方式

① 张金梅.学前儿童戏剧教育[M].南京:南京师范大学出版社,2015:270.

表 3-13　表演区中幼儿行为的类型①

维度	具体内容	描述
行为类型	非表演游戏行为	
	表演游戏相关行为	
	表演游戏行为	
行为方式	语言表演行为	
	动作表演行为	
	语言加动作表演行为	
行为指向的内容	角色	
	场景	
	规则	
	情节	

　　非表演游戏行为：指幼儿以真实身份独自进行活动,幼儿没有进入游戏状态,做与游戏不相干的行为。主要表现有：无所事事、目光游离、闲逛、沉默等。

　　表演游戏相关行为：指幼儿以真实身份进行的交往活动,区别于角色的交往活动。主要表现在语言、动作、表情三方面,并且主要是针对以下五个方面：角色、情节、材料、场景、秩序。例如,幼儿以真实的身份进行角色选择的行为："我当美羊羊！"

　　表演游戏行为：指幼儿以角色的身份进行的游戏行为,如在"老虎拔牙"的游戏中扮演老虎。

　　语言表演行为：指幼儿用语言的方式,以角色身份进行的游戏行为。

　　动作表演行为：指幼儿用动作的方式,以角色身份进行的游戏行为。

　　语言加动作表演行为：指幼儿用语言、动作混合的方式,以角色身份进行的游戏行为。

　　角色：指幼儿行为指向的内容是关于角色的选择、分配或角色的装扮、角色形象的描述等。

　　场景：指幼儿行为指向的是场景的布置。

　　规则：指在表演游戏中,幼儿对同伴的行为进行约束、提议或纠错的行为。

　　情节：指幼儿的行为指向的是关于游戏的内容。

　　(2) 指导幼儿表演游戏

　　研究表明,在幼儿的游戏活动中,教师不能只观察不指导。没有教师的帮助,幼儿很难在活动中获得应有的学习经验和发展。教师要怎样做才能更好地把握教育契机,对幼儿进行适时适度的指导呢?

　　一般来说,当幼儿的语言过于平淡、不具有感染力时,当幼儿的表情无变化、没有表现作品情绪时,当幼儿没有较高愉悦状态,当幼儿处于混乱失序的状态中时,需要教师介入,引导幼儿进行有意义的游戏。教师在指导中更多的是以支持者、引导者和参与者的身份参与,游戏过程是幼儿与幼儿、教师与幼儿之间发生的社会性相互作用过程。需要强调的是,表演游戏是游戏性与表演性的统一。教师应该将游戏性放在首位,让儿童自主、自发地去表现自己对主题的理解,并基于此,教师要启发幼儿的生动性表现。有研究者在研究幼儿表演游戏时对幼儿在游戏中出现的问题及相应的指导策略做了总结,可作为参考,如表 3-14。

表 3-14　幼儿表演游戏存在的问题、具体表现和教师可尝试的策略②

问题	具体表现	策略
幼儿在一个主题上停滞不前	幼儿一遍又一遍地重复一个情节而没有变化,直到变得陈旧。幼儿对游戏情节出现厌烦或反抗情绪	增加道具,建议提出新的与目前情节有关的想法以帮助游戏向深度发展

---

① 张金梅.学前儿童戏剧教育[M].南京：南京师范大学出版社,2015：271.(有改动)
② 桑德拉·海德曼,迪波拉·休伊特.游戏：从理论到实践[M].邱学青,高妙,译.南京：南京师范大学出版社,2015：48.(有改动)

问题	具体表现	策　略
幼儿在一个角色上停滞不前	幼儿一天又一天地坚持与同一个人扮演同样的角色。每一个人都有他自己的角色,提出任何变化都会导致冲突	增加新角色或提出扮演的新方法,如扮演不同的角色,帮助幼儿接纳他人的观点
幼儿排斥同伴	同一小组的幼儿每天一起游戏,而排斥其他试图加入的幼儿	确保游戏情节有足够多的角色让其他人加入;如果没有,建议增加更多角色。创设一个带有新的情节的游戏主题中心,并且增加角色使其他幼儿能够加入
稍纵即逝的游戏情节	幼儿引入了游戏情节但并没有使情节得以发展,情节短且互不关联	通过指出相似之处以帮助幼儿联结情节。规划一个经验,从而给予幼儿更多关于角色和情节的想法,如书籍、故事或实地考察

3. 反复自身表演游戏

经过初次游戏后,新主题的表演游戏才真正开始,幼儿的兴趣被激发,表演游戏进入反复表演阶段。而在反复表演中,新的冲突或观点逐渐生成,游戏得到进一步拓展。游戏成员可以从同伴扩展到教师、家长及周围环境中的人;在内容上可以根据幼儿的兴趣和需要不断丰富与深入。反复游戏的过程也是师幼互相讨论、评议的过程,在表演游戏中,通过一次次的表演和讨论,幼儿不断发现问题和提出建议,使活动不断向前发展。幼儿在初次游戏中出现的嬉戏性角色行为、一般性表现、同伴交往等虽不是表演游戏的理想状态,但也不容忽视。因为嬉戏性角色行为是幼儿探究过程的表现,能够为反复游戏阶段游戏内容或情节的丰富提供素材;一般性表现行为既是幼儿交往合作的初步成果,也是幼儿把别人的角色言语、动作转变为自己的言语、动作的最初形态,它为生动性表现奠定基础;同伴交往则有助于幼儿理解故事和合作游戏[1]。

案例　　　　　　　　　　　　　大班表演游戏《鸭子骑车记》

《鸭子骑车记》讲述的是一只学骑车的鸭子最初不被看好,但鸭子的勇敢尝试带动了农场里的动物一起骑车的故事。教师以此故事为线索,引导幼儿表演故事中的各种角色,但是在游戏中幼儿的角色扮演并未表现动物们对鸭子骑车这件事的或嘲讽或不屑或担心,而是幼儿对动物的一般认识,如把手放在头上当触角叫一声"哞"表现母牛,手指张开放在脸颊边呈现小猫,角色和情节之间也没有联系。

在反复游戏中,教师观察与分析发现,幼儿被动呈现"剧本"的主要原因是幼儿还停留于故事外,表达的就是自己的一般生活经验,经验未能提升。于是教师聚焦于动物们对于想骑车的鸭子的看法,感受动物们的情感,进而再呈现角色形象。在反复游戏中,幼儿慢慢从行为和心理情感上去体验动物们的心理变化过程,增进感受鸭子大胆尝试后的成功喜悦。

---

4. 评价总结自身表演游戏

同伴互动是幼儿学习的主要方式,"游戏总结"可以提升幼儿的游戏经验。在幼儿收拾整理好游戏材料后,教师可组织幼儿围坐进行总结与分享环节。总结与分享可围绕角色体验、同伴交往、问题解决等方面进行。教师可以先让幼儿进行自我反思,让幼儿说一说自己的感受与想法,然后根据幼儿的分享,引导幼儿适时进行归纳总结。针对幼儿分享与反思过程中忽略掉的问题,教师可以通过启发性的问题、照片等引导幼儿注意相关主题。如游戏中的规则问题是幼儿常遇到的,教师可与幼儿讨论后,用直观的方式如绘画将幼儿的经验系统化,进而让幼儿在一次次的游戏活动中内化表演游戏的一些规则,从而提升游戏的整体质量。

---

① 刘焱.儿童游戏通论[M].北京:北京师范大学出版社,2004:511.

（二）开展幼儿偶戏

1. 分配戏偶及角色

（1）回顾偶戏方案，自主分配戏偶及角色

游戏开始前，教师可以引导幼儿熟悉活动内容，再次梳理主要情节，引导幼儿根据游戏主题选择角色、游戏伙伴。有时作品中的角色会多于幼儿的人数，有时作品中的角色会少于幼儿的人数。遇到作品角色多于幼儿人数的时候，就可采用一人扮演两种角色的方式。分配角色时以幼儿的意愿为主，通过讨论故事角色特点，引导幼儿选择自己喜欢的角色和偶具进行游戏。如果参与人数较多，角色少于幼儿人数的时候，则可采用两人同时扮演一种角色或是增加某一角色的方式，使每个幼儿都有机会在游戏中承担不同角色。教师要鼓励幼儿以分组轮流游戏、抽签等方式决定角色分配，分配角色之后可以通过表格记录。如果有反面角色，可以鼓励幼儿选择反面角色。

（2）说明偶戏的活动内容与注意事项

在偶戏开始前，教师可以组织幼儿讨论并简单说明偶戏活动开展时的一些注意事项。例如，偶具操作的大致空间范围、幼儿的活动范围等。

2. 开展幼儿偶戏

（1）幼儿自主开展游戏

在分配好角色、布置好舞台后，幼儿自主开展游戏。

（2）教师观察记录幼儿游戏

教师在游戏中应当扮演观察者的身份，观察目的是加深对幼儿的了解，并在此基础上做出误差尽可能小的推断[1]，帮助幼儿推进偶戏的进一步发展。教师要根据观察目的和内容，选择、编制合适的观察工具。角色（人数）、偶具操控情况、材料与空间、故事的逻辑性、假扮情况、游戏性、社会性交往、游戏总体状况等方面是教师在观察幼儿偶戏时需要关注的内容，详见表 3-15。

表 3-15　幼儿表演游戏教师行为观察记录

日期：　　　游戏时间：　　　游戏地点：　　　游戏名称：　　　木偶种类：　　　角色分配：

幼儿场景搭建情况：能否根据偶戏形式选择合适的场景？是否预留幼儿活动空间？能否根据表演内容创设相应的场景？有无创造性表现？（叙事描述）				
幼儿表演状况	角色意识	强（　）	中（　）	弱（　）
	语言流畅，大胆表述	强（　）	中（　）	弱（　）
	表情动作生动有趣	强（　）	中（　）	弱（　）
	操控偶具	强（　）	中（　）	弱（　）
	情节逻辑	强（　）	中（　）	弱（　）
	其他			
偶具操控情况				
假扮情况				
社会性交往（独自游戏/平行游戏/合作游戏）				
有无出现纠纷？若有，有无尝试解决？若有，如何解决？				
在观察过程中，有何突发事件？				

---

[1] 王小兰. 观察记录：幼儿发展评价的一种途径[J]. 教育测量与评价（理论版），2010(12)：20—22.

3. 讨论与调整游戏内容

在游戏完整开展之后,教师可以根据游戏过程中观察到的幼儿游戏情况,引导幼儿自己发现问题,并组织幼儿梳理游戏中出现的问题,共同讨论和调整。

(1)游戏常规

游戏过程中可能出现幼儿争抢或者发生言语冲突、游戏暂停的情况。为了下一次游戏的顺利开展,教师必须要帮助幼儿总结游戏常规问题,讨论解决方案,提醒幼儿游戏时的注意事项。

(2)偶具操作

偶具的操作是偶戏表演的难点之一。幼儿实际操作偶具开展游戏后可能会出现各种问题,如偶具操作不熟练、偶具的动作与角色动作不契合、幼儿之间偶具操作配合不好等。一次游戏结束后,幼儿可以回顾与反思偶具操作的问题,进一步熟悉偶具动作、走位、出场顺序等。教师还要注意再次提醒幼儿使用与角色相符合的语言来表达,用与角色相符合的表情、动作来表现。

(3)材料调整

在偶戏表演过程中,应时刻关注游戏空间与环境、舞台设景、使用的材料是否合适,是否有需要增减的材料,是否需要调整舞台,游戏结束后进行调整。

(4)游戏内容

丰富、调整故事情节。幼儿在游戏中除真实地再现作品外,还可以运用已有的知识经验,通过头脑的加工,进行再造想象和创造想象,在不违背作品的基础上,进行合理创新,调整偶戏情节结构,进一步丰富偶戏情节、人物,为接下来的偶戏提供更多的可能性。

进行角色调整。在偶戏表演中,最常出现的矛盾便是角色如何分配,如何合理转换问题。为了解决这一问题,可以轮流操作偶具、扮演角色。教师要鼓励幼儿轮流扮演角色,力争使每位幼儿都尽可能地扮演过每一种角色,使幼儿体验不同角色的心理、动作、语言,使每次游戏都有新鲜感,以提高幼儿的表演水平和兴趣。

4. 重复开展幼儿偶戏

重复游戏不是一成不变的。幼儿偶戏要经历从一般性表现到生动性表现的发展过程。教师的介入指导要帮助幼儿完成从一般性表现到生动性表现,从目的性角色行为到嬉戏性游戏行为再到更高级的目的性角色行为的回归。在对偶戏进行调整后,幼儿进行重复游戏,教师可以鼓励幼儿创编游戏,不断提高游戏水平。

5. 评价总结幼儿偶戏

表演结束后,教师可以与幼儿共同对偶戏表演进行总结和评价。可以从角色(人数)、材料与空间、故事的逻辑性、偶具的操作、假扮情况、游戏性、社会性交往、游戏总体状况等方面进行反馈,以评价促进表演,提高幼儿偶戏水平。

三、任务评价

为了更好地了解学习者开展表演游戏活动的能力的掌握情况,本部分设计了"开展表演游戏活动的评价单"(见表3-16),该评价单由组内自评、组间互评、教师评价三部分构成,按组内自评30%、组间互评30%、教师评价40%的比例确定最终成绩,满分为100分,请根据评价单具体标准进行评价打分。

表3-16　开展表演游戏活动的评价单

任务小组	班级:		组长:	
	小组名:		小组总得分:	
	组员:			
学习情境	指导表演游戏		学时	

具体任务	表演游戏实训				
评价项目	评价要点	分值	组内自评（30%）	组间互评（30%）	教师评价（40%）
展示表演游戏实训	（1）理解和把握作品：①能理解作品的情节、结构和发展脉络；②理解与把握角色的形象和特征 （2）表演和表现能力：①能运用替代材料充当道具或自制道具；②能进行角色自我装扮并努力体现角色形象特点；③表演使用的语言、动作符合角色特点；④操作材料的技能水平有利于形象的塑造；⑤能够对角色或形象进行创意表演或表现 （3）表演中的合作与交往：①能与同伴协商分配角色；②与同伴合作表演，并坚持到底；③遵守表演规则	70			
反思表演实训效果	能够结合其他小组及教师的反馈反思并提出有效策略	30			

四、巩固探索

探索四： 表演游戏观察与评价

请扫码观看视频"龟兔赛跑"，利用表演游戏评价指标进行观察、评价分析，并提出你的看法。

_____

_____

_____

_____

视频 3-7
"龟兔赛跑"

典型工作环节五 反思实施过程

反思是教师对活动组织过程与效果的整体评价，这是成为幼儿教师的重要能力之一。反思贯穿于活动实施的全过程，教师可以围绕材料、教师、幼儿、教师和幼儿的关系这四大主题进行分析。

一、任务描述

反思表演游戏的实施过程可以更好反思对整个典型工作环节的理解，因此本环节的任务主要利用反思工具进行反思，具体任务单详见表3-17。

表3-17 反思表演游戏实施过程任务单

任务小组	班级：	组名：
	组长：	
	组员：	

学习情境	指导表演游戏	学时	
具体任务	反思表演游戏实施过程		
任务要求	（1）6～8人为一小组做好分工与合作 （2）充分利用反思工具进行审视与反思 （3）将反思撰写成文		
工作步骤	注　意　事　项		
利用反思工具，进行审视与反思	充分利用《3—6岁学习与发展指南》《幼儿园教育指导纲要(试行)》《幼儿园教师专业标准(试行)》等与幼儿教师职业相关的文件对"指导表演游戏"这一学习情境典型工作环节进行审视和反省，并撰写成文		
检查反馈反思，改善与提升反思	组间进行反思的检查反馈		

二、主要学习支持

在表演游戏中，教师需要通过幼儿的反应来判断自己提供的物质材料、文本材料是否能够满足幼儿的需求、是否能够充分发挥幼儿作为主体的创造性；幼儿的经验是否得到进一步的提升，教师是否能够支持幼儿结合自身经验深入理解、体验、表现作品内涵，获得表演的愉悦性体验。另外，教师还需要思考这一过程中班上教师之间的合作情况，从选材到游戏筹备到游戏中的记录与支持等，教师之间是否能够进行合理的协作与沟通，保证幼儿表演游戏的时间，拓展表演游戏的形式，促进游戏向前发展。学习者可以通过共同学习与讨论，师生总结幼儿表演游戏指导的环节与要求。

三、任务评价

为了更好地了解学习者对指导幼儿表演游戏这一学习情境的掌握情况，本部分设计了"反思表演游戏实施过程的评价单"（见表3－18），该评价单由组内自评、组间互评、教师评价三部分构成，按组内自评30％、组间互评30％、教师评价40％的比例确定最终成绩，满分为100分，请根据评价单具体标准进行评价打分。

表3－18　反思表演游戏实施过程评价单

任务小组	班级：			组长：		
	小组名：			小组总得分：		
	组员：					
学习情境	指导表演游戏		学时			
具体任务	反思表演游戏实施过程					
评价项目	评价要点	分值	组内自评 （30%）	组间互评 （30%）	教师评价 （40%）	
利用反思工具，进行审视与反思	能结合《3—6岁学习与发展指南》《幼儿园教育指导纲要(试行)》《幼儿园教师专业标准(试行)》等与幼儿教师职业相关文件对"指导表演游戏"这一学习情境典型工作环节进行审视和反省	70				
检查反馈反思，完善与提升反思	小组能根据组间的检查与反馈进一步完善与提升反思	30				

四、巩固探索

探索五： 表演游戏典型工作环节

以小组为单位概括出教师指导幼儿开展表演游戏的典型工作环节及具体内容。

_____

_____

_____

拓展阅读

相信下列书籍能帮助你更有效地学习本次的学习情境内容。

◆ 桑德拉·海德曼,迪波拉·休伊特.游戏:从理论到实践[M].邱学青,高妙,译.南京:南京师范大学出版社,2015.

◆ 林玫君.儿童戏剧教育的理论与实务[M].上海:复旦大学出版社,2015.

◆ 刘焱.儿童游戏通论[M].北京:北京师范大学出版社,2004.

◆ 陈淑琴,宋旭辉.幼儿表演游戏教案集[M].上海:上海社会科学院出版社,1997.

课后复习

√ 收集:查找资料,摘抄不同年龄班(小班、中班、大班)不同类型的表演游戏优秀方案。

√ 归纳:请小组合作制作PPT,将自己实施幼儿表演游戏的过程展示出来,并总结活动过程中遇到的困难及解决办法。

√ 实践:请小组合作模拟组织一次表演游戏,主题自选。活动内容及材料制作符合相应幼儿年龄特点。

√ 思考:有些幼儿园的表演游戏区,通常有录音机、音乐磁带、舞台等,幼儿随着音乐表演舞蹈、唱歌甚至走猫步、模仿模特的时装秀,你认为这是表演游戏吗?

√ 分享:分享自身在表演游戏典型工作环节中的感悟与疑虑。

应知应会自测

在线习题

应知应会自测

◆ 应知自测

1. 幼儿以"故事"为线索开展的、具有一定结构和框架的游戏活动被称为(　　)。

　　A. 结构游戏　　　　　　B. 表演游戏　　　　　　C. 音乐游戏　　　　　　D. 智力游戏

2. 下列关于表演游戏的指导原则,错误的是(　　)。

　　A. 游戏性先于表演性

　　B. 要确保所组织的活动是"游戏"而不是单纯的表演

　　C. 要注重传授表演技巧

　　D. 游戏性与表演性应当很好地融合在一起

3. 下列不属于表演游戏的是(　　)。

　　A. 娃娃家　　　　　　B. 桌面表演　　　　　　C. 影子戏　　　　　　D. 木偶戏

4. 儿童按照故事、童话的内容,分配角色,安排情节,通过动作、表情、语言、姿势等来进行的游戏被称为(　　)。

　　A. 规则游戏　　　　　　B. 结构游戏　　　　　　C. 体育游戏　　　　　　D. 表演游戏

5. 下列有关表演游戏的说法,正确的是(　　　　)。

　　A. 是幼儿按照自己熟悉的经验,以周围真实生活为游戏内容的来源

　　B. 以虚构的童话故事作为游戏内容的来源

　　C. 是在教师的组织下,严格按照故事、童话的情节、语言进行表演的

　　D. 游戏是以演给他人看为目的的

◆ **应会自测**

1. 表演游戏和角色游戏的异同点是什么?

2. 老师在表演区投放了自制的有关《西游记》人物的面具,小朋友很感兴趣。东东、丽丽、妞妞、明明四个小朋友来到表演区,争着戴上孙悟空的面具来表演。这时,老师建议他们相互协商,每个人扮演《孙悟空打妖怪》儿歌里的一种角色,然后再相互交换角色。小朋友们表示同意。他们商量后,分配好各自的角色,戴上不同的面具:孙悟空、猪八戒、唐僧、沙和尚等。东东扮演老妖婆,但是没有面具,妞妞想了一个办法,找来一块头巾系在东东头上。孩子们拿着自制的道具准备表演,老师鼓励他们大胆按照儿歌的内容做动作,边念儿歌边表演。当"老妖婆"出现时,孩子们变得兴奋起来;当"老妖婆"被孙悟空打倒后,大家都高兴得欢呼起来。接下来再表演时,孩子们的表演欲望更强烈了。

　　(1) 结合材料分析表演游戏的功能。

　　(2) 指出材料中教师指导表演游戏方法的成功之处。

3. 幼儿教师资格证考试试讲及答辩。

　　(1) 试讲方案。

　　面试题目:表演游戏"孙悟空"

　　内容:①模拟组织幼儿开展表演游戏"孙悟空";②设计 2 个问题请幼儿回答。

　　基本要求:①帮助幼儿基本了解《西游记》故事人物形象及特点;②指导幼儿创造性表演"孙悟空"及相关故事人物;③设计 2 个问题请幼儿回答;④请在 10 分钟之内完成活动展示。

　　(2) 答辩题目:

　　问题 1:你认为在角色表演游戏中,教师如何指导恰当?

　　问题 2:说说本节活动的重难点。

学习情境四　指导幼儿智力游戏

主要学习支持框架

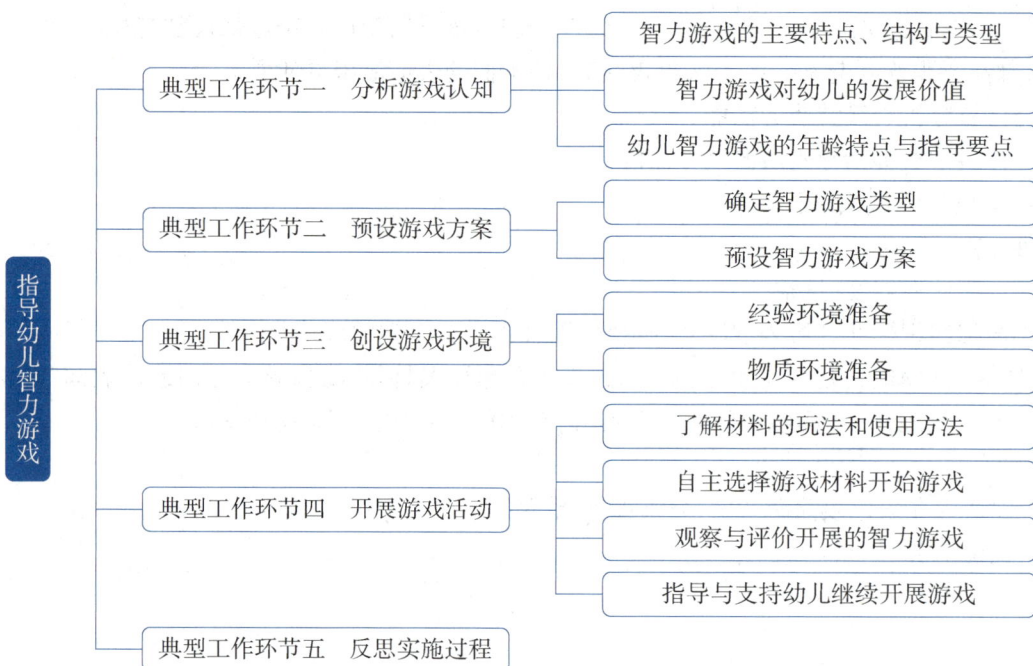

指导幼儿智力游戏

典型工作环节一　分析游戏认知
- 智力游戏的主要特点、结构与类型
- 智力游戏对幼儿的发展价值
- 幼儿智力游戏的年龄特点与指导要点

典型工作环节二　预设游戏方案
- 确定智力游戏类型
- 预设智力游戏方案

典型工作环节三　创设游戏环境
- 经验环境准备
- 物质环境准备

典型工作环节四　开展游戏活动
- 了解材料的玩法和使用方法
- 自主选择游戏材料开始游戏
- 观察与评价开展的智力游戏
- 指导与支持幼儿继续开展游戏

典型工作环节五　反思实施过程

学习目标导航

知识目标
1. 能说明幼儿智力游戏的特点、结构与种类。
2. 能列举幼儿智力游戏的价值与发展水平。
3. 能理解各年龄段智力游戏的特点与指导要点。

能力目标
1. 能针对小、中、大不同年龄班智力游戏特点，小组合作模拟进行智力游戏的组织与指导工作。
2. 能结合不同智力游戏类型，小组合作模拟进行智力游戏的组织与指导。
3. 能主动获取并整理有关幼儿智力游戏组织与指导的有效信息，乐于展示学习成果，并能对本任务的学习情况以及以往的智力游戏实习工作进行总结与反思。

情感目标
1. 对幼儿智力游戏有正确认识和积极学习的态度，喜欢各类型智力游戏。
2. 积极参加模拟组织与指导幼儿智力游戏工作，追求智力游戏相关知识学习的广度和深度。

典型工作环节一　分析游戏认知

　　智力游戏是根据一定的智育任务设计的,以智力活动为基础的有规则的游戏。智力游戏可以促进幼儿观察、注意、记忆、想象、思维等智力因素的发展,促进幼儿社会性以及自律、坚持等意志品质的形成,促进幼儿知识、言语能力和身体动作的发展。

一、任务描述

　　本环节的主要任务是掌握智力游戏类型、结构、价值、特点与指导要点的各项内容,将学习因素和游戏的形式结合起来,发展幼儿的智力,为设计与开展智力游戏奠定基础,详见表4-1。

表4-1　分析智力游戏认知的任务单

任务小组	班级:		组名:	
	组长:			
	组员:			
学习情境	指导智力游戏		学时	
具体任务	分析智力游戏认知			
任务要求	(1) 6~8人为一小组做好分工与合作 (2) 通过查阅文献,了解智力游戏类型、特点、结构、价值、年龄特点与指导要点等 (3) 通过深入幼儿园观摩智力游戏活动或者观看相关视频,结合活动归纳对应的智力游戏认知内容 (4) 每组由一人代表介绍通过查阅并整理归纳的资料			
工作步骤	注 意 事 项			
查找文献,了解幼儿智力游戏认知内容	(1) 资料获取的形式:电子或纸质 (2) 资料获取的渠道:网络教学平台、教材、电子资源等			
观摩游戏,分析幼儿智力游戏发展状况	(1) 视频的来源:需明确所观察的智力游戏来源,如见习、实习时观察的游戏或是智力游戏视频实录 (2) 视频内容:游戏需涉及智力游戏相关知识点			
整理资料,编制幼儿智力游戏认知思维导图	(1) 整理资料的流程:对搜集所获得的资料进行审查、检验、分类、汇总等初步加工,使之系统化和条理化,并以集中、简明的方式反映幼儿智力游戏认知的过程 (2) 整理资料的要求:具体资料来源标明出处 (3) 思维导图制作要求:全开的海报纸;每个一级主题用不同颜色区分;描述的语言简洁明了			
展示成果,介绍幼儿智力游戏认知思维导图	(1) 现场展示人员要求:每一次展示换一次发言人,保证课程结束后,小组成员均做过发言代表 (2) 现场展示要求:面向所有学生,声音洪亮,逻辑清晰			
反思效果,为幼儿智力游戏认知情况查漏补缺	查漏补缺要求:能够结合其他小组展示查漏补缺			

二、主要学习支持

（一）智力游戏的主要特点、结构与类型

1. 智力游戏的特点

（1）益智性

智力游戏最终的目的是促进智力的持续发展。智力游戏将学习因素与游戏形式紧密结合起来，通过一定的材料或形式，例如猜谜、拼图、排列游戏、归类游戏、棋类、故事续编等，将开发幼儿智力、发掘幼儿潜能的任务融于幼儿最喜欢的游戏活动中，在愉快的游戏中提高他们的学习兴趣。因此，益智游戏具有益智性。

（2）趣味性

智力游戏的设置要有一定的趣味性，保证游戏的新颖、生动，这样才能吸引幼儿注意力，激发幼儿游戏的欲望，使幼儿真正参与到游戏当中，并能够遵守一定的游戏规则。新颖、形象、生动、有趣的智力游戏可以调动幼儿的各种感官，从而提高幼儿记忆、注意、观察、思维、语言等各方面的能力，进而促进幼儿智力的发展。

（3）创造性

智力游戏是幼儿遵守一定的游戏规则，大胆想象或发挥自身创意的游戏活动。需要幼儿结合社会生活的经验和兴趣需要，进而进行游戏。在这一过程中，幼儿对于环境创设、游戏材料等有了进一步的感受与体验，例如通过探究发展认知、动手操作、造句、用语言代替实物进行想象的能力，并能够表达自我意识等，这样有利于潜移默化地培养幼儿的创新精神。

（4）挑战性

智力游戏具有一定的挑战性，幼儿必须经过自身的努力才能完成任务或者获得好的名次。这样可以激励幼儿在遵守游戏规则的前提下，尽可能地完成游戏任务，并使幼儿意犹未尽，期待着下次游戏的开展。智力游戏要有一定的挑战性，游戏是否具有挑战性与游戏的难易程度有关，任务太难会使幼儿望而却步，任务太易会使幼儿兴味索然。因此游戏的难度应该是适宜的，能够对幼儿提出一定的挑战，符合幼儿的"最近发展区"。如当大班所有幼儿都已熟悉益智区的排列游戏材料后，仍旧要求幼儿进行数列排序，会让大班幼儿觉得毫无挑战性。

2. 智力游戏的结构

智力游戏是以生动有趣的形式，使幼儿在自愿和愉快的情绪中，增进智力、发展能力的游戏形式[①]。不同的学前教育专家对想象力与创造力游戏、思维能力与操作能力游戏结构有不同的理解，本部分参考丁海东及各位学者的相关理论进行整合，认为想象力与创造力游戏、思维能力与操作能力游戏的结构主要包括游戏的任务、游戏的玩法、游戏的规则及游戏的结果四个部分。

（1）游戏的任务

游戏的任务即为游戏的目的，是根据一定的智力任务提出来的，包含增长知识和发展智力的具体任务。例如，在"认识蔬菜"智力游戏中，要求小班幼儿能根据蔬菜的部分轮廓、颜色说出名称、大小等，但对中、大班幼儿还要求说出蔬菜的种类、多种用途、营养价值及能用来制作什么样的创意美术作品等。智力游戏的任务一般是基于幼儿年龄特点、认知水平及本班实际情况进行确定的。因此，教师可以结合《3—6岁儿童学习与发展指南》的规定与建议，利用智力游戏，教授新知识与技能。

（2）游戏的玩法

智力游戏的玩法是指游戏的具体操作方法，即在游戏中对幼儿的动作和活动的要求，根据不同游戏，明确游戏如何开始、怎样进行、何时结束。游戏的玩法根据智力游戏的目的与任务进行设计，要有一定的趣味性，能调动幼儿的积极性，能根据一定的材料、规则产生相应的游戏行为。

---

① 丁海东.幼儿园游戏组织与指导［M］.长沙：湖南大学出版社，2015：7.

（3）游戏的规则

游戏的规则是指在游戏的过程中,要求幼儿所遵守的行为准则或方法,是确定和评定幼儿游戏动作和活动是否合乎要求的标准。游戏规则是智力游戏完成的重要保障。游戏的规则需要根据幼儿的认知水平、年龄特点制定:小班智力游戏的规则一般比较少,通常只有一个,可以借助实物、玩具和动作;中、大班游戏规则严格程度逐渐提高,可以借助思维、语言形式。

（4）游戏的结果

游戏的结果是幼儿在智力游戏中任务完成的状况和目的实现的程度。游戏任务的完成可以使幼儿获得满足感和自信心,且意犹未尽,从而促使其更加积极地参与此类活动。在幼儿园的一日生活和区域游戏中,幼儿教师要以积极、肯定的评价为主,鼓励幼儿参与到更多的智力游戏中。

智力游戏的游戏任务、玩法、规则及结果四部分是相互联系、缺一不可的,存在于每一个智力游戏之中。

3. 智力游戏的类型

在早期的智力理论中,智力多被理解为一种抽象思维能力,也被看成是一种潜在的学习能力和适应环境的能力。越来越多心理学家提出了智力的"多因素论",认为智力由多种因素构成。美国哈佛大学心理学家加德纳提出了多元智力理论,认为人的智力可以分为语言智力、逻辑数学智力、音乐智力、视觉空间智力、身体运动智力、人际关系智力和内省智力七种智力,后来他又在其模型中加入第八种智力——自然智力[1]。本书根据多元智力理论,将智力游戏分为感官游戏、注意力与记忆力游戏、想象力与创造力游戏、思维能力与操作能力游戏。

（1）感官游戏

感官游戏,也称发展观察力的智力游戏。观察是人们主动运用人体感觉器官来感知客观事物,是一种有目的、有计划,比较持久的心理过程。观察力训练的主要途径是感官训练,感觉机能发展越好,获得的信息就越多,继而观察就越精准敏锐。蒙台梭利教育中感官体验的教学方式符合当下幼儿园教育教学的发展趋势,通过让幼儿借助感官教具进行五大感官(视觉、听觉、嗅觉、味觉和触觉)的训练,在教具的亲身操作中获得直接经验,满足了幼儿参与感,获得参与体验的需要[2]。因此,发展观察力的智力游戏以幼儿的感知觉训练为基本内容,可以分为听觉游戏、视觉游戏、触觉游戏、嗅觉游戏和味觉游戏五种类型。

（2）注意力游戏

注意是人的心理活动对一定事物的指向和集中,是各种心理活动的开端,是智力活动的组织者和维持者。各种智力游戏都有发展注意力的作用,如"按指示办事""数数""学样子""你变我也变"等都是侧重发展幼儿注意力的游戏。注意力游戏的任务主要是通过游戏训练幼儿注意的稳定性,扩大其注意的范围,发展有意注意,提高注意的分配和转移的能力。注意力游戏设计时可以从视觉、听觉、触觉等多个感觉通道入手,以看、听、想作为游戏活动的方式。

（3）记忆力游戏

记忆是人对过去感知过的事物和语言的再认和再现,记忆力是智力结构的基础,是整个心理活动的基本条件。敏捷性、准确性和持久性是记忆的重要指标,记忆的过程包括识记、保持、再认和再现这三个阶段,其中识记和保持是记忆的基本内容,再认和再现是记忆的表现形式。因此,发展记忆力的智力游戏主要是对实物、图片、图形、数字、词汇等内容识记后再进行寻找、发现、传话、取物等形式的再认和再现。

（4）想象力与创造力游戏

爱因斯坦曾说过,想象力比知识更重要,因为知识是有限的,而想象力概括世界上的一切,推动着进步,并且是知识进化的源泉。因此,想象力应用的多少是评价一个人智力高低的重要标准。想象是个体对头脑中已有表象进行加工改造,产生新形象的过程。根据想象的类型可以将发展幼儿想象力的游戏活动分为想象再造智力游戏和想象创造智力游戏。

---

① 陈琦,刘儒德.教育心理学(第2版)[M].北京:高等教育出版社,2011:64—65.
② 陈茹彬.蒙台梭利感官教育课程传承与创新实践研究[D].杭州师范大学硕士学位论文,2020:32.

根据一定的目的、任务,运用自己以往积累的表象,在头脑中独立地创造出事物新形象的心理过程叫创造想象。想象创造智力游戏具有开放性,没有标准答案,幼儿可以天马行空进行创新与创造,能有效地促进幼儿想象力与创造力的发展。

想象再造智力游戏是以发展再造想象为主的游戏,是根据语言描述或范例图示,在人脑中形成新形象的过程。

(5) 思维能力与操作能力的游戏

思维能力是幼儿智力的核心。幼儿阶段是思维能力培养的好时期,因此可以通过训练加强思维能力。发展思维能力的游戏主要是培养幼儿分类、比较、序列化能力和逻辑判断和推理能力。因此发展思维能力和操作能力的智力游戏主要有发展概念理解能力的游戏,发展分类、比较及序列能力的游戏,发展逻辑判断和逻辑推理能力的游戏,发展综合思维能力的游戏,发展操作能力的游戏。

操作能力是智力游戏的重要方面。操作能力需要进行动手操作,而幼儿阶段又是动作发展的最佳时期,如建构游戏、制作类游戏都能较好地培养幼儿的操作能力。常见的游戏有:火柴棒游戏、图形剪拼游戏、迷宫游戏。

(二) 智力游戏对幼儿的发展价值

1. 促进幼儿观察力的发展

学前期是观察力初步形成的阶段,体现在目的性、精确性、持续性和概括性这四大方面。而观察以各种感觉和兴趣为基础,多种有效观察方法为抓手,聚焦幼儿各种感觉能力的培养,有助于幼儿培养良好的观察习惯,形成敏锐的观察力和反应能力。良好的观察力是在生活实践中经过有计划的系统的训练而获得的。幼儿可以通过智力游戏,不断运用各种感官积极获得观察力,从而充分地锻炼,提高其机能。

2. 促进幼儿认知和语言的发展

幼儿在参与智力游戏的过程中,会不断聚焦客观事物的典型特征和细微之处,将笼统的感性经验转化为系统完整的客观知识,从随意观察发展到有章法地观察,从独自游戏进化到合作游戏,与此同时游戏中语言的参与使其观察效果大大提高,幼儿对自身的认知和对世界的认知一步一步得到丰富和深化,其语言水平也在逐步提升。另外幼儿在智力游戏中会产生交往的需要,大班幼儿在制定游戏规则时,幼儿之间会相互商议,这样不仅增加了幼儿的词汇量,加深了对语义的理解,也促进了幼儿语言表达能力的发展。例如,在"听描述,画一画"的游戏中,幼儿通过听描述进行联想,并呈现绘画作品。在"百宝袋"游戏当中,幼儿通过伸手触摸百宝袋里的东西,去思考触摸到的东西是什么。在一系列想象力与创造力游戏、思维能力与操作能力游戏当中,幼儿可以写写画画、看看摸摸、摆摆放放,在无意中促进了其对言语、实物、音乐和图形等内容上的理解和深入联想。在身体协调能力方面,例如在"猜猜它是谁"游戏中,幼儿可以通过自己的肢体语言向其他幼儿展示某一种动物或某一个人的表情、动作。在进行空间想象游戏,例如积木、孔明锁、拼图等游戏过程中,幼儿也锻炼了小肌肉动作的发展。

3. 提升幼儿注意力的品质

注意是一种心理状态,是一切认识过程的开端。注意有两个特点,一个是指向性,另一个是集中性。指向性是人在某一瞬间心理活动总是选择某一对象而忽略另一些对象;集中性是在同一时间内各种有关心理活动聚集在其选择的对象上,并且深入的程度非常高。人们注意力的发展有时是自然而然发生,但有时也需要意志来努力维持。幼儿通过积极参与注意力游戏,其注意的广度、注意的稳定性、注意的分配、注意的转移都能得到锻炼,其有意注意也能得到不断发展,继而影响其他心理过程的发展,如感知觉、记忆、想象、思维、情感、意志等。

4. 促进幼儿记忆力的发展

记忆是人对过去感知过的事物和语言的再认和再现,记忆力是智力结构的基础,是整个心理活动的基本条件。没有记忆,人类的一切活动都难以实现,没有好的记忆力,其他各种能力更难以得到发展。记忆的敏捷性、准确性和持久性是记忆的重要指标。其中,记忆的持久性需要经过主观努力、及时复习和多次应用才能得以提高;而记忆的敏捷性和准确性可以通过反复的即时记忆游戏来培养。幼儿通过参与记忆力游戏,其记忆的敏捷性、准确性和持久性都能得到发展,继而影响到其各项能力的发展。

5. 促进幼儿想象力与创造力的发展

想象是我们在认识事物的基础上,利用头脑中形成的形象或表象进行加工,改造成新形象的心理活动过程。人的大脑具有四个功能部分,即感受区、储存区、判断区和想象区。无论是幼儿或成人,一般情况下,运用前三个部位功能的机会较多,而运用想象区的机会少,一个普通人运用的想象力大约仅为15%。因此,想象力应用的多少,是评价一个人智力高低的重要标准。所以,幼儿的游戏是否能提升幼儿想象力与创造力的发展也尤为重要。例如,幼儿教师在展示板上画一个"○",让小班幼儿猜一猜这是什么,小班幼儿可以根据自己的生活经验,想象这可能是什么,"像一个蛋""像月饼""像圆圆的月亮""像游泳圈"等,这些具有童趣的语言表述其实就是幼儿想象力的回应。由一个简单的图形,引发幼儿广泛的联想,这样既发展了幼儿的想象力,也锻炼了幼儿思维的发散性和创新性。教师通常会在艺术领域的美术欣赏活动中,让幼儿欣赏较为抽象的画作,并说出自己联想到什么,或者在美术区角、图书区、幼儿园墙面布置中,添置抽象、具有创造性的图画,引发幼儿想象。这样既锻炼了幼儿的联想能力,同时也发展了幼儿的艺术创造能力。

6. 促进幼儿社会性的发展

智力游戏可以促进幼儿合作意识、规则意识和坚持性的形成。部分智力游戏在幼儿园区域活动中,一般由两人以上共同开展,幼儿要与老师,或幼儿与其他幼儿合作、协同、相互监督等。例如,两人可以一起玩益智区的拼图游戏、空间想象游戏等,幼儿在无法一人完成游戏的情况下,需要借助同伴的交流、互动一起完成,而在此过程中,促进了幼儿社会性的发展。

同时,部分智力游戏的规则对幼儿的游戏活动起到了限定作用,使得幼儿必须遵守游戏规则才能进行下去,否则将会被其他幼儿淘汰,这样培养了幼儿的规则意识。例如,在猜谜游戏中,教师在念谜语的时候速度要慢,并在念谜语之前提醒幼儿,注意听清楚谜语的每一句,注意谜底的导语,然后再去想,同时可以在语言上进行规则的提示:"已经想到答案的小朋友,请你举手,不要马上说出来哦。"幼儿可以在游戏中发挥联想能力,又能遵守一定的规则。

(三) 智力游戏的年龄特点与指导要点

1. 小班智力游戏

年龄特点: 小班幼儿智力游戏的任务应易理解、易完成;游戏方法应明确、具体;游戏规则简单(一般只有1个规则);游戏趣味性较强;游戏注重兴趣保持与参与的意识;对材料的操作大多停留在常规操作上,重复为主,有简单变化但离不开材料固有功能。

指导要点: 在指导小班幼儿游戏时,主要是游戏前准备的指导、游戏中的指导以及游戏后的指导。游戏前,智力游戏的选择要符合该年龄特点;游戏材料颜色鲜明,品种简单,同时要做好卫生、安全检查;教师要了解智力游戏目标与重难点,有助于游戏中进一步指导。游戏过程中,教师应根据小班幼儿理解能力弱和慢的特点,将游戏规则的讲解贯穿于游戏的始终。游戏规则的讲解要具体形象,时间不宜过长。

2. 中班智力游戏

年龄特点: 中班的智力游戏知识性大于娱乐性,趣味性和操作性并重,方法和规则复杂多样,注重幼儿任务意识、规则意识的形成。

指导要点: 要激发幼儿积极性和坚持性;培养动手动脑能力;与生活经验相联系;循序渐进。中班幼儿智力游戏前,要选择难易适宜的内容;选择保持幼儿参与积极性、能产生愉悦的游戏内容;游戏过程预设要帮助幼儿自主解决问题、引导灵活思维的形成。游戏过程中,中班幼儿智力游戏的规则同样需要教师进行讲解与示范。教师游戏中要检查幼儿对规则的掌握与执行情况;鼓励幼儿自主完成智力游戏的任务,并根据幼儿需要进行指导;通过游戏,培养幼儿用语言代替实物进行想象的能力;用说话和简单的手势代替实物和扩展的行动。

3. 大班智力游戏

年龄特点: 大班的智力游戏知识性大于娱乐性,幼儿喜欢竞赛性,创造性增强,游戏任务较复杂,玩法难度大,幼儿可协商制定规则。

指导要点：教师应选取趣味性游戏,游戏内容有一定难度;教师主要依靠语言讲解引导,注重同伴之间的"社会学习";督促幼儿遵守规则并制定新的规则,在活动中学到一定的知识。

大班幼儿在游戏前,教师可以有针对性地提供具有挑战性的游戏材料,及时更新和丰富游戏材料;适当根据游戏内容,鼓励幼儿共同收集游戏材料、设计游戏玩法,提高幼儿参与游戏的主动性与积极性。在游戏过程中,教师主要通过语言进一步规范游戏规则,幼儿在规范的游戏规则中独立开展游戏。游戏后,请幼儿对自己的游戏过程与结果进行评价,分享发现的问题并寻求解决的方法;请幼儿自主整理游戏材料。

三、任务评价

为了更好地了解学习者对智力游戏相关知识与能力的掌握情况,本部分设计了"分析智力游戏认知的评价单"(见表 4-2),该评价单由组内自评、组间互评、教师评价三部分构成,按组内自评 30%、组间互评 30%、教师评价 40% 的比例确定最终成绩,满分为 100 分,请根据评价单具体标准进行评价打分。

表 4-2　分析智力游戏认知的评价单

任务小组	班级：		组长：		
	小组名：		小组总得分：		
	组员：				
学习情境	指导智力游戏		学时		
具体任务	分析智力游戏认知				
评价项目	评 价 要 点	分值	组内自评（30%）	组间互评（30%）	教师评价（40%）
查找文献	能多途径获取幼儿智力游戏认知相关内容,资料信效度高	20			
观摩游戏	能结合观摩的游戏分析智力游戏的特点、指导要点及价值等内容	20			
整理资料	能将相关智力游戏认知归纳成思维导图,事项齐全,内容丰富	40			
展示成果	展示时能准确表达、汇报成果,条理清晰,组织有序,气氛活跃	10			
反思效果	反思内容具有针对性,表述清晰	10			

四、巩固探索

探索一：　智力游戏年龄特点

请以组为单位,收集小、中、大班智力游戏案例,并分享交流,指出各年龄段幼儿智力游戏的发展特点。

典型工作环节二 预设游戏方案

合适的游戏方案可以保证幼儿智力游戏的顺利开展。智力游戏的游戏类型比较多,应根据智力游戏的任务目的预设游戏类型,设计合适的智力游戏方案。

一、任务描述

在智力游戏开展之前,需要提前制定游戏方案,本环节基于工作过程系统化进行了任务设置,具体如表4-3所示。

表4-3 预设智力游戏方案的任务单

任务小组	班级:		组名:	
	组长:			
	组员:			
学习情境	指导智力游戏		学时	
具体任务	预设智力游戏方案			
任务要求	(1) 6～8人为一小组做好分工与合作 (2) 结合见习、实习和幼儿园游戏观摩活动,撰写一份详细的智力游戏方案,包含游戏名称、游戏目标、游戏准备、游戏过程、游戏延伸等内容 (3) 每组由一人代表介绍小组的智力游戏方案			
工作步骤	注 意 事 项			
确定智力游戏类型	明确智力游戏类型			
预设智力游戏方案	(1) 确定游戏名称 (2) 游戏目标撰写要求:参照教学活动三维目标撰写 (3) 游戏准备撰写要求:包括经验准备与物质准备 (4) 游戏过程撰写要求:能够按照目标设计过程 (5) 书写规范性:格式规范,层级标题清晰			
展示智力游戏方案	(1) 现场展示人员要求:每一次展示换一次发言人,保证课程结束后,小组成员均做过发言代表 (2) 现场展示要求:面向所有学生,声音洪亮,逻辑清晰			
反思方案查漏补缺	查漏补缺要求:能够结合其他小组展示查漏补缺			

二、主要学习支持

(一) 确定智力游戏类型

1. 感官游戏类型确定

教师在选择与确定开展何种感官游戏时,要综合考虑幼儿观察力的发展水平、年龄特点、兴趣与经验等。幼儿感官游戏种类丰富,可以设计单一种类的游戏,也可以设计几种感官融合的游戏。

(1) 听觉游戏的选择与确定

听觉游戏有分辨声音特征与判定声源声向这两个训练任务。两种训练任务都应设计具体的游戏情境来吸引幼儿加入游戏,而非机械的游戏训练。

① 分辨声音特征的听觉游戏。分辨声音特征的游戏内容主要是训练幼儿分辨各种声音,区别声音的

性质(如音高、音强、音长、音色等)以及从物体的音响特征来识别物体的能力,如闭上眼睛倾听辨别周围的声音。设计分辨声音特征的游戏可以采用蒙上游戏者眼睛的游戏方式,也可以采用遮住分辨物的方式。在选择分辨物时要考虑幼儿的听觉经验,循序渐进地丰富幼儿的听觉经验,提高幼儿通过听觉识别物体的能力。

②判定声源声向的听觉游戏。判定声源声向的游戏有两种设计思路。第一种设计思路是固定发声源,并与分辨声音特征的游戏融合进行。如准备多个发声源,幼儿可以根据各自指定的声音特征进行寻找声源的比赛。第二种设计思路是移动发声源,幼儿追随声源改变行走的方向。

(2)视觉游戏的选择与确定

视觉游戏主要考虑从颜色、形状、空间这三个方面来设计,如"看一看"这一类智力游戏是着重发展幼儿的颜色、形状和空间概念,提高幼儿目测力和视觉分辨力,培养幼儿观察的准确性和敏锐性。

①分辨颜色的视觉游戏。幼儿最初的视觉游戏着重发展颜色的辨别能力,学会辨认物体的各种颜色。分辨物的颜色选择主要遵循从基本色到中间色,从颜色的对比分辨到颜色的命名配对,从静态辨色(见图4-1)到动态辨色(颜色的合成与分解,见图4-2)的设计原则。例如,教师提供不同颜色的铅笔,教师根据铅笔颜色将对应颜色雪花片放上去,这同样可以帮助幼儿认识颜色。教师也可以通过颜色卡片帮助幼儿认识颜色。

动态辨色游戏的设计有三种设计思路:第一种是颜色的合成原理,如将两种颜色的颜料水合在一起,组成一种新的颜色,把红色和黄色的橡皮泥糅合在一起就变成橙色;第二种是颜色的叠加原理,如透过一种颜色的玻璃纸看另外一种颜色的玻璃纸,眼睛会看到第三种颜色,教师可以请幼儿戴上眼镜,说说观察到了什么,戴上不同的眼镜,又会产生什么不同;第三种是通过快速旋转陀螺利用视觉暂留现象观察色彩的变化,也可以通过颜色的流动感受逐渐变化过程。例如,用红、黄、蓝三种不同颜色的水让幼儿玩颜色游戏,让幼儿观察颜色的变化。

图4-1 分辨色卡

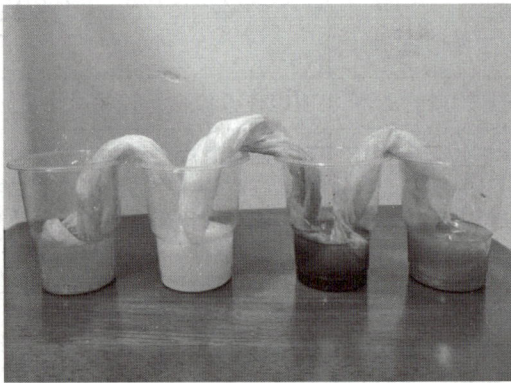

图4-2 颜色的流动

②分辨形状的视觉游戏。分辨形状的视觉游戏可以分为数图形、找图形、找相同、找不同和找错误五种类型。

数图形游戏:数图形游戏要求幼儿迅速准确地从给出的图形中数出某一指定图形的数目。这一游戏关键在于掌握有序的观察方法,做到既不漏数,又不重复计算。数图形游戏要求幼儿具备一定的几何知识,图形可以设计成几何图形,也可以设计成美术图形。

如图4-3、图4-4、图4-5,就是根据数图形的思路进行设计,让幼儿在规定的时间数出长方形、正方形、三角形的数量,比较适合大班的幼儿。中小班幼儿适合更加形象有趣的数图形游戏,如交织在一起的可爱动物图片、交织在一起的水果等。

找图形游戏:找图形游戏要求幼儿在观察中准确把握图形的典型特征,找出隐藏其中的指定图形。这一游戏有五种设计思路:第一种是将一组物品画成重叠图,幼儿要在规定时间找出隐藏的图形;第二种是给出局部线索来推测整体(见图4-6);第三种是将某一图形隐藏在纷杂的干扰图中(见图4-7),如让

图4-3 有几个长方形？

图4-4 有几个正方形？

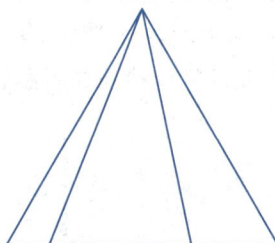
图4-5 有几个三角形？

幼儿找出隐藏其中的五角星；第四种是找出指定图形的位置；第五种是将找图形和数图形结合起来，幼儿要在规定时间找出正确数量的圆形、三角形、长方形、正方形等。

图4-6 动物捉迷藏

图4-7 隐藏的笑脸

找相同游戏： 找相同游戏是一种要求幼儿寻找图形相同特征的观察游戏（见图4-8）。游戏中教师应指导幼儿分析和确定图形的典型特征，然后通过反复比较来求同寻异。这一游戏有四种设计思路：第一种是在一组相似图形中，幼儿根据给定的图例寻找与之相同的图例（见图4-9）；第二种是在一幅图案中设计出几个相同的局部，要求幼儿在规定时间内找出与图案完全相同的局部；第三种是在一幅图案中选取若干个局部，并对其进行一定的翻转作为指定图例，要求幼儿一定时间内在原图中找出它们的位置；第四种是在两幅截然不同的图中设计出若干相同或相似的局部，要求幼儿在规定时间找出相同或相似的局部。找影子游戏可以扫码观看视频"快乐的游戏机"找出影子对应的物品。

视频4-1
"快乐的游戏机"

图4-8 找相同图形

图4-9 水果影子

找不同游戏： 找不同游戏要求幼儿区别两幅图案的微小差异，迅速找出其中的不同（见图4-10）。在找不同游戏中，教师应指导幼儿掌握有序的观察方法，即从左到右、由上往下，用逐行扫描的方法依次进行对比观察,从而迅速准确地找到目标。这一游戏有两种设计思路:第一种是在两幅基本一致的图案中安排若干处不同(见图4-10);第二种是将一幅图分成若干块,既在每个分块上安排与原图不同的内容,又将每个分块进行位置移动或者翻转处理,从而增加游戏难度。

图4-10 找不同

找错误游戏:找错误游戏要求幼儿根据对客观事物的正确印象,找出图形中的错误,随后教师再请幼儿说出正确的情形。这一游戏有两种设计思路:第一种是设计各种美术错误,如牛长着象鼻、鸡长着鸭脚等;第二种是设计各种逻辑错误,如公鸡在水里游。一幅图可以使用一种设计思路,也可以同时设计美术错误和逻辑错误,如图4-11包含了美术错误与逻辑错误。

图4-11 变异的动物

③ 分辨空间的视觉游戏

分辨空间的视觉游戏主要是训练幼儿的目测力,形成准确的空间概念。游戏可就大小、远近、粗细、前后等单向概念(见图4-12)进行识别,也可以综合起来设计分辨。如寻找大小不同的有盖子的瓶子,给不同的瓶子盖上合适的瓶盖(见图4-13)等。

图4-12 辨别里外

图4-13 找瓶盖

（3）触觉游戏的选择与确定

触觉游戏主要涉及对物体的软硬、冷热、光滑及粗糙等质地的认识，可以分为触摸辨物游戏（见图4-14）、触摸分类游戏（见图4-15）、触摸造型游戏、触摸动作游戏这四种类型。

图4-14　触摸辨物游戏

图4-15　触摸分类游戏

① 触摸辨物游戏。触摸辨物以"摸一摸"为主要构思，通过触摸加深对物体的大小、长短、圆和多角、软硬、冷热等性质的触觉认识，从而提高幼儿根据这些性质和特征识别物体的能力。此类游戏玩具是内装触摸物的百宝箱（两边开有触摸洞口）和百宝袋（能收紧袋口）。触摸辨物游戏可以融入到对几何形体的教学中，具体有三种难度层次。

第一个难度层次是从物体的相对特性入手。如在百宝箱里放置两个大小不一的球，要求幼儿左手摸大球、右手摸小球，两手同时摸出即为正确。

第二个难度层次是围绕物体的相同特征进行设计。如在两只百宝袋中分别装上相同的物体，请幼儿分别从两只百宝袋中摸出相同的东西。

第三个难度层次是以分辨物体的相似特征为主，或与语言训练结合。可以在百宝箱中放入十分相似的物品，如纽扣、棋子、瓶盖等，要求幼儿依次去摸，并且在取出之前描述所摸物品的特征，说出该物品的名称。

② 触摸分类游戏。触摸分类游戏建立在触摸辨物的基础上，要求幼儿首先触摸辨别物体的差别与相似之处，然后再类分物体。触摸分类游戏主要有两种难度，第一种是幼儿根据分类依据类分物体，如游戏时发给幼儿一个贴有类别标志的盒子，幼儿蒙着眼睛轮流从装满各类物品的盒子中拿出一件适合自己类别的物品并放进自己的盒子中；第二种是幼儿自定分类依据再类分物体。

③ 触摸造型游戏。触摸造型游戏的重点是分辨各种造型的特征，发展图形认知能力。此类游戏有两种设计思路，第一种是通过触摸辨别图形及图形边框的特征进行镶嵌，游戏前幼儿先熟悉嵌板，然后再蒙着眼睛触摸图形和嵌板完成游戏，一边镶嵌一边说出图形的名称；第二种是通过触摸图形及其相互关系特征进行排列，游戏前幼儿可以伸手触摸箱子里东西的形状和排列次序，然后从另一些形状物中选择与箱内相同的形状物并用相同的次序排列出来。

（4）嗅觉与味觉游戏的选择与确定

嗅觉游戏和味觉游戏的材料选择首先应保证无毒安全，可以是食物也可以是非食物，可以是固态物质也可以是液态物质。嗅觉游戏是通过闻一闻来识别各种物体散发的气味，闻香识物；味觉游戏是通过尝一尝辨别溶解在水中或自己唾液中的甜酸咸苦等，可以提供不同的食物让幼儿尝一尝并说出味道（食物必须是无毒的）。

2. 注意力游戏的选择与确定

注意力游戏的任务主要是提高幼儿的注意力品质，因此，在设计与确定注意力游戏目标时需要考虑幼儿注意的稳定性、注意的广度、注意的分配与转移。但要注意的是，发展幼儿的注意力应首先培养幼儿的兴趣,引导幼儿明确游戏的目的,应该在幼儿情绪平稳的情况下进行,且要考虑各年龄段幼儿注意力的发展水平,每次注意的时间不宜过长,应动静结合、劳逸结合,避免幼儿长时间坐着一动不动。

（1）发展注意稳定性的游戏

注意的稳定性是有意注意极为重要的品质,我们需要在游戏中引导和要求幼儿将注意较长时间维持在同一事物上,从而提高幼儿注意的稳定性。

主要的设计思路有三个:

第一个设计思路是"看",如在迷宫游戏中,要求幼儿用眼睛找到出路,然后再用笔画出来。在图4-16、图4-17中,幼儿通过"看"发展注意的稳定性,找到对应动物的食物或对应动物的家。

第二个设计思路是"听",如在一段音乐中,要求幼儿把某一个声音找到并正确数出来一共有几声。

第三个设计思路是"想",如在数数中,要求幼儿身体端坐并双目微合,在脑海中想着阿拉伯数字1,维持10秒钟左右,然后再去想2,继续维持10秒钟左右……一直到阿拉伯数字10。

图4-16 动物的食物

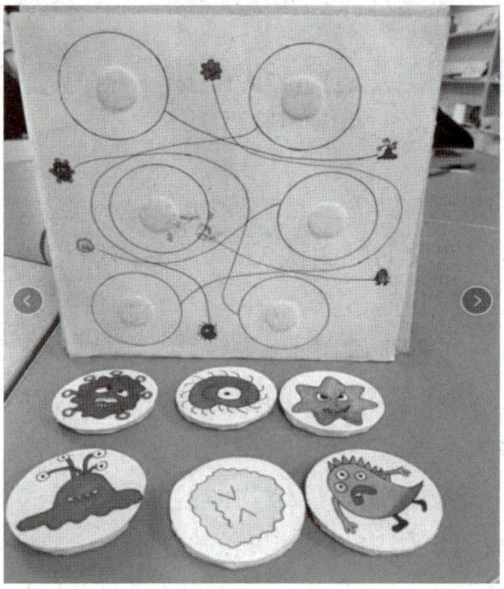

图4-17 找妈妈游戏

（2）扩大注意范围的游戏

注意的广度也是发展幼儿有意注意的重要指标之一,教师需要引导幼儿注意刺激物两个及以上的特点,或两个及以上的事物。

主要设计思路有"看"和"听"。

以"看"为主的设计思路:如在数糖果中,教师用手随意拿到5个以内的糖果,张开手掌1～3秒给幼儿看,合起手掌后让幼儿说出一共有几颗糖果。教师也可以增加糖果的颜色干扰,请幼儿说出红色糖果有几颗,蓝色糖果有几颗。

以"听"为主的设计思路:如在音乐欣赏中,请幼儿一边听一边数小动物的声音,小兔子叫了几声、小羊叫了几声、小狗叫了几声等。

（3）提高注意的分配和转移能力的游戏

注意的分配和注意的转移也是幼儿注意力品质的重要指标,教师需要准备合适的刺激物引发幼儿注意的转移和合理分配注意力。如在"你变我也变"的游戏中训练幼儿注意的及时转移,让幼儿按指示同时完成两三个任务来训练幼儿注意力的分配。

3. 记忆力游戏的选择与确定

记忆力游戏的目标旨在帮助幼儿掌握记忆的方法,提高幼儿记忆力的品质,包括记忆的敏捷性、准确性和持久性。记忆的过程包括识记、保持和再认这三个环节,每个环节教师都应细细考虑,因为每个环节都存在于记忆力游戏中。

但需注意的是,发展幼儿的记忆力应首先帮助幼儿明确记忆的目的性,集中注意力和积极思考,掌握记忆的方法,要遵循具体形象思维的原则,充分挖掘记忆材料的趣味性,培养幼儿的记忆兴趣,且要安排在幼儿平静的时间段内进行。

（1）识记-再认游戏

再认是感知过的事物再度出现时仍能认识的过程,其主要特征是需要回忆的客观事物就在眼前。再认游戏要求幼儿再认的一般是即时记忆的各种事物,包括实物、图形及无意义图符。一般来说,识记材料中实物和实物图形幼儿比较容易记忆,几何图形和无意义图符比较难记忆。

识记-再认游戏一般采用的游戏方式是先让幼儿在一定时间内对一组实物或图形进行观察,然后再要求幼儿根据记忆回答问题。例如,拿掉一个或几个实物或图形,请幼儿观察缺少了什么(见图4-18),更换实物或图形的位置或顺序,请幼儿观察发生了什么变化等。再如,在图4-19按数字拼造型游戏中,幼儿需要再认数字顺序并进行拼接造型。关于记忆游戏可以扫码观看视频"哆啦A梦找一找"。

视频 4 - 2
"哆啦A梦找一找"

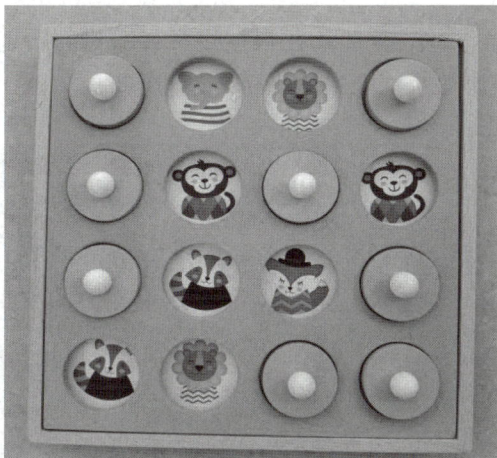

图4-18　记忆再认

图4-19　按数字拼造型

一般来说,再认的材料越多,材料越相似,时间间隔越长,再认的难度就越大,出现的错误就越多。因此,在再认游戏时,应考虑幼儿的年龄段设计与安排适宜的游戏难度。

（2）识记-再现游戏

再现的主要特征是需要回忆的客观事物不在眼前,大脑必须有一个寻找和提取记忆信息的过程。能再认的内容不一定能再现,再现更能作为记忆的一种可靠标准。

再现游戏主要有三种形式:

第一种是长时记忆游戏,一般是根据幼儿以往生活经验,让他们完成各种问答。例如:水里游的动物有哪些,地上走的动物有哪些,天上飞的动物有哪些,等等。

第二种是瞬时记忆游戏,主要是通过即时的记忆回忆出所给的事物。如家长让幼儿看图记住不同符号所在的位置,接着再给幼儿一张只有格子没有图案的纸,让幼儿把图案画到相应的格子里。再如,让幼儿找出组成动物的数字,找出之后再回忆每个数字分别在什么位置。

第三种是联结记忆游戏,主要是通过配对联想和符号替代等形式来强化幼儿的记忆。比如让幼儿在1分钟时间内,正确记住16位数字:8172635445362718。如何引导幼儿在1分钟内记住这一串数字呢?通过观察发现,按先后顺序,每两个为一组的数字相加都是9,比如8和1,7和2,6和3……相加都是9,其顺序是数字87654321数字与12345678的相加。再如,在符号替代游戏中,通常是用一个字母符号和一个图形或词语相连,比如C代表苹果,T代表萝卜等,幼儿在熟记哪个符号代表哪个图形或词语后,才能在随后的填空游戏中取胜。

4. 幼儿想象力与创造力游戏类型确定

想象力应用的多少是评价一个人智力高低的重要标准。想象是个体对头脑中已有表象进行加工改造,产生新形象的过程。根据想象的类型可以将发展幼儿想象力的游戏活动分为想象再造智力游戏和想象创造智力游戏。

（1）想象再造智力游戏

再造想象是根据语言的描述和非语言的描绘（客观事物、图纸、模型、符号、图像等），在头脑中产生有关事物新形象的心理过程。这一类游戏常见的有猜谜游戏、补缺游戏、拼图游戏、听描述做动作游戏、空间想象游戏。

① 猜谜游戏。猜谜游戏一般是以猜谜语形式为主。教师通过收集一些融趣味性、知识性、文学性等为一体的句子、歌谣，让幼儿进行猜测。游戏中幼儿要结合谜语的暗示，发挥想象，进行推理与判断。例如："娘子娘子，身似盒子。麒麟剪刀，八个钗子（打一动物）。"在这个谜语中幼儿要结合自己的生活经验发挥想象，才能猜到答案是"蟹"。需要注意的是，幼儿的猜谜游戏要基于幼儿的生活经验和所熟悉的内容。在呈现谜语时，语速要控制在幼儿能接受的范围，清楚地描述每一句话，再让幼儿动脑筋思考。在幼儿猜对后教师要与幼儿分析，谜语中哪些信息是关键信息。此外，教师要鼓励幼儿将已掌握的谜语分享给别的幼儿，与他人一起玩。

② 补缺游戏。这一类的游戏主要是将事物的某些特征隐去，让幼儿根据生活经验进行再造想象。例如，手指印画（见图4-20）、换脸爸爸（见图4-21）就是让幼儿基于生活进行再造想象的智力游戏。

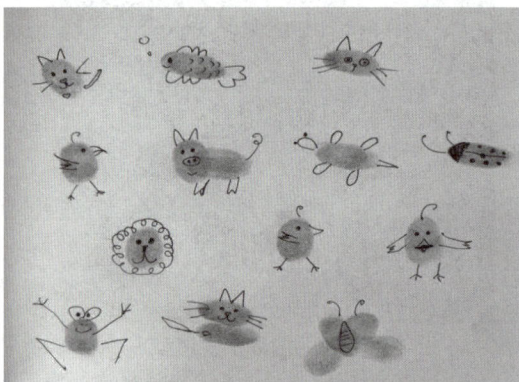

图4-20 手指印画

图4-21 换脸爸爸

③ 拼图游戏。在拼图类智力游戏中，幼儿可以根据自己的想象自由拼搭，也可以根据设定将小图形拼成大图形，如图4-22为自由拼搭游戏，图4-23为小图形拼成大图形的游戏。

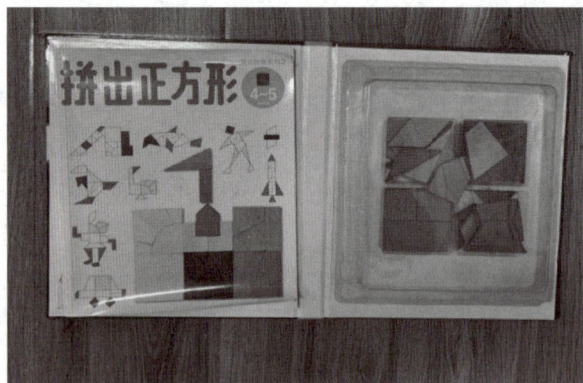

图4-22 百变拼图形

图4-23 主题拼图

④ 听描述做动作游戏。看图、听描述、听音乐做动作这类游戏可以很好地发展幼儿的想象力。比如，根据小老鼠上灯台的音乐做动作；再比如，根据描述模仿各种动物走路动作等。幼儿可以根据自己的想象做相应的动作。

⑤ 空间想象游戏。空间想象游戏主要是发展幼儿对物体形状、大小、远近、深度和方位的空间认知。如让幼儿通过平移或者旋转说出汽车所在的车位，发展其空间认知。再如，教师提供摆放好的积木，让幼

儿从不同侧面观察后,画出不同侧面图;教师也可以提供多个积木堆砌的立体图,让幼儿数积木块,发展其空间能力。

（2）想象创造智力游戏

根据一定的目的、任务,运用自己以往积累的表象,在头脑中独立地创造出事物新形象的心理过程叫创造想象。想象创造智力游戏具有开放性,没有标准答案,幼儿可以天马行空进行创新与创造,能有效地促进幼儿想象力与创造力的发展。想象创造智力游戏有以下四种设计思路。

① 根据简单图形进行广泛联想。这种游戏是根据给定图形,让幼儿尽可能想象成不同的事物。比如,将圆形想象成太阳、西瓜、甜甜圈、钟表、月饼、皮球等。

② 一物多用。这种游戏是根据提供的物件,让幼儿尽可能想象其用途。比如,绳子的用途可以绑东西、装饰瓶子、跳绳、蹦极、拔河、晾衣服、玩踩尾巴游戏、翻绳游戏等,可以培养幼儿想象和思维的灵活性,提高幼儿对周围物品的创造性使用。

③ 关联事物。这种游戏根据给定的关系较远的图例,让幼儿发挥想象将图例联系起来。例如,提供两张没有实际关联的图（森林动物狂欢、动物过河两张图）,幼儿要展开联想,并把联想的事件告诉他人。有的孩子会说动物是要去参加森林狂欢,但要过河,小兔没有木桩,过不了河而哭泣;也有孩子说是参加完森林狂欢回家,小兔子找不到妈妈而哭泣。这类关联游戏可以提高幼儿想象和思维的整合性与敏捷性。设计此类游戏时,要基于幼儿的生活与知识经验,考虑幼儿的兴趣与特点,才更容易激发幼儿的想象力。

④ 续编故事。这种游戏根据幼儿对故事的理解续编故事。比如再讲讲小红帽的故事时,可以讲一半就停顿,让幼儿想象可能发生什么,再继续讲,或者可以给个题目让幼儿自己讲故事。

5. 幼儿思维能力与操作能力游戏类型确定

（1）发展思维能力的游戏

思维能力是幼儿智力的核心。幼儿阶段是思维力培养的好时期,因此可以通过训练加强思维能力。发展思维能力的游戏主要是培养幼儿的分类、比较、序列化能力以及培养逻辑判断和推理能力。

① 发展概念理解能力的游戏。概念是思维的基本形式之一,用词来标志,反映客观事物的一般的、本质的特征。所有概念都是从客观事物抽象出来的。因此在争取理解概念之前,必须让幼儿广泛接触与所要理解概念相关的客观事物。例如,在理解"动物"这个概念时,需要幼儿接触各种不同种类的动物。基于幼儿的感性经验,对相关概念的名称、内涵、外延进行问答游戏,有效提高幼儿理解相关概念的能力。这类游戏的设计思路有以下四种。

第一种,幼儿根据所提供的事物,说出该事物所属种类概念。如提问说"西红柿",幼儿可回答"西红柿是水果"或"西红柿是蔬菜"。

第二种,幼儿根据提供的某一概念,回答出尽可能多的外延。如教师说"瓜类",幼儿可回答"西瓜、黄瓜、南瓜、冬瓜……"。

第三种,幼儿根据所提供概念的内涵,说出概念的名称。如教师说"能载人载物的工具是什么",幼儿可回答"交通工具"。这类游戏可以与猜谜游戏相结合,增加趣味性。如将交通工具编成谜语:"可天上飞,可地上跑,可水里行,出门没它不行。"

第四种,幼儿根据所提出的概念,说出概念的内涵。例如,提出"蔬菜""水果""动物"等,幼儿根据概念进行描述。

② 发展分类、比较及序列能力的游戏。

a. 分类与归类游戏。

这类游戏可以通过实物、图片进行。幼儿可根据实物、图片按照事物的性质、用途、颜色、形状、高矮、大小、粗细等进行分类与归类,以培养幼儿逻辑思维和思维的概括性（见图4-24）。例如,积木分类游戏,教师可以提供多种积木,让幼儿根据积木的形状进行分类,也可让幼儿自行进行分类。如按形状进行分类、按颜色进行分类等。

b. 比较游戏。

比较游戏主要是要幼儿通过观察发现所提供事物的异同点,有两种设计思路。一种是图形寻异,要求幼儿从一堆图形中找出不同的图形(见图4-25)。另一种是图形填充,将提供的图形排成几行,在某一行留一个空缺图形,让幼儿根据整体特征,选择合适的图形进行填充。

图4-24 图形分类游戏

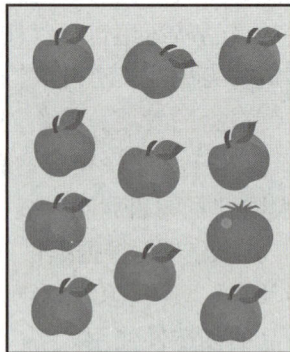

图4-25 比较游戏

c. 排列游戏。

序列化概念建立在比较的基础上。因此排列游戏就是让幼儿根据提供的实物、图片的特征(如宽窄、高矮、大小、长短、厚薄等)按顺序进行排序(见图4-26、图4-27),引导幼儿掌握序列传递关系,发展幼儿序列化能力。

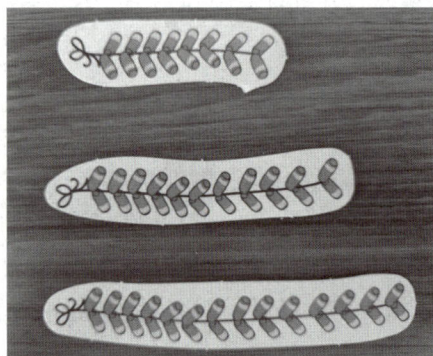

图4-26 从短到长排列

图4-27 从高到低排列

③ 发展逻辑判断和逻辑推理能力的游戏。逻辑判断和逻辑推理是抽象思维必备的要素。在幼儿阶段,教师可以通过游戏培养幼儿初步的逻辑能力和判断能力。常见的游戏有类比推理游戏、演绎推理游戏、运算推理游戏、逻辑推理游戏。

a. 类比推理游戏。

这类游戏主要训练幼儿抽象概括和类比推理能力。类比推理是根据两个或两类对象的部分相同属性推出其他属性也相同的推理(见图4-28、图4-29)。

图4-28 图形碰碰乐

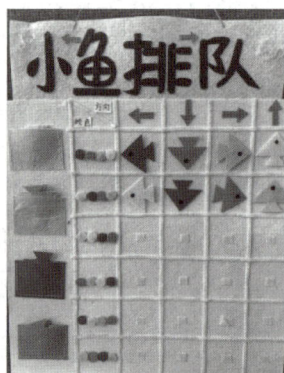

图4-29 小鱼排队

b. 演绎推理游戏。

这类游戏让幼儿根据图形、数字、符号等之间的规律,找出排序规则,推断缺失内容,幼儿要根据规律找出缺失的图形(见图4-30、图4-31)。关于演绎推理游戏可以扫码观看视频"肖恩的妙妙屋"。

视频4-3
"肖恩的妙妙屋"

图4-30　按数取物

图4-31　瓢虫找翅膀

c. 运算推理游戏。

运算推理判断可以有效提高思维能力。教师可以通过提供纽扣、小棍子、扑克牌、积木以及彩笔等,让幼儿玩一些计数和加减运算游戏,培养幼儿初步的运算推理能力(见图4-32、图4-33)。例如,两个幼儿拿着10以内数字的扑克牌,每人同时出牌,看谁先算出两数的和与差,可根据年龄进行适宜内容的学习。

图4-32　多功能竹筒

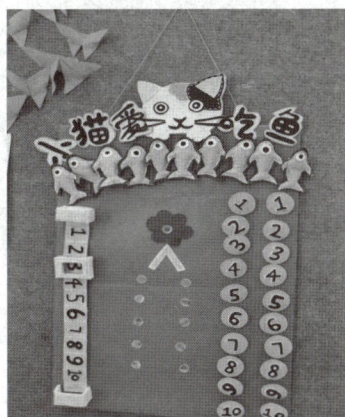

图4-33　小猫爱吃鱼

d. 逻辑推理游戏。

这类游戏可以帮助幼儿进行简单的逻辑分析,培养幼儿思维的逻辑性。这类游戏的设计思路主要是通过设计成的一组具有关联的连环图,让幼儿根据事物发展逻辑关系进行排序。如让幼儿根据事件发展的顺序,将无序的图形进行排序,并问清楚为什么。这类游戏有两种设计思路:要么是单线索排图,要么是多线索排图。前者考察幼儿是否能合理、准确排序,考察幼儿逻辑思维能力;后者侧重幼儿创造性思维能力的培养,要求幼儿排序新颖、独特。

④ 发展综合思维能力的游戏。通过游戏发展幼儿注意力、观察力、思维力,发展幼儿综合思维能力。如通过玩牌发展幼儿综合思维能力,用抽乌龟、接龙、争上游等游戏培养幼儿综合思维能力。同时,可以根据幼儿的需要设计不同类型的游戏。

a. 牌类游戏。

教师可以根据幼儿的需要,将牌设计成不同类型游戏。如将扑克牌摆成不同的形状,让幼儿进行猜图,提高幼儿对常见图形的认知能力。再如,利用扑克牌进行按数分家游戏(见图4-34),同时,教师可以

图4-34 扑克牌按数分家

图4-35 扑克牌按形状分类

视频4-4
"虫虫历险棋"

视频4-5
"桂游记"

根据幼儿特点设计专门的游戏牌,如颜色识别、形状认知(见图4-35)、数学运算。

b. 棋类游戏。

教师可以根据幼儿特征选择不同的棋类游戏,如五子棋、飞行棋、象棋、跳棋(见图4-36)等来发展幼儿的综合思维能力。教师也可以制定适宜的棋类游戏,如根据教学要求,设计安全标志、动物类型、环保(见图4-37)等棋类游戏,让幼儿认识常见的安全标志和动物。自制棋类游戏可以扫码观看视频"虫虫历险棋"看看虫虫能否变身美丽蝴蝶,扫码观看视频"桂游记"了解广西地域文化。

图4-36 跳棋

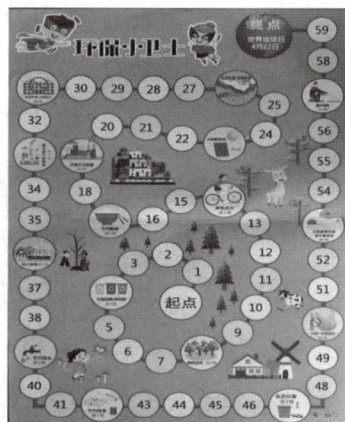

图4-37 环保棋

(2)发展操作能力的游戏

操作能力是智力游戏的重要方面。操作能力需要进行动手操作,而幼儿阶段又是动作发展的最佳时期,如建构游戏、制作类游戏都能较好地培养幼儿的操作能力。下面介绍几种操作类游戏。

① 火柴棒游戏。教师可以提供一些火柴棒,让幼儿自行拼搭,幼儿再根据情况进行增减拼棒,也可以用牙签、棍棒(见图4-38、图4-39)等替代。

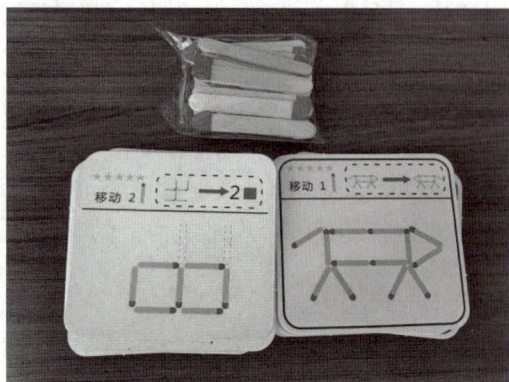

图4-38 棍棒(一)

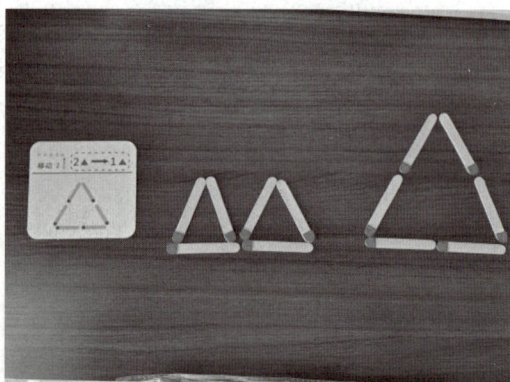

图4-39 棍棒(二)

② 一笔画游戏。这个游戏要求幼儿以某一点作为起点，一笔不断，设计出自己想要的东西（见图4-40、图4-41、图4-42）。

图4-40 一笔画五角星

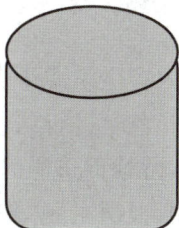
图4-41 一笔画水杯

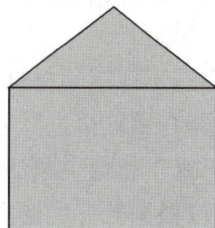
图4-42 一笔画房子

③ 图形剪拼游戏。这类游戏其中的一种设计思路是按照一定的要求合理分割（见图4-43）。另外一种设计思路是将已有的图形分解后再拼接成另外的图形（见图4-44）。

图4-43 拼拼看

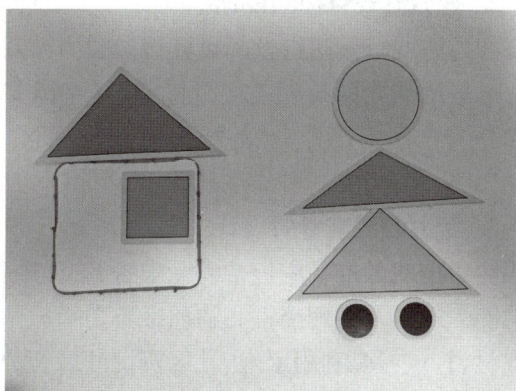
图4-44 创意拼图

④ 迷宫游戏。图形迷宫游戏是让幼儿在不断试误中，找出通向终点的方法。迷宫的设计要符合年龄特点，难度适宜，循序渐进（见图4-45、图4-46）。

图4-45 车子迷宫

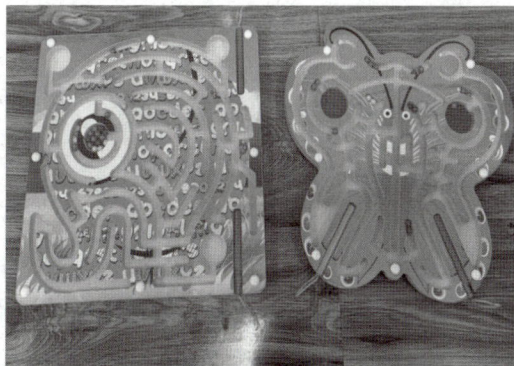
图4-46 动物迷宫

（二）预设智力游戏方案

智力游戏可以作为一个独立的游戏方案，也可以渗透进其他领域的教育活动中，无论是哪种，都需要教师做好预设方案，并留有一定的生成空间给幼儿自主游戏。同其他游戏类型一样，智力游戏方案的设计应该包含游戏名称、游戏目标、游戏准备、游戏过程、游戏延伸等。

1. 智力游戏名称（内容）的设计

智力游戏活动内容是给幼儿进行选择的。因此，内容的选择应考虑以下方面。

游戏内容基于幼儿的兴趣需要。幼儿感兴趣的,一定是孩子乐于参与的,但是感兴趣的不一定是科学的游戏。因此,教师要基于幼儿的兴趣,选择适宜的内容。例如,选择他们熟悉的生活用品,让他们找数字,并说出数字所代表的意义。再如,让他们找出家里物品形状,这些都是孩子熟悉且感兴趣的材料。

游戏内容基于现有的材料。幼儿的游戏内容应来源于生活,取材于现有的材料。例如,利用废旧杂志剪开进行拼图,利用纸箱进行触摸游戏,利用彩色笔进行认色,利用石子开展跳棋游戏,等等。

游戏内容基于教育主题活动。在幼儿园,游戏促进教育,游戏与教育息息相关。因此,教师在设计游戏活动时,可以根据教育主题进行调整。比如,根据主题"安全标志",设计成迷宫的智力游戏帮助幼儿认识常见的安全标志。

选择好游戏内容后,就可以设计游戏名称。游戏名称是游戏内容的体现,因此,游戏名称的设计应与内容相关。智力名称的书写格式应该与教育活动名称一样完整明了,具体为"年龄班—游戏类型—游戏主题(具体名称)",如大班智力游戏"帮动物找身体"。

2. 智力游戏目标的设计

智力游戏目标是指教师设计该类智力游戏具体要达到的目的与要求。游戏目标的设计要考虑三个要求:一是从幼儿的角度表述目标,二是目标要明确、具体,具有操作性,三是目标要适宜幼儿年龄特点。例如,中班"图卡排排坐"的智力游戏目标可以表述为"感知生活中有规律的序列,掌握按规律排序的方法"。

3. 智力游戏准备的设计

智力游戏的准备应包括经验准备、物质准备、环境准备。经验准备是指幼儿已有的相关智力游戏的经验与能力水平及心理准备。物质准备是指教师提供幼儿进行智力游戏的材料,或是师幼一起制作的智力游戏材料,或者是利用家庭、社区资源开展智力游戏的材料。环境准备包括提供一定的空间、时间,以及营造良好的心理氛围等。

4. 智力游戏过程(玩法)的设计

智力游戏过程(玩法)是智力游戏的中心环节,包括导入、基本环节和结束环节。导入环节中,教师可以根据幼儿特点与需要,结合教师实际采用合适的导入方法,如故事导入、材料导入、情景导入等。基本环节的设计主要涉及玩法和规则,以及游戏难度循序渐进的过程。结束环节,主要是收拾玩具,养成良好习惯;科学评价游戏,优化后续游戏。

案例 4-1 **小班听觉游戏:说悄悄话**

设计意图

《3—6岁儿童学习与发展指南》中指出:"语言是在交流与运用中发展起来的,要培养幼儿想说、敢说、愿意说。"刚刚进入幼儿园的小班幼儿处于乐于表达的阶段,但往往容易词不达意或者存在发音不准的问题。并且幼儿表达能力的强弱与其倾听能力密切相关,悄悄话跟平时正常说话相比容易让幼儿处于一种游戏的状态,新鲜感和好奇心使得小班幼儿更乐于参加这个游戏,继而发展其听觉的敏锐性和准确性,因此设计了这一听觉游戏。

游戏目标

(1)乐意参加游戏,体验传声游戏的乐趣。

(2)听准悄悄话内容,掌握依次轻声传递说悄悄话的游戏方法(难点)。

(3)丰富"苹果""香蕉""西瓜"等水果词汇(重点)。

游戏准备

经验准备:在晨间谈话活动中,讨论幼儿都喜欢吃哪些水果,这些水果是怎样的,引导幼儿关注水果的名称和特征。

物质准备:传声筒(纸巾筒)若干。

游戏过程

1. 温馨谈话: 我喜欢吃的水果

(1)教师:宝贝们,你们喜欢吃什么水果?

(2)教师引导幼儿回忆平常自己经常吃的水果。

2. 回忆水果: 你喜欢吃的水果是什么样的

(1)教师:宝宝们喜欢吃的水果这么多,那这些水果都是怎样的呢?

(2)教师出示水果图片,引导幼儿说出水果的颜色、形状、味道等特点。

3. 介绍游戏规则,开展听觉游戏

(1)教师:小熊也喜欢吃水果,周末它要请它的好朋友们到家里开水果派对,我们可以帮小熊去买水果吗?

(2)教师介绍游戏规则。

规则1:买水果的时候要跟水果店老板说清楚"我要买……"

规则2:不能每个人都挤去水果店,我们要排好队,将小熊要买的水果悄悄地告诉下一位小伙伴,直到最后一个小朋友听清楚之后,再由这位小朋友告诉水果店老板。

规则3:跟小朋友说悄悄话时,一定要轻声说,不能大声嚷嚷。

(3)第一次开展游戏。

教师请5~6位小朋友上台做示范,进一步总结巩固此次听觉游戏的规则和开展过程。

(4)第二次开展游戏。

全体幼儿围坐成半圆形参加游戏,使用"传声筒"道具,增加游戏的趣味性。

教师总结点评幼儿的游戏表现,并进一步强调游戏规则和过程。

(5)第三次开展游戏。

更换跟水果店老板买水果的小朋友,全体幼儿再次参加游戏,让幼儿用手遮挡,悄悄传话。

(6)第四次开展游戏。

再次更换跟水果店老板买水果的小朋友,全体幼儿继续参加游戏,不用任何道具和辅助动作,悄悄传话。

教师观察指导要点:

① 引导幼儿遵守"买水果"游戏的规则。

② 引导增加游戏情境或游戏难度,丰富幼儿实践经验。

4. 参加水果派对,品尝水果

(1)教师:今天我们既帮助了小熊,也掌握了说悄悄话的本领,我们不仅说得清楚也听得仔细,很棒哦! 在大家的帮助下,我们买到了许多水果,这些水果都有……现在小熊感谢大家,也请我们品尝水果。

(2)幼儿品尝水果。

游戏延伸

(1)将传声筒这一游戏材料投放进游戏区,幼儿可以反复使用,锻炼听觉和口语表达能力。

(2)生活中成人可以经常与幼儿轻声说话、说悄悄话。

三、任务评价

为了更好地了解学习者预设智力游戏方案能力的掌握情况,本部分设计了"预设智力游戏方案的评价单"(见表4-4),该评价单由组内自评、组间互评、教师评价三部分构成,按组内自评30%、组间互评30%、教师评价 40% 的比例确定最终成绩,满分为 100 分,请根据评价单具体标准进行评价打分。

表 4-4　预设智力游戏方案的评价单

任务小组	班级:		组长:			
	小组名:		小组总得分:			
	组员:					
学习情境	指导智力游戏		学时			
具体任务	预设智力游戏方案					
评价项目	评价要点	分值	组内自评（30%）	组间互评（30%）	教师评价（40%）	
确定智力游戏类型	能根据幼儿发展需要确定游戏类型	20				
预设智力游戏方案	游戏目标符合年龄特点、智力游戏目标要求,游戏准备丰富、全面,游戏过程清晰明了,有操作性	45				
展示智力游戏方案	展示时能准确表达、汇报成果,游戏方案撰写规范、整洁	20				
反思方案查漏补缺	能结合其他小组的展示反思并查漏补缺	15				

四、巩固探索

探索二：　模拟设计智力游戏方案。

请任选以下三个活动中的一个以小组为单位进行方案设计。

1. 大班听觉游戏：我在打包

"我在打包"游戏的每句话都以"我在打包,我要带上××"开头,每个人每次说一个自己要带的物品,下一个人继续的时候要先把前面的人说的物品全部重复一遍,再加上新的物品。举例：

妈妈："我在打包,我要带上外套。"

哲哲："我在打包,我要带上外套和水杯。"

妈妈："我在打包,我要带上外套、水杯和雨伞。"

哲哲："我在打包,我要带上外套、水杯、雨伞和糖果。"

……

2. 小班记忆力游戏：谁不见了

3. 大班智力游戏：巧摆火柴棒

游戏性目标包含掌握图形、数字的基本特点;幼儿观察分析能力、推理能力、操作能力得到发展（可以图形拼摆和算式拼摆作为切入点）。

典型工作环节三　创设游戏环境

　　智力游戏环境的创设主要体现在益智区环境的创设。益智区环境的合理创设能给孩子们提供更加优质的学习探究氛围,提供一个动手操作、探究尝试的场所,能够较好地发展幼儿思维能力,培养探究精神。因此,要做好益智区环境的创设。

一、任务描述

本环节主要是根据幼儿需要创设符合年龄特点的益智区环境,具体任务单如表4-5。

表4-5　创设智力游戏环境的任务单

任务小组	班级:	组名:
	组长:	
	组员:	
学习情境	指导智力游戏	学时	
具体任务	创设智力游戏环境		
任务要求	(1) 6～8人为一小组做好分工与合作 (2) 结合实训室材料,根据幼儿年龄特点、生活经验选择一个主题设置益智区游戏环境 (3) 每组由一人代表介绍小组的智力游戏区		
工作步骤	注　意　事　项		
分析幼儿特点与需求	(1) 明确益智区所属的年龄段 (2) 确定益智区的主题		
创设智力游戏的环境	(1) 区域选择要求:空间宽阔,适当隔离,远离吵闹区 (2) 材料制作要求:在实训室材料不足的情况下,从幼儿角度制作 (3) 材料投放要求:符合年龄特点,材料投放为幼儿智力发展提供支持;材料的数量、种类、配置满足活动需要		
解说环境设置的依据	(1) 现场展示人员要求:每一次展示换一次发言人,保证课程结束后,小组成员均做过发言代表 (2) 现场展示要求:面向所有学生,声音洪亮,逻辑清晰		
提出优化创设的策略	提出优化策略要求:能够结合其他小组及教师的反馈反思并提出有效策略		

二、主要学习支持

（一）经验环境准备

智力游戏作为以智力活动为基础的规则游戏,在开展智力游戏前要做好经验环境的准备,丰富幼儿生活经验。例如,在感官游戏触摸辨物游戏中,幼儿首先要认识所要触摸的物体后再进行触摸辨物游戏;在进行大小排序游戏前,幼儿要对"大小"有初步的认知;"找不同"的游戏中,幼儿要先熟悉材料中的物品基本特征才可以找不同。总的来说,幼儿在开展智力游戏之前要做好相关的经验准备,以推动幼儿游戏的顺利开展。

（二）物质环境准备

幼儿园智力游戏的物质环境以益智区环境作为主要形态。因此,智力游戏的物质环境创设主要体现在区域的布置与游戏材料的投放上。空间布局的质量不仅会影响益智区活动的有效性,也直接影响着幼儿参与益智区活动的主动性、积极性和持久性[①]。因此,益智区需要根据区域的性质和特点进行合理布局,充分利用墙面、柜面、桌面的布局,做到整体优化的区域布置。同时,根据幼儿年龄特点及区域之间的动静分隔原则进行益智区的布置。

在材料的投放上,益智区的材料投放要注意活动材料的适用性和适应性。适用性方面,教师应注重活动材料的生动美观、丰富多样,并抓住材料的投放时机。适应性方面,材料应适应不同年龄幼儿的身心特征以及不同能力幼儿的需求,并且贴合幼儿自身发展。小班益智区可以根据小班幼儿的年龄特点投放具

---

① 郝彦博.幼儿园大班益智区活动开展现状的调查研究[D].天水师范学院硕士学位论文,2020:19.

有趣味性的材料。比如"给小动物喂饼干""七彩套套杯"等,材料本身具有直观、形象、有趣的特点,有情节性和趣味性,可以让益智区成为小班幼儿欢乐的小天地。也可以根据主题活动和教学活动延伸投放材料,比如"颜色分类""图形等分""图形配对"等,幼儿可以通过操作材料巩固对知识的掌握。中班益智区的投放可体现目标性,有的放矢地投放材料。如"我是环保小卫士""几何拼图"等游戏。投放时要注重层次性,与幼儿年龄相符,例如"走迷宫"游戏,可以由浅到深,由易到难。投放还需要注意发挥开放性,发展幼儿动手和创新能力。如"购物乐""找车牌"游戏,可以让幼儿进行有创造性的游戏。大班益智区可以投放低结构材料,鼓励幼儿的创造性玩法。如游戏"我的小宝盒""好玩的扑克牌"。大班益智区还可以巧投高结构材料,鼓励幼儿的竞争与合作,如各种棋类游戏"跳棋""五子棋"或者桌面游戏"猫捉老鼠""纸牌游戏",让幼儿在游戏中训练思考力、记忆力、联想力等,还可以学习与人相处及沟通合作。

三、任务评价

为了更好地了解学习者创设智力游戏环境能力的掌握情况,本部分设计了"创设智力游戏环境的评价单"(见表4-6),该评价单由组内自评、组间互评、教师评价三部分构成,按组内自评30%、组间互评30%、教师评价40%的比例确定最终成绩,满分为100分,请根据评价单具体标准进行评价打分。

表4-6　创设智力游戏环境的评价单

任务小组	班级:			组长:		
	小组名:			小组总得分:		
	组员:					
学习情境	指导智力游戏			学时		
具体任务	创设益智区游戏环境					
评价项目	评价要点	分值	组内自评（30%）	组间互评（30%）	教师评价（40%）	
分析幼儿特点与需求	①益智区创设符合年龄特点、生活经验与需求;②益智区的环境创设有吸引力	20				
创设智力游戏的环境	①益智区空间面积选择满足游戏需要,空间布局合理,相对安静;②有充足的桌面操作空间及部分地面操作空间;③材料种类、数量、配置符合游戏需要及年龄特点;④区域规则设置合理;⑤区域墙饰与活动材料相互补充,对活动起到支持和推动作用	45				
解说环境设置的依据	①能根据相关理论解说环境创设的依据;②能结合《3—6岁儿童学习与发展指南》及相关理论分析该环境创设的价值	20				
提出优化创设的策略	能根据小组及教师反馈反思,提出优化策略	15				

四、巩固探索

探索三： 智力游戏设计实训

以"抗疫"为主题设计符合大班幼儿的游戏棋。

典型工作环节四 开展游戏活动

幼儿智力游戏活动的开展没有固定的流程与形式,往往根据幼儿情况及材料的投放来确定,最基本的流程是了解玩具和材料的玩法和使用方法,幼儿选择材料开始游戏,教师观察指导幼儿智力游戏,与幼儿分享并交流。

一、任务描述

本环节的主要任务是熟悉智力游戏开展的基本流程,具体任务如表4-7所示。

表4-7 开展智力游戏活动的任务单

任务小组	班级:		组名:	
	组长:			
	组员:			
学习情境	指导智力游戏		学时	
具体任务	开展智力游戏活动			
任务要求	(1) 6~8人为一小组做好分工与合作 (2) 能做好开展智力游戏的各项步骤 (3) 每组由一人代表介绍小组的智力游戏区			
工作步骤	**注 意 事 项**			
了解材料的玩法和使用方法	熟悉材料的玩法与使用方法			
自主选择游戏材料开始游戏	注意引导幼儿自主选择材料			
观察与评价开展的智力游戏	(1) 充分利用评价指标分析幼儿智力游戏行为 (2) 能根据分析结果给出针对性建议			
指导与支持幼儿继续开展游戏	(1) 模拟组织开展智力游戏片段 (2) 教师能够设计情境,基于观察解决问题,比如幼儿游戏兴趣不高、不愿意尝试有挑战的材料、不按规则玩等问题			

二、主要学习支持

(一) 了解材料的玩法和使用方法

智力游戏的操作材料类型较多:有操作方法简单、操作过程相似的材料;有固定的规则与玩法的材料;也有方法复杂,规则性较强的材料;还有一些无特定规则的开放性材料。例如,棋类和牌类游戏有固定的规则与玩法,而涉及数学认知的一些智力材料方法相对复杂。因此,幼儿在新材料投放后,需要根据材料类型来确定推介方式,是简单推介、讲解示范还是示范玩法等。向幼儿介绍游戏的玩法、规则及游戏顺序时,应结合具体的游戏方案,利用简洁有效、通俗易懂的语言向幼儿介绍游戏规则,一般采用讲解与示范相结合的方式介绍玩法与规则。如"小班听觉游戏:悄悄话"中游戏规则有三点,分别是:规则1,买水果的时候要跟水果店老板说清楚"我要买……"。规则2,不能每个人都挤去水果店,我们要排好队,将小熊要买的水果悄悄地告诉下一位小伙伴,直到最后一个小朋友听清楚之后,再由这位小朋友告诉水果店老板。规则3,跟小朋友说悄悄话时,一定要轻声说,不能大声嚷嚷。适当设计一个教师示范或幼儿示范环节,教师在每一次游戏结束后都要适时跟幼儿强调游戏规则和游戏过程,直至幼儿完全理解。幼儿只有了解了新材料的玩法和规则,才能顺利进行智力游戏。此外,教师还应该采用适宜的方式激发幼儿参与智力游戏的兴趣。

(二) 自主选择游戏材料开始游戏

在游戏正式开始前一项很重要的内容就是幼儿自主选择材料,不同的幼儿在选择材料时会有所差别。有的幼儿对所选的智力游戏熟悉,目标明确,选择材料迅速果断;有的幼儿喜欢尝试挑战新材料;有的幼儿只选择自己喜欢、熟悉的材料;而有的幼儿在选择材料时无所适从。在这一过程中,教师可以根据平时观察给予适当的针对性引导,保证幼儿顺利进入游戏。

(三) 观察与评价开展的智力游戏

智力游戏对幼儿学习品质的培养有重要的作用,因此在幼儿操作过程中的观察要关注幼儿的习惯和活动的状态,发现问题,分析原因并给予针对性的建议,以帮助幼儿形成良好的学习品质。智力游戏的观察主要从不同年龄段及智力游戏的类型展开阐释。

1. 智力游戏不同年龄班观察要点

不同年龄班幼儿在智力游戏方面的表现各异,教师观察的要点也不一样。因此,作为幼教工作者应熟悉不同年龄班幼儿智力游戏的观察要点。

(1) 小班幼儿智力游戏

小班幼儿处于平行游戏阶段,幼儿之间的交流与合作较少,因此,社会性发展不是小班幼儿智力游戏的观察重点。小班幼儿满足于操纵、摆弄物品等活动,在操纵摆弄中观察、记忆、学习与解决问题,因此,观察小班幼儿智力游戏的重点在于幼儿如何利用玩具材料,如何通过摆弄物体创造性地解决问题。

(2) 中班幼儿智力游戏

中班幼儿的游戏水平有了极大提高,不断拓展游戏空间,他们不但爱玩,而且会玩。因此,观察中班幼儿智力游戏时应首先观察幼儿能否自己选择和规定游戏的主题,寻找不同的玩法,以及他们的游戏能力和游戏积极性如何。其次,中班幼儿的游戏开始进入近似成人的世界,在游戏的观察上,要注意幼儿在游戏中表现的社会性水平,即游戏中幼儿的情况与生活中的实际情况的相似性,关注其在游戏中的表现。最后,智力游戏与其他游戏比较而言,其对智力发展的促进作用更为明显,观察智力游戏要观察幼儿的思维状况,即他们对游戏工具和材料的选择与运用,遇到问题时思考和解决问题的方式等。

(3) 大班幼儿智力游戏

观察大班幼儿,首先要考虑社会互动性,包括幼儿是否有合作意识,是否会选择自己喜欢的玩伴,与同伴一起开展合作性游戏。其次要考虑幼儿对游戏规则的理解程度,是否明白公平及服从集体约定的意见,同时观察其能否向同伴介绍与解释游戏规则。最后要观察大班幼儿在智力游戏中的分类、推理、判断等思维能力,以及敏捷性、灵活性、独创性等思维品质的发展与表现。

2. 不同智力游戏类型评价指标

总体上来说,对幼儿智力游戏进行评价时可以从学习品质、认知经验、社会参与等方面进行评价[①],具体见表4-8。

表4-8　智力游戏评价内容表

评价板块	评价内容	评价维度	发展指向
学习品质	游戏情绪、兴趣、主动性、创造力、快乐体验等	个体维度	喜欢玩 学会玩 只会玩
认知经验	数学经验、语言经验、表征、推理、验证等能力	认知维度	
社会参与	理解、遵守协调规则的能力,与人交流信息、情感的能力,合作竞争的意识与方法等	社交维度	

---

① 卞娟娟. 幼儿益智游戏评价模式的构建与运用[J]. 教育导刊(下半月),2018(05):68—70.

　　不同的智力游戏评价指标会有所差异。评价幼儿智力游戏时应遵循基本的评价内容指标,同时根据不同智力游戏的评价指标进行观察评价。一般情况下,不同智力游戏类型评价指标①如下。

　　(1)小班智力游戏评价指标

　　① 记忆游戏评价指标:

- 喜欢参加记忆游戏,愿意在游戏中互动。
- 认真进行观察,能记住事物的明显特征。
- 在物体的移动与变化中找出物体的原来位置。
- 在规定时间内记忆,并按实物范例指定的数目取出相应数量的物体。

　　② 感官游戏评价指标:

- 愿意用看、听、摸、尝等进行感官游戏。
- 喜欢用感官来做小实验。
- 运用各种感官判断事物的大小、冷热、变化等。
- 能运用感官比较物体间的显著差异。

　　(2)中、大班智力游戏评价指标

　　① 思维游戏评价指标:

- 根据各种信息提示进行积极的思维。
- 理解物体的形态、特征和它们之间的关系。
- 比较正确地对物品进行对应、分类、排序等,能发现差异。
- 进行图片思维并能觉察细节,有初步的推理、归纳、概括能力。

　　② 记忆智力游戏评价指标:

- 细心、专注地观察事物,能把握一个事物、现象的典型特征。
- 尝试运用简单的记忆方法进行记忆游戏。
- 运用记忆的方法了解一些事物简单的因果关系。
- 在一定时间内识记摆放的位置与数量等,能再次识记与判断。

　　③ 计算智力游戏评价指标:

- 喜欢参加计算操作活动。
- 理解生活中时间、空间的关系,并能判断。
- 逐步形成数、量、形之间的关系。
- 能结合计算来解决生活中遇到的实际问题。

　　④ 感官智力游戏评价指标:

- 运用视觉、听觉、触觉和嗅觉等感官进行游戏。
- 主动运用感官感知事物现象,能发现事物变化的原因。
- 能辨识面貌、物体、形态、颜色、细节和景物。
- 能用已有经验尝试解决新问题。

　　⑤ 想象智力游戏评价指标:

- 喜欢想象活动。
- 联系生活经验,大胆进行丰富的想象。
- 运用肢体、动作、建构、绘画等表达自己的想象。
- 根据图片、情节等线索进行合理想象。

（四）　指导与支持幼儿继续开展游戏

1. 基于观察引导幼儿自主开展游戏

　　在这一环节中,幼儿需要在教师基于观察的引导下进一步参与和理解游戏,有难度的游戏可以重复开

---

① 刘国磊.幼儿游戏与指导[M].长春:东北师范大学出版社,2019:148—149.

展,教师逐渐退出,让幼儿真正成为游戏的主人。教师需要结合游戏规则及年龄特点,进行游戏过程的难度设计,体现游戏难度的层次和梯度。如"小班听觉游戏:悄悄话"一共开展了四次,第一次是幼儿示范,第二次是借用传声筒,第三次是用手遮挡,第四次是无实物游戏。教师这时应该给幼儿充分的时间、机会去探索与想象,允许幼儿按照自己的想法游戏。例如,在非洲动物棋的游戏中,点数骰子投放后,幼儿很快就熟悉了玩法,游戏再次变得缺乏挑战性,这时教师把颜色骰子重新放了回来,并鼓励幼儿想一想、试一试两颗骰子怎么玩。在接下来的区域活动中,不断有幼儿来挑战又有新变化的玩具。两颗骰子投放后重新激发了幼儿对这款玩具的兴趣,能够同时关注到颜色和点数两个维度,并相应地移动棋子,游戏过程情绪愉悦,相处融洽。接下来幼儿又有新玩法,掷两颗骰子,选其中一颗移动棋子;我来掷,你来走,非洲动物棋成了幼儿喜欢的"老朋友"。

2. 引导收拾整理游戏材料

智力游戏材料的整理有其特殊性,主要体现在材料摆放有时需要有序、整洁,有时需要打乱顺序。例如,棋类游戏、数学认知游戏的材料需要结束后有序、整洁地摆放回原处;拼图类、排序类的游戏材料需要打乱顺序再进行摆放。因此,教师要引导幼儿养成收拾整理材料的好习惯,引导幼儿了解不同类型智力游戏材料的整理方法,做好收尾工作。

3. 引导幼儿进行分享与交流

分享与交流作为智力游戏的最后环节,教师重点关注的内容应该放在以下3个方面:一是关注学习习惯和学习品质,二是关注规则执行与规则意识的养成,三是关注问题的解决和能力的提升。相对于其他类型的游戏活动,智力游戏对于幼儿学习习惯、学习品质的培养更有优势。因此,在游戏结束后教师可以就幼儿学习品质和学习习惯的养成进行评价,比如教师可以就幼儿游戏中的认真、专注表现评价"××小朋友在玩小猫钓鱼的游戏中非常认真""××小朋友在玩游戏中能克服困难,把那么复杂的拼图都拼完了"。另外,智力游戏作为规则游戏,教师应注意引导幼儿分享与交流游戏中规则的制定与遵守,同时进行评价与交流,以进一步促进幼儿对规则的理解,养成良好的规则意识。此外,智力游戏中问题的解决与能力的提升是分享与交流环节的重点内容,通过分享与交流可以解决幼儿在游戏中遇到的共性问题、重点问题,提升幼儿发现问题、解决问题的能力。

探索四: 观察与记录

扫码观看视频"有趣的套碗",并利用智力游戏观察要点进行观察、分析。

视频 4-6
有趣的套碗

_____

_____

_____

三、任务评价

为了更好地了解学习者开展智力游戏活动的能力,本部分设计了"开展智力游戏活动的评价单"(见表4-9),该评价单由组内自评、组间互评、教师评价三部分构成,按组内自评30%、组间互评30%、教师评价40%的比例确定最终成绩,满分为100分,请根据评价单具体标准进行评价打分。

表 4-9 开展智力游戏活动的评价单

任务小组	班级:		组长:	
	小组名:		小组总得分:	
	组员:			
学习情境	指导智力游戏		学时	

续　表

具体任务	开展智力游戏活动				
评价项目	评价要点	分值	组内自评（30%）	组间互评（30%）	教师评价（40%）
了解材料的玩法和使用方法	能够熟练地介绍游戏材料的玩法与使用方法	20			
自主选择游戏材料开始游戏	能根据幼儿需要引导其自主选择材料	30			
观察与评价开展的智力游戏	能够正确观察记录并结合评价指标分析评价幼儿水平，能够根据评价提出对应的指导策略	30			
根据评价指导继续开展游戏	能够根据观察的结果及建议进行针对性的模拟指导，主要包括适宜的介入、适时退出及经验的总结提升	20			

四、巩固探索

探索五：　分享智力游戏

请你针对自己熟悉的智力游戏向同伴介绍一下该游戏的玩法与规则。

典型工作环节五　反思实施过程

孔子曰："学而不思则罔，思而不学则殆。"对于教师来说，学会反思是尤其重要的。及时的反思，既可以帮助教师更好地指导游戏，也有助于提升教师自身的指导能力。对幼儿智力游戏的开展进行反思，可以进一步优化游戏，引导幼儿在找出问题的基础上，修正错误经验、提出解决策略，进一步提升幼儿的游戏能力以及综合能力的发展。

一、任务描述

反思智力游戏的实施过程可以更好反思对整个典型工作环节的理解，本环节的任务主要是利用反思工具进行反思，具体任务单见表4-10。

表4-10　反思智力游戏实施过程任务单

任务小组	班级：　　　　　　　　　　　　　组名：		
	组长：		
	组员：		
学习情境	指导智力游戏	学时	
具体任务	反思智力游戏实施过程		
任务要求	（1）6～8人为一小组做好分工与合作 （2）充分利用反思工具进行审视与反思 （3）将反思撰写成文		

续　表

工作步骤	注 意 事 项
利用反思工具，进行审视与反思	充分利用《3—6岁儿童学习与发展指南》《幼儿园教育指导纲要（试行）》《幼儿园教师专业标准（试行）》等与幼儿教师职业相关的文件对"指导实施游戏"这一学习情境典型工作环节进行审视和反省，并撰写成文
检查反馈反思，改善与提升反思	组间进行反思的检查反馈

二、主要学习支持

许多幼儿教师都会在不知不觉中进行反思，但是这种反思往往不够深入具体，只是一种初步的想法和感悟，甚至都未得到记录。在指导幼儿智力游戏时，教师应该树立起反思意识，并在班级内营造反思的氛围，只有将这种工作中的反思转变为一种行为习惯，教师的指导能力才能有质的提升。有研究调查发现，"智力游戏中，游戏材料更新慢，幼儿游戏参与度低，教师对于游戏内容指导关注少"[①]。因此，在反思智力游戏过程中教师可以重点就游戏材料的投放、幼儿的参与、教师的指导进行反思。可以反思材料的适宜性、丰富性、更新度，反思幼儿参与的兴趣与欲望、主动性情况，反思指导与介入的适宜性，等等。

三、任务评价

为了更好地了解学习者对指导幼儿智力游戏这一学习情境的掌握情况，本部分设计了"反思智力游戏实施过程的评价单"（见表4-11），该评价单由组内自评、组间互评、教师评价三部分构成，按组内自评30%、组间互评30%、教师评价40%的比例确定最终成绩，满分为100分，请根据评价单具体标准进行评价打分。

表4-11　反思智力游戏实施过程评价单

任务小组	班级：		组长：		
	小组名：		小组总得分：		
	组员：				
学习情境	指导智力游戏		学时		
具体任务	反思智力游戏实施过程				
评价项目	评价要点	分值	组内自评（30%）	组间互评（30%）	教师评价（40%）
利用反思工具，进行审视与反思	能结合《3—6岁儿童学习与发展指南》《幼儿园教育指导纲要（试行）》《幼儿园教师专业标准（试行）》等与幼儿教师职业相关文件对"指导幼儿智力游戏"这一学习情境典型工作环节进行审视和反省	70			
检查反馈反思，完善与提升反思	小组能根据组间的检查与反馈进一步完善与提升反思	30			

---

① 米娜.幼儿园智力游戏开展现状与对策研究[D].东北师范大学硕士学位论文,2014：42.

四、巩固探索

探索六：　智力游戏典型工作环节

以小组为单位概括出教师指导幼儿开展智力游戏的典型工作环节及具体内容。

_____

拓展阅读

相信下列书籍能帮助你更有效地学习本次学习情境的内容。
- ◆ 刘焱.儿童游戏通论[M].北京：北京师范大学出版社,2004.
- ◆ 丁海东.幼儿园游戏组织与指导(第三版)[M].长沙：湖南大学出版社,2019.
- ◆ 杨枫.学前儿童游戏(第二版)[M].北京：高等教育出版社,2014.
- ◆ 区慕洁.儿童智力开发的科学方法[M].北京：北京师范大学出版社,1990.

课后复习

√ 收集：查找资料,摘抄不同年龄班(小班、中班、大班)智力游戏(听觉游戏、视觉游戏、触觉游戏、味觉和嗅觉游戏)优秀方案。

√ 归纳：请小组合作制作一张海报,将幼儿园常见的智力游戏形式呈现出来,要求图文并茂。

√ 实践：请小组合作模拟组织一个智力游戏,主题自选,要求活动流程完整,符合年龄段特点,能应用指导智力游戏介入时机与方法的相关知识。

√ 思考：想一想,如果教师在没有观察幼儿智力游戏情况下就开展游戏的下一个环节,会带来哪些可能的后果呢？

√ 分享：分享自身在本次学习智力游戏典型工作环节中的感悟与疑虑。

应知应会自测

◆ 应知自测

1. 儿童最早玩的游戏类型是(　　)。
    A. 练习游戏　　　　B. 规则游戏　　　　C. 象征性游戏　　　　D. 建构游戏
2. 智力游戏主要的理论基础是(　　)。
    A. 认知发展理论　　B. 多元智能理论　　C. 建构理论　　　　D. 人本主义理论
3. 训练幼儿0~9的数数和认识数字能力属于(　　)。
    A. 音乐游戏　　　　B. 体育游戏　　　　C. 智力游戏　　　　D. 语言游戏
4. 下列哪项不属于智力游戏的组织与指导原则？(　　)。
    A. 选择和编制合适的智力游戏　　　　B. 帮助幼儿构建规则意识
    C. 培养幼儿的游戏策略意识　　　　　D. 教给幼儿游戏的策略
5. 下列哪项不属于智力游戏的类型？(　　)
    A. 观察力游戏　　　B. 记忆力游戏　　　C. 注意力游戏　　　D. 表演游戏

◆ 应会自测

1. 请列出智力游戏的类型。

2. 请列出幼儿智力游戏的年龄特点。

3. 请自定年龄班和内容，自编一则智力游戏。

【设计要点】

（1）智力游戏通常以游戏的形式锻炼幼儿的脑、眼、手等部位，使幼儿获得身心健康。

（2）智力游戏的结构由游戏目的、构思、规则和结构四个部分构成，所以智力游戏的开展过程中，需要有游戏的任务、游戏的玩法、规则、结果等各个环节的说明，教师和家长在组织的时候要注意提醒和说明，对不同年龄幼儿的智力游戏提出不同的要求。

（3）写出游戏名称、游戏目的、游戏准备、游戏方法、游戏规则、适用年龄，可画出游戏场地。

学习情境五　指导幼儿体育游戏

主要学习支持框架

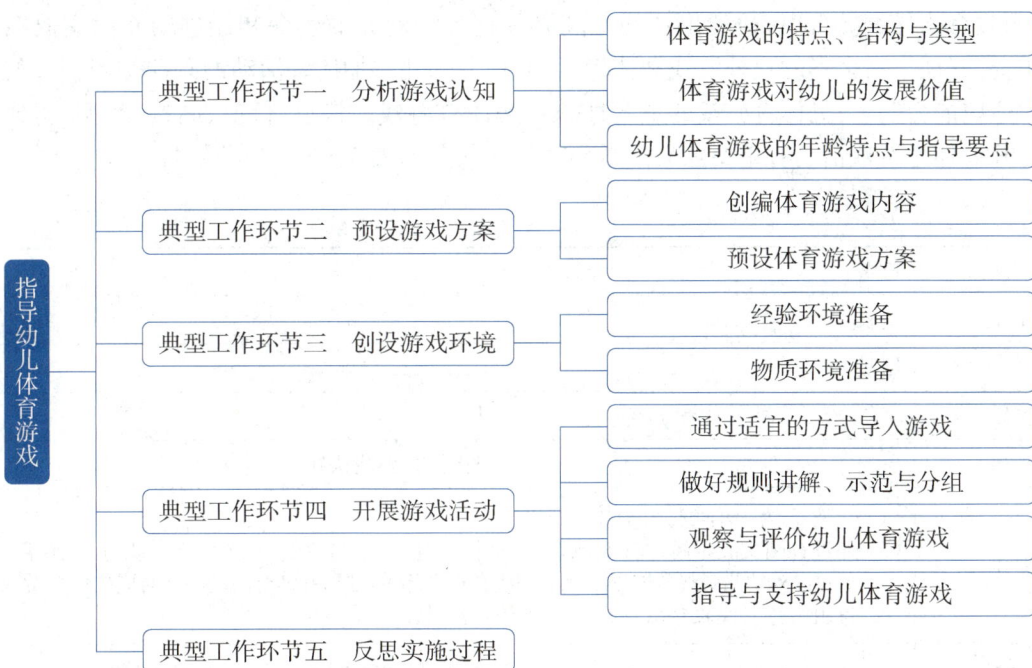

```
指导幼儿体育游戏
├── 典型工作环节一　分析游戏认知
│   ├── 体育游戏的特点、结构与类型
│   ├── 体育游戏对幼儿的发展价值
│   └── 幼儿体育游戏的年龄特点与指导要点
├── 典型工作环节二　预设游戏方案
│   ├── 创编体育游戏内容
│   └── 预设体育游戏方案
├── 典型工作环节三　创设游戏环境
│   ├── 经验环境准备
│   └── 物质环境准备
├── 典型工作环节四　开展游戏活动
│   ├── 通过适宜的方式导入游戏
│   ├── 做好规则讲解、示范与分组
│   ├── 观察与评价幼儿体育游戏
│   └── 指导与支持幼儿体育游戏
└── 典型工作环节五　反思实施过程
```

学习目标导航

知识目标

1. 能说明幼儿体育游戏的特点与结构。
2. 能列举幼儿体育游戏的价值与发展水平。
3. 能理解各年龄段体育游戏的特点与指导要点。

能力目标

1. 能针对小、中、大年龄班体育游戏特点,小组合作模拟进行体育游戏的组织与指导工作。
2. 能结合不同体育游戏类型,如按照器械分类的体育游戏、按照基本动作分类的体育游戏等,小组合作模拟进行体育游戏组织与指导。
3. 能熟悉体育游戏材料的选择与利用,设计体育游戏方案。
4. 能主动获取并整理有关幼儿体育游戏组织与指导的有效信息,乐于展示学习成果,并能对本任务的学习情况以及以往的体育游戏实习工作进行总结与反思。

情感目标

1. 对幼儿体育游戏有正确认识和积极学习的态度,喜欢各类体育游戏。

2. 积极参加模拟组织与指导幼儿体育游戏工作,具备开展幼儿体育游戏的基本素质。

典型工作环节一　分析游戏认知

体育游戏是根据一定的体育任务进行设计,由身体基本动作、情节、角色和规则组成的一种活动性游戏,也可以称为运动游戏。幼儿园体育游戏,是幼儿体育活动中一种主要活动形式,也是幼儿最喜爱的体育活动之一。它是根据幼儿身心发展规律,以各种基本动作为主要内容,以游戏活动为主要形式,以发展幼儿身心为主要目的的一种锻炼活动①。

一、任务描述

《幼儿园教育指导纲要(试行)》指出:"幼儿园必须把保护幼儿的生命和促进幼儿健康放在工作的首位。"幼儿园要"开展丰富多彩的户外游戏和体育活动,培养幼儿参加体育活动的兴趣和习惯,增强体质,提高对环境的适应能力"。可见体育游戏的重要性。了解体育游戏的特点、价值、结构、类型、指导要点等对教师组织与开展体育游戏活动有重要意义。本环节具体任务如表5-1。

表5-1　分析体育游戏认知的任务单

任务小组	班级:		组名:	
	组长:			
	组员:			
学习情境	指导体育游戏		学时	
具体任务	分析体育游戏认知			
任务要求	(1) 6~8人为一小组做好分工与合作 (2) 通过查阅文献了解体育游戏特点、结构、发展水平与价值、年龄特点与指导要点等 (3) 通过深入幼儿园观摩体育游戏活动或者观看相关视频,并结合活动归纳对应的体育游戏认知内容 (4) 每组由一人代表介绍查阅、整理归纳的资料			
工作步骤	注 意 事 项			
查找文献,了解幼儿体育游戏认知内容	(1) 资料获取的形式:电子或纸质 (2) 资料获取的渠道:网络教学平台、教材、电子资源等			
观摩游戏,分析幼儿体育游戏发展状况	(1) 视频的来源:需明确所观察的体育游戏来源,如见习、实习时观察的游戏或是体育游戏视频实录 (2) 视频内容:游戏需涉及体育游戏相关知识点			
整理资料,编制幼儿体育游戏认知思维导图	(1) 整理资料的流程:对搜集所获得的资料进行审查、检验、分类、汇总等初步加工,使之系统化和条理化,并以集中、简明的方式反映幼儿体育游戏认知的过程 (2) 整理资料的要求:具体资料来源标明出处 (3) 思维导图制作要求:全开的海报纸;每个一级主题用不同颜色区分;描述的语言简洁明了			
展示成果,介绍幼儿体育游戏认知思维导图	(1) 现场展示人员要求:每一次展示换一次发言人,保证课程结束后,小组成员均做过发言代表 (2) 现场展示要求:面向所有学生,声音洪亮,逻辑清晰			
反思效果,为幼儿体育游戏认知情况查漏补缺	查漏补缺要求:能够结合其他小组展示查漏补缺			

---

① 杨旭.幼儿园游戏设计与指导[M].上海:复旦大学出版社,2017:94.

二、主要学习支持

（一）体育游戏的特点、结构与类型

了解体育游戏的特点,可以帮助幼儿教师更深入了解体育游戏的实质,为更好指导与支持幼儿体育游戏提供有力的理论基础。

1. 体育游戏的特点

（1）趣味性

趣味性是体育游戏最为显著的特征。幼儿体育游戏趣味性特点主要体现在情节性和竞赛性两方面。幼儿体育游戏带有一定的情节、角色及竞赛,这些符合幼儿爱模仿、好扮演及争强好胜的心理,吸引着幼儿参与到体育游戏中。例如,中班幼儿玩"小马运粮"游戏,让幼儿穿上"马蹄",形象生动、富有趣味性,幼儿更容易进入游戏的情境,在穿越不同障碍的同时,锻炼了幼儿走、跑、钻、平衡等综合技能。

（2）健康性

《幼儿园教育指导纲要(试行)》指出:幼儿园要"开展丰富多彩的户外游戏和体育活动,培养幼儿参加体育活动的兴趣和习惯,增强体质,提高对环境的适应能力"。体育活动之所以成为幼儿教育任务当中最重要的内容,是因为它是保护和促进幼儿身心健康的重要途径和手段。幼儿体育游戏是幼儿园体育活动的主要形式,是完成幼儿园体育工作的主要途径和重要方式。体育游戏可以有效提高幼儿对身体锻炼的兴趣,帮助幼儿掌握基本动作技能技巧,促进幼儿身体健康发展。

（3）活动性

活泼好动是幼儿的天性,体育游戏是以走、跑、跳、爬、攀登、投掷、平衡等基本动作为主要内容的体育活动,较好地满足了幼儿的活动性要求。各个年龄段的幼儿基本动作发展程度不一样,因此,他们在游戏中所能完成的"任务"有着较大的差异。例如:小班的"运西瓜"游戏,目标是幼儿学习合作,练习两人同时侧走的基本动作;中班的"运西瓜"游戏则是在两人合作的同时,添加了钻"山洞"的内容,练习幼儿走、钻的动作;大班的"运西瓜"游戏可以由幼儿独立完成,幼儿挑着扁担,将两个筐里分别放上西瓜,钻"山洞"、跨过小桥、走过木桩完成游戏,在游戏中幼儿练习了钻、平衡、跨越等动作。

2. 体育游戏的结构

体育游戏的结构包括游戏动作、游戏方式、游戏情节、游戏规则、游戏条件等,通过案例小班体育游戏"小乌龟运粮食"[1]说明,如表5-2。

表5-2　体育游戏结构

体育游戏的结构		小班体育游戏:小乌龟运粮食
游戏动作		幼儿爬的基本动作
游戏情节		乌龟宝宝运"粮食"到河对岸的小熊家
游戏方式	游戏组织形式	全班幼儿分成四组
	练习方式	集体模拟练习、分组竞赛练习
游戏规则		幼儿背着不同颜色的"粮食"经过小山坡、草地、小桥,把"粮食"放进相应颜色的筐子里
游戏条件		准备好的"粮食",提前布置"小山坡""小桥""草地"等,并给予充足的游戏时间

（1）游戏动作

研究发现,幼儿主要将游戏动作内容、动作的一致性作为他们判断游戏的依据[2]。幼儿体育游戏的动

---

① 李丽,邓益云.幼儿游戏活动设计与案例:视频指导版[M].北京:人民邮电出版社,2018:66.
② 李春良.基于儿童视角的游戏观研究——以武汉市A园5—6岁大班幼儿为例[D].华中师范大学硕士学位论文,2016:39.

作主要包含发展基础运动能力的动作、简单的运动动作、体育游戏本身特有的动作、模拟动作和简单的舞蹈动作、生活动作五类,相关动作例子如表5-3。作为幼儿教师,应该熟悉幼儿体育游戏动作,为组织与指导体育游戏做准备。

表5-3　游戏动作

体育游戏动作类型	体育游戏动作举例
发展基础运动能力的动作	走、跑、跳、钻爬、投掷、平衡、攀登等
简单的运动动作	球类、体操等运动项目的基本动作
体育游戏本身特有的动作	丢沙包、踢毽子、跳皮筋、夹包等游戏动作
模拟动作和简单的舞蹈动作	模拟动物动作,模拟植物造型如不同类型的花,走步、碎步、跑跳步、踢后腿等舞蹈动作
生活动作	穿衣、梳头、扫地等生活动作

（2）游戏情节

体育游戏情节的构思主要以游戏动作和活动方式的特点为依据,是活跃的结构成分。体育游戏情节区别于角色游戏与表演游戏的情节,主要是从调动游戏人的积极性和对游戏人进行教育出发,增加游戏的趣味性,吸引幼儿参与到体育游戏活动中。例如,在练习双脚跳时可以设计成"袋鼠"跳的情节,在练习爬的动作时可以设计成"熊猫"觅食的情节等。

（3）游戏方式

游戏方式是指游戏的组织活动和练习方法,是实现游戏教育任务的途径。体育游戏的组织活动包括队形、分队和角色分配、启动和结束活动。体育游戏的队形根据体育游戏动作、练习方法、角色分配情况、游戏人数、场地、器械条件、玩法、指导需要等因素设定,如站成圆圈队形、站成平行线队形、站成品字队形等;分队和角色分配由分配人、决定分配人的方法和分配的方式等因素组成;启动活动和结束活动是由发出信号人、启动信号、接收信号、结束信号和游戏者结束活动等活动组成,其中信号可以是视觉信号、听觉信号、触觉信号、综合信号等。例如:在"接力营救大熊猫"体育游戏中利用摇彩旗视觉信号启动组间活动;利用哨音听觉信号说明"帮蚂蚁运粮"的游戏时间到,看看哪些小组搬运的粮食最多;利用击掌动作触觉信号表示已经完成任务等。游戏练习方法由重复做规定动作的活动和有一定教育目的的附加措施两部分构成,是决定游戏效果的重要因素。常用的练习方法有竞赛法、模拟法、循环练习法和条件练习法等,可采用同时练习和随机练习两种练习顺序[①]。

（4）游戏规则

游戏规则是指对游戏动作的规定和约束。规则是游戏顺利开展并对幼儿保持吸引力和挑战性的必要保证,也是评定幼儿游戏结果的根本标准,特别是竞赛形式的体育游戏中,游戏规则有时直接决定了幼儿的胜负。

（5）游戏条件

游戏条件是指体育游戏赖以进行的物质条件,包括玩具、场地、器械等。玩具在体育游戏中具有双重性质,它既是物质条件,又是动作对象。游戏场地是游戏活动的必要条件,它对锻炼身体的效果、动作性质和活动方式都有直接的影响。

3. 体育游戏的类型

体育游戏种类繁多,主要有以下几种。按其活动内容,幼儿体育游戏可分为走、跑、爬、攀登、投掷、平衡等游戏;按使用器材的不同,幼儿体育游戏分为不持器械的徒手游戏和持轻器械游戏;按其活动的形式,可分成接力游戏、追拍游戏、争夺游戏、角力游戏和猜摸游戏等;按游戏组织形式,幼儿体育游戏可分为自主体育游戏和体育教学游戏;按其有无情节之别,分成主题游戏和无主题游戏;按游戏对发展身体素质

---

① 梁周全,尚玉芳. 幼儿游戏与指导[M]. 北京:北京师范大学出版社,2011:171.

的作用分类,可分为发展速度的游戏、发展灵敏度的游戏、发展力量的游戏、发展平衡性的游戏和发展耐力的游戏;按游戏的人数分类,可分为单人游戏、双人游戏和集体游戏等。本书主要对前四种进行介绍。

（1）按照活动内容分类

① 走的游戏。走的游戏主要目的是锻炼幼儿行走的能力。幼儿在游戏情境中完成沿直线走、沿曲线走（见图5-1）、蹲着走（见图5-2）、侧走、慢走、快走等一系列动作,从而锻炼幼儿腿部肌肉,提高幼儿的行走能力,适合小班幼儿。例如,运军粮、巨人走、送礼物等游戏。

图5-1　沿曲线走

图5-2　蹲着走

② 跑的游戏。跑的游戏主要目的是锻炼幼儿跑的能力。幼儿在游戏情境中完成大步跑（见图5-3）、小步快跑（见图5-4）、冲刺、追捉、躲闪等一系列动作,以提高幼儿动作的敏捷性。例如,运送伤员、躲避炸弹、揪尾巴、撕名牌等游戏。

图5-3　大步跑

图5-4　小步快跑

③ 跳的游戏。这种游戏主要目的是锻炼幼儿跳跃的能力。幼儿在游戏情境中完成并腿跳、蛙跳、单脚跳、朝某一方向跳等一系列动作,以发展幼儿的腿部力量及肌肉掌控能力。小班幼儿以模仿动物跳为主,例如学小兔子并腿跳、学青蛙跳;而中、大班更多强调动作的技术性,如单腿跳、跳台阶等具有一定难度的跳跃游戏,例如兔子跳（见图5-5）、袋鼠跳（见图5-6）、跳房子、小猴过河、跳水运动员等。

图5-5　兔子跳

图5-6　袋鼠跳

④ 投掷游戏。投掷游戏主要锻炼幼儿的投掷能力。幼儿在游戏情境中,努力完成朝某一方向投掷的动作,以发展手部力量,提高投掷的准确性与力量性。例如,超级投弹手、羽毛飞上天、小小投球手、玩飞碟(见图5-7)、投壶(见图5-8)等游戏。

图5-7 玩飞碟

图5-8 投壶游戏

⑤ 钻的游戏。钻的游戏主要目的是锻炼幼儿钻的能力。幼儿在游戏情境中,完成钻圆圈、钻桥洞等一系列动作,以锻炼幼儿的身体协调能力。例如,地道战、小红军过草地(见图5-9)、小熊钻山洞(见图5-10)、过拱门等游戏。

图5-9 小红军过草地

图5-10 小熊钻山洞

⑥ 爬行游戏。爬行游戏主要目的是锻炼幼儿爬的能力。幼儿在游戏情境中,完成向前、向后、直线、曲线爬等一系列动作,以锻炼幼儿腿部肌肉,提高幼儿的爬行能力。例如,毛毛虫爬爬爬、小蚂蚁学本领、蜈蚣爬、小红军运粮(见图5-11)、爬迷宫(见图5-12)等游戏。

图5-11 小红军运粮

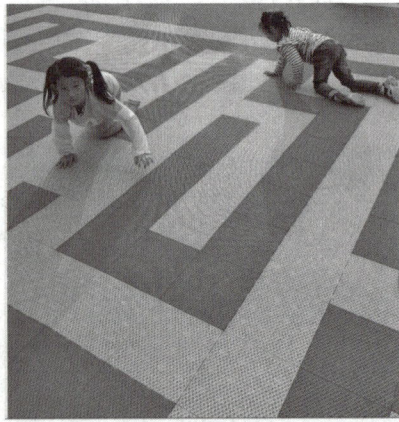

图5-12 爬迷宫游戏

⑦ 平衡游戏。平衡游戏主要目的是锻炼幼儿的平衡能力。幼儿在游戏情境中完成走平衡木、沿直线

走、单腿跳等一系列动作,以锻炼幼儿身体协调能力。例如,走独木桥(见图 5-13)、小小杂技员、开火车(见图 5-14)、抬花轿等游戏。

图 5-13　走独木桥

图 5-14　开火车

此外,攀登游戏也是幼儿园常见的发展基本动作的游戏。攀登游戏是指幼儿在游戏情境中,通过两手两脚交替向上攀登的游戏。常见的有攀登网、攀登梯子(见图 5-15)、攀登墙(见图 5-16)等。

图 5-15　攀登梯子

图 5-16　攀登墙

(2) 按其使用器械的不同分类

① 不持器械的徒手游戏。不持器械的徒手游戏是指不使用器械开展的体育游戏,如斗鸡游戏、萝卜蹲游戏、黏泡泡糖游戏、小猫网鱼的游戏等。

② 持轻器械的游戏。持轻器械的游戏是指幼儿持球、棒、沙包、绳等轻器械开展的体育游戏,如赶小猪游戏、小刺猬运水果游戏、运球游戏(见图 5-17)、踢纸球游戏、运粮游戏(见图 5-18)等。

图 5-17　运球游戏

图 5-18　运粮游戏

（3）按其活动形式分类

① 接力游戏。接力游戏是以接力的活动形式进行的各种走跑、跳跃、投掷、攀爬和球类等项目的分组竞赛类体育游戏。

② 追拍游戏。追拍游戏是幼儿在游戏中追拍其他游戏或球，训练幼儿奔跑及反应能力的竞争游戏。

③ 争夺游戏。争夺游戏是为了争夺一定的物品或位置进行的斗智比速游戏，在球类游戏中应用得比较多。

④ 角力游戏。角力游戏是幼儿相互比较力量，斗智斗勇的对抗性游戏，分为双人角力或多人分组角力游戏，如拔河。

⑤ 猜摸游戏。猜摸游戏是幼儿在游戏中蒙住眼睛，利用听觉、触觉、平衡觉等进行运动或猜物的游戏。

（4）按游戏组织形式分类

① 自主体育游戏。自主体育游戏是以幼儿为主，幼儿自定运动形式、自选运动器械、自由组合玩伴的自主性游戏活动。

② 体育教学游戏。体育教学游戏是以教师为主，为完成一定的教学目标而组织的教学性游戏活动。

（二）体育游戏对幼儿的发展价值

开展体育游戏对幼儿身体发展、意志品质、认知及社会性发展有一定的价值。

1. 促进幼儿身体发育及动作的发展

幼儿通过参与体育游戏，可以促进身体各器官及系统生理机能的锻炼与完善；在游戏中发展与完善其走、跑、跳、爬、攀登、投掷、平衡等基本动作；加强其速度、力量、耐力、协调等基本活动能力，进而提高幼儿的身体素质。例如，在中班体育游戏"袋鼠跳"的活动中，幼儿通过参与游戏活动发展与完善自身"跳"与"滚"的基本动作，同时增强其身体的协调性和灵活性。

2. 促进幼儿社会性及意志品质的发展

幼儿体育游戏是规则性游戏，游戏规则贯穿游戏的整个过程，是多人参与的社会性游戏。幼儿之间的相互联系和相互交往是幼儿个性发展和社会化发展的基础，在体育游戏的过程中，教师有目的地通过多种方法，利用游戏规则和玩法引导幼儿参与活动，相互交往。在游戏过程中幼儿参与规则的制定与执行，学会摆脱"自我中心"完成游戏任务，同时丰富与发展幼儿勇敢、坚持、克制、镇定、克服困难、责任感等意志品质。比如，大班幼儿玩"毛毛虫游戏"，要求4～8个幼儿一组，一个接一个蹲着向前进，教师创设相应的情境，让幼儿以竞赛的形式进行游戏，这能促进幼儿间交流、合作的能力。在前进过程中，同组的幼儿只有步伐统一，才能有效率地完成任务。这需要幼儿间相互沟通，达成一致意见，才能齐心协力到达终点。因此，幼儿体育游戏能促进幼儿社会性及意志品质的发展。

3. 促进幼儿认知的发展

体育游戏在活动中促进大脑的发展，为幼儿智力发展提供物质基础，同时体育游戏在促进幼儿思维能力、想象力、创造力等认知方面的发展有着重要的作用。体育游戏不仅是体力比拼也是智力的大比拼。例如，在体育游戏"一物多玩——有趣的皮筋"中，除了可以发展幼儿下肢力量及身体平衡力之外，还可以促进幼儿想象力的发展，创新皮筋新玩法。皮筋可以变成障碍，锻炼幼儿双脚跨跳能力；皮筋可以变成交叉山洞，让幼儿钻来钻去；皮筋可以变成跳绳，让幼儿跳一跳。在这个过程中，幼儿的体力得到提升，想象力与创新能力也得到了激发。体育游戏和其他游戏一样是幼儿认识世界的有效手段。例如，在"掉不下的报纸"的游戏中，幼儿通过游戏发现风的阻力，可以不让报纸从身上掉落。

（三）体育游戏年龄特点与指导要点

不同年龄班的幼儿，体育游戏的发展水平、层次会有所不同。教师在组织与指导体育游戏时，要基于幼儿各年龄段体育游戏身心发展特点选择不同的侧重点。不同年龄班幼儿体育的基本要求不同，具体如表5-4。

表 5-4　不同年龄段幼儿体育基本要求

项目	小班	中班	大班
内容动作	内容简单,动作简单	内容开始复杂,喜欢有情节的游戏和追逐性的游戏	喜欢竞赛性游戏及内容丰富,将体力与智力相配合的游戏,动作增多,难度增大
情节	简单	复杂性增强	较复杂
角色	少,多为幼儿熟悉的角色	增多	较多,与情节的关系更复杂
规则和要求	简单,不带限制性	较复杂,带有一定的限制性	较复杂,限制性较强
结果	幼儿不太注意	幼儿有所注意	喜欢有胜负结果
活动方式	集体做一种动作,共同完成一项任务	出现合作性的游戏	合作性游戏增多,增加了组与组的合作

1. 小班体育游戏

年龄特点:小班幼儿的体力较弱,身体的基本活动能力较差;活动量较小,动作不够灵敏、平稳、协调;思维活动具体形象,爱好模仿,多是玩有具体情节和角色的游戏,情节较单一,角色不多,通常为熟悉角色,主要角色由教师担任;自我控制的能力较差,注意力不易集中,游戏规则简单,一般不带限制性;不注重游戏结果,胜负意识较弱。

指导要点:根据小班年龄特点应该选择活动量小、动作简单、内容情节具体、规则明确易执行、角色简单并为儿童熟悉的体育游戏活动。教师可以引导幼儿学习一些基本动作,鼓励幼儿根据自己的想象模仿一些简单的动作,如学习兔子跳的动作;同时引导幼儿了解游戏规则,如只能轻轻地跳,不能跑。

2. 中班体育游戏

年龄特点:中班幼儿在体力、智力以及社会性方面都有明显的发展,体力有所增强,动作比以前显得灵活、协调;喜欢情节较复杂的游戏或活动量较大的追逐性游戏;游戏角色有所增多,喜欢担任主要角色;增加情节复杂的游戏;注意力比较集中,具有一定的自我控制能力,游戏规则有限制性;初步学会了与同伴友好合作,开始关注游戏结果,喜欢自己获胜。

指导要点:中班可适当增加活动量,增加对基本动作的知识和训练;选择内容情节多样、规则更为复杂和严格、角色增多并利于两人或小组合作的体育游戏活动。在小班基本动作基础上增加难度,如从学习青蛙跳的动作到学习青蛙捉害虫的动作;增加对规则的认识,如在"青蛙跳"的体育游戏中,幼儿要知道的规则是"青蛙要跳在荷叶上,跳到终点返回,必须站在起点线后,必须与下一个幼儿击掌后才开始"。

3. 大班体育游戏

年龄特点:大班幼儿身体的基本活动能力已发展较好,体力较充沛,游戏的活动量增大;动作增多、难度加大,更加灵敏、协调;游戏角色和情节的关系可以更加复杂;喜欢竞赛性的游戏及需要体力与智力相结合的游戏;知识范围扩大,理解能力有所发展,有较强的自制力,游戏规则更为复杂,限制性更强;有一定的责任感和集体观念,相互合作的能力有所提高,重视游戏结果,喜欢有胜负结果的体育游戏。

指导要点:应该选择活动量和动作难度大、内容情节丰富、规则复杂、角色多样的合作性体育游戏活动。例如"小红帽到外婆家",可以先让幼儿了解故事中的小红帽要经过一座小桥,到大山下面,打大灰狼,钻过山洞,才能到达外婆家,游戏中可以进行一些基本动作练习,如钻、投等,同时强调规则和动作的规范性。

三、任务评价

为了更好地了解学习者对体育游戏相关知识与能力的掌握情况,本部分设计了"分析体育游戏认知的评价单"(见表 5-5),该评价单由组内自评、组间互评、教师评价三部分构成,按组内自评 30%、组间互评 30%、教师评价 40% 的比例确定最终成绩,满分为 100 分,请根据评价单具体标准进行评价打分。

表5-5 分析体育游戏认知的评价单

任务小组	班级：			组长：		
	小组名：			小组总得分：		
	组员：					
学习情境	指导体育游戏			学时		
具体任务	分析体育游戏认知					
评价项目	评价要点	分值	组内自评（30%）	组间互评（30%）	教师评价（40%）
查找文献	能多途径获取幼儿体育游戏认知相关内容,资料信效度高	20			
观摩游戏	能结合观摩的游戏分析体育游戏的特点、指导要点及价值等内容	20			
整理资料	能将相关体育游戏认知归纳成思维导图,事项齐全,内容丰富	40			
展示成果	展示时能准确表达、汇报成果,条理清晰、组织有序、气氛活跃	10			
反思效果	反思内容具有针对性,表述清晰	10			

四、巩固探索

探索一： 体育游戏年龄特点

以组为单位,收集小、中、大班体育游戏案例,并分享交流,指出各年龄段体育游戏的发展特点。

_____

_____

_____

_____

典型工作环节二　预设游戏方案

在前面我们提到过,按组织形式,幼儿体育游戏分为自主体育游戏和体育教学游戏。自主体育游戏强调的是幼儿为主,自主地开展游戏,教师预设的程度较低。因此,本书中的预设的体育游戏方案主要是围绕体育教学游戏展开。体育教学游戏方案设计要点包括目标的设计、内容的选择、过程的设计等方面。

一、任务描述

本环节的主要任务是首先创编体育游戏内容,接着预设体育游戏方案的,再次展示体育游戏方案,最后通过反思方案查漏补缺(见表5-6)。

表 5-6　预设体育游戏方案的任务单

任务小组	班级：			组名：	
	组长：				
	组员：				
学习情境	指导体育游戏		学时		
具体任务	预设体育游戏方案				
任务要求	(1) 6～8 人为一小组做好分工与合作 (2) 结合见习、实习和幼儿园游戏观摩活动,撰写一份详细的体育游戏方案,包含游戏目标、游戏准备、游戏过程、游戏延伸等内容 (3) 每组由一人代表介绍小组的体育游戏方案				
工作步骤	**注 意 事 项**				
创编体育游戏内容	根据年龄特点、幼儿园玩具及设施条件创编内容				
预设体育游戏方案	(1) 游戏目标撰写要求：参照教学活动三维目标撰写 (2) 游戏准备撰写要求：包括经验准备与物质准备 (3) 游戏过程撰写要求：能够按照目标设计过程 (4) 书写规范性：格式规范,层级标题清晰				
展示体育游戏方案	(1) 现场展示人员要求：每一次展示换一次发言人,保证课程结束后,小组成员均做过发言代表 (2) 现场展示要求：面向所有学生,声音洪亮,逻辑清晰				
反思方案查漏补缺	查漏补缺要求：能够结合其他小组展示查漏补缺				

二、主要学习支持

（一）创编体育游戏内容

有研究者提出体育游戏创编的步骤与方法主要包括：明确游戏目的、选择游戏动作、构思游戏结构、设计游戏情节、制定游戏规则、确定游戏名称[①]。本部分主要从明确幼儿体育游戏目的、选择幼儿体育游戏动作、构思幼儿体育游戏结构、设计体育游戏细节、制定体育游戏规则这五个方面进行阐述。

1. 明确幼儿体育游戏目的

明确幼儿体育游戏目的,即明确设计的体育游戏需要练习的动作、发展的能力,需要增强的身体素质。而游戏目标是实现体育游戏目的的具体化,不同年龄班幼儿体育游戏目标可参考《3—6 岁儿童学习与发展指南》动作发展目标 1 与目标 2。目标 1 是具有一定的平衡能力,动作协调、灵敏；目标 2 是具有一定的力量与耐力,如表 5-7。

表 5-7　体育游戏动作各年龄阶段目标

幼儿年龄	体育游戏动作目标	
	目标 1：有一定的平衡能力,动作协调、灵敏	**目标 2：具有一定的力量与耐力**
小班 (3～4 岁)	1. 能沿地面直线或在较窄的低矮物体上走一段距离 2. 能双脚灵活交替上下楼梯 3. 能身体平稳地双脚连续向前跳 4. 四散跑时能躲避他人的碰撞 5. 能双手向上抛球	1. 能双手抓杠悬空吊起 10 秒左右 2. 能单手将沙包向前投掷 2 米左右 3. 能单脚连续向前跳 2 米左右 4. 能快跑 15 米左右 5. 能行走 1 公里左右(途中可适当歇歇、停停)

---

① 杨枫.学前儿童游戏(第二版)[M].北京：高等教育出版社,2014：125—126.

续　表

幼儿年龄	体育游戏动作目标	
	目标1：有一定的平衡能力，动作协调、灵敏	目标2：具有一定的力量与耐力
中班（4～5岁）	1. 能在较窄的低矮物体上平稳地走一段距离 2. 能以匍匐、膝盖悬空等多种方式钻爬 3. 能助跑跨跳过一定距离，或助跑跨跳过一定高度的物体 4. 能与他人玩追逐、躲闪跑的游戏 5. 能连续自抛自接球	1. 能双手抓杠悬空吊起15秒左右 2. 能单手将沙包向前投掷4米左右 3. 能单脚连续向前跳5米左右 4. 能快跑20米左右 5. 能连续行走1.5公里左右（途中可适当停歇）
大班（5～6岁）	1. 能在斜坡、荡桥和有一定间隔的物体上较平稳地行走 2. 能以手脚并用的方式安全地爬攀登架、网等 3. 能连续跳绳 4. 能躲避他人滚过来的球或扔过来的沙包 5. 能连续拍球	1. 能双手抓杠悬空吊起20秒左右 2. 能单手将沙包向前投掷5米左右 3. 能单脚连续向前跳8米左右 4. 能快跑25米左右 5. 能连续行走1.5公里以上（途中可适当停歇）

2. 选择幼儿体育游戏动作

游戏动作是幼儿体育游戏的主体结构。教师要根据幼儿体育游戏目的与目标、幼儿生理与心理特点、幼儿年龄特点、幼儿个体差异选择合适的动作。例如，不同年龄段的幼儿所喜欢的游戏会有所差异，3～4岁幼儿喜欢模仿动物的动作，比如模仿蝌蚪水里游，模仿燕子飞，模仿鸭子走路，模仿青蛙跳；而5～6岁幼儿更喜欢玩球类游戏、追赶游戏等有竞争成分的体育游戏。因此，选择体育游戏动作时要考虑幼儿的年龄特点，选择合适的玩具与器械配合游戏动作。

3. 构思幼儿体育游戏结构

体育游戏结构的构思主要指游戏情节和活动方式的构思。体育游戏情节的构思要基于幼儿年龄特点，通过事件提炼法、故事借鉴法、角色衍生法、器械相关法、知识模拟法、主题串联法，围绕兴趣点展开设计[①]。

事件提炼法，指根据现实生活事件提炼游戏主题素材，构思游戏情节的方法。例如，疫情期可以设计打败病毒的体育游戏；冬奥会期间可以设计运动项目游戏；幼儿喜欢模仿开汽车，也可以作为构思情节的重要线索。

故事借鉴法，即根据故事内容构思游戏情节，通过直接借鉴或创编故事情节以故事表演为游戏表现形式的方法。例如，改编《小红帽》的故事，让幼儿跨越障碍战胜大灰狼才可以到外婆家。

角色衍生法，是根据游戏动作和活动方式特点，选择相关或相似的事物作为游戏角色，从而衍生出某种游戏情节的方法。例如，利用袋鼠、青蛙、兔子作为游戏角色，衍生"袋鼠快跑""青蛙捉虫""兔子采蘑菇"等游戏情节，开展双脚跳的体育游戏。

器械相关法，是根据游戏使用器械的特点来构思游戏情节的方法。例如，在不同年龄班开展不同的与绳子相关的体育游戏。具体案例如表5-8。

表5-8　与绳子相关的体育游戏[②]

	小班	中班	大班
绳子	1. 用绳子摆图形 2. 用绳子钓鱼 3. 用绳子摆十字跳 4. 从绳子底下钻 5. 双手握绳两端 6. 绳子放背后去"揪尾巴" 7. 向上抛绳子 8. 在绳子上走	1. 利用绳子单脚跳 2. 双脚跳绳子 3. 跨跳过绳子"小沟" 4. 摘绳子上的"桃子" 5. 绳子夹在两腿间，进行"骑马" 6. 用绳"拉锯"	1. 立定跳过绳子 2. 单人、双人、多人花样跳绳 3. 拉绳进洞 4. 拔河 5. 跨过绳子海浪 6. 绳子拉直，左右轮换跳 7. 赤脚在粗绳上走

① 杨枫. 学前儿童游戏（第二版）[M]. 北京：高等教育出版社，2014：127—128.
② 李丽，邓益云. 幼儿园游戏活动设计与案例：视频指导版[M]. 北京：人民邮电出版社，2018：74.

知识模拟法,是根据一定的社会与自然知识,用模拟知识点的手法构思游戏的情节,让幼儿通过游戏活动掌握相关知识的方法。例如,利用光影的知识点构思情节玩"踩影子"追赶游戏。

主题串联法,即围绕某个给定的主体构思游戏情节,通过与主题相关的多个活动将多种游戏动作整合在一起,从而达到促进幼儿全面发展的教育目的。例如,根据教学主题"好玩的绳子"开展相关的体育游戏,像"跳绳子""爬绳子""拉绳子"。

需要考虑幼儿年龄特点选择活动组织方式与练习方法。例如,在抱团游戏中选择站成一圈的队形,再根据口令喊出的数字团抱在一起,以锻炼幼儿的反应能力。

4. 设计体育游戏细节

这部分主要是对游戏中的细节部分进行设计。例如,信号发动的方式、队形的选择、角色的分配等。

5. 制订体育游戏规则

规则是游戏进行的保证,尤其是规则类游戏。规则应根据不同年龄特点制定,比如大班幼儿可以自主制定规则,小、中班幼儿可以在教师的协助下建立规则,同时根据游戏的进程及时调整游戏规则。

（二）预设体育游戏方案

体育游戏方案的预设主要包含游戏名称、设计意图、游戏目标、游戏准备、游戏过程、游戏延伸等内容,详见案例"中班体育游戏:小袋鼠运玩具"。

案例	中班体育游戏:小袋鼠运玩具

设计意图

《3—6 岁儿童学习与发展指南》指出:"开展丰富多样、适合幼儿特点的各种身体活动,如走、跑、跳、攀、爬等,鼓励幼儿坚持下来,不怕累。"在晨间锻炼及日常生活中发现幼儿对袋鼠跳很感兴趣。为了激发幼儿参与利用下肢夹东西的兴趣,充分利用幼儿对袋鼠的兴趣,设计了"小袋鼠运玩具"的游戏,旨在让幼儿积极参加,练习把物品夹在下肢不同位置进行跳跃,让幼儿感受挑战成功后的快乐。

游戏目标

(1) 知道小袋鼠运玩具时所夹的位置哪里比较合适。（重点）

(2) 练习把物品夹在下肢不同位置进行跳跃。（难点）

(3) 积极参与"小袋鼠运玩具"的游戏,体验挑战成功后的快乐。

游戏准备

经验准备:玩过袋鼠跳的游戏。

物质准备:沙包若干(数量是幼儿人数的 3～4 倍),呼啦圈 4 个;

场地布置如下图:将呼啦圈分别放在场地的四个角当作袋鼠的家,沙包放在玩具店的位置。

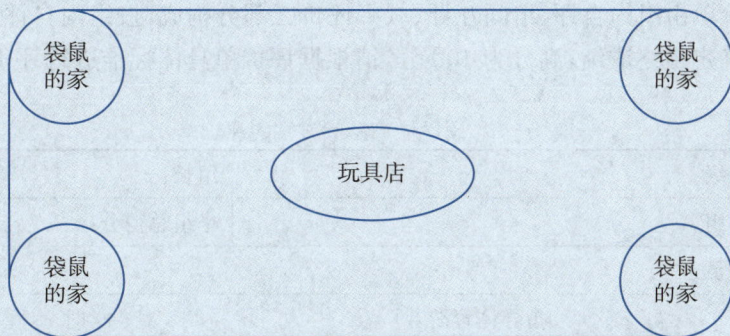

游戏过程

1. 教师带领幼儿手拿布袋站成圆圈做热身运动

指导语:小朋友们,我们一起跟着音乐学小袋鼠跳起来吧!

2. 小袋鼠自由探索下肢夹沙包跳的方法

指导语：小袋鼠的跳跃今天有加大难度，需要夹着沙包跳，你们试着玩一玩，看看夹在哪里跳最合适。

请幼儿展示自己探索出的夹沙包方法，与其他幼儿一起玩。

指导语：小袋鼠们，你们刚才是怎么玩的？展示给我们看看吧！

3. 教师带领幼儿扮演成小袋鼠开展运玩具游戏

(1) 创设情境，吸引幼儿用双腿或双脚夹物。

教师：森林里的一家玩具店要开业了，可以送很多玩具给袋鼠宝宝们。但是每次小袋鼠只能带回一个玩具，并且只能把玩具夹在下肢跳回家。

(2) 教师介绍游戏玩法及规则。

玩法：1分钟内，小袋鼠从家里用双脚跳到玩具店，拿一个玩具(沙包)，尝试用双脚或双腿的任何位置夹住，再双脚并拢跳回家。

规则：沙包可以夹在下肢的任何位置，如脚尖夹、脚跟夹、膝盖夹、大腿内侧夹、小腿内侧夹，整个过程不可以用手辅助；跳跃时双脚并拢，同时落地。

(3) 小袋鼠闯关比赛。

指导语：现在小袋鼠们共有4个家，我们进行比赛，看看哪一组小袋鼠运的玩具最多！如果没有双脚夹住玩具往回跳，那么玩具店老板会去要求小袋鼠重新来。

教师观察与指导要点：

在幼儿自由探索夹玩具的方法时，注意引导幼儿讨论总结或请不同的幼儿示范，促进幼儿之间的相互学习。

幼儿用下肢夹东西时，观察他们能否双脚并拢，引导幼儿每次尝试用不同位置夹包。

4. 收拾整理，评价小结

(1) 师幼共同收拾，整理布袋。

(2) 教师评价幼儿在游戏中的表现。

游戏延伸

将呼啦圈和沙包投放到体育区中，让幼儿在袋鼠游戏情境中探索出更多的玩法。

三、任务评价

为了更好地了解学习者预设体育游戏方案能力的掌握情况，本部分设计了"预设体育游戏方案的评价单"(见表5-9)，该评价单由组内自评、组间互评、教师评价三部分构成，按组内自评30%、组间互评30%、教师评价40%的比例确定最终成绩，满分为100分，请根据评价单具体标准进行评价打分。

表5-9 预设体育游戏方案的评价单

任务小组	班级：		组长：	
	小组名：		小组总得分：	
	组员：			
学习情境	指导体育游戏		学时	
具体任务	预设体育游戏方案			

评价项目	评价要点	分值	组内自评 （30%）	组间互评 （30%）	教师评价 （40%）
创编体育游戏内容	（1）动作设计符合目的与目标 （2）游戏情节和活动方式符合幼儿兴趣和认知特点 （3）游戏规则切实可行	25			
预设体育游戏方案	（1）游戏目标符合年龄特点、体育游戏目标要求 （2）游戏准备丰富、全面 （3）游戏过程清晰明了，有操作性	45			
展示体育游戏方案	（1）展示时能准确表达、汇报成果 （2）游戏方案撰写规范、整洁	15			
反思方案查漏补缺	能结合其他小组的展示反思并查漏补缺	15			

四、巩固探索

探索二：　设计体育游戏方案

以小组为单位，为中班幼儿设计发展"钻爬"动作能力的体育游戏方案。

_____

_____

_____

_____

_____

典型工作环节三　创设游戏环境

良好的体育游戏环境包括体育游戏赖以进行的物质环境，如体育游戏材料、场地、时间等，也包括幼儿开展体育游戏前所具备的经验准备。

一、任务描述

本环节以前面预设的体育游戏方案作为基础，根据预设游戏方案的要求创设游戏环境，详见表5－10。

表5－10　创设体育游戏环境的任务单

任务小组	班级：		组名：	
	组长：			
	组员：			
学习情境	指导体育游戏		学时	
具体任务	创设体育游戏环境			
任务要求	（1）6～8人为一小组做好分工与合作 （2）根据预设的体育游戏方案创设体育游戏环境 （3）每组由一人代表介绍小组的体育游戏环境			

续　表

工作步骤	注 意 事 项
分析幼儿特点与需求	明确创设的体育游戏环境符合的年龄段及需求
创设体育游戏的环境	涉及场地示意图、物质材料准备、经验准备
解说环境设置的依据	（1）现场展示人员要求：每一次展示换一次发言人，保证课程结束后，小组成员均做过发言代表 （2）现场展示要求：面向所有学生，声音洪亮，逻辑清晰
提出优化创设的策略	能够结合其他小组及教师的反馈反思并提出有效策略

二、主要学习支持

在环境创设中，应充分利用场地和运动器材使幼儿体能得到发展，使锻炼身体的积极性、主动性得到激发；环境创设应有利于贴近幼儿的生活，被幼儿所理解和接受。

（一）经验环境准备

经验直接影响幼儿体育游戏的开展，因此要做好相关准备。经验准备包括幼儿经验准备和教师经验准备。教师要做好自身相关经验准备，可以包含以下内容：了解全班幼儿体质、能力、性格等基础、熟悉游戏内容、掌握游戏动作、明确游戏规则、熟悉组织方式。例如，要开展袋鼠跳的体育游戏，幼儿的前期经验是已经有袋鼠跳或双脚跳的经验。因此，教师在开展袋鼠跳游戏之前要掌握袋鼠跳的动作要领、袋鼠跳游戏规则、组织袋鼠跳游戏的方式，教幼儿学会双脚跳。

（二）物质环境准备

充足的时间、多样化的场地和适宜的运动设备等物质资源是丰富学前儿童体育游戏活动的基本前提[①]。因此，教师要保证充足的游戏时间，合理利用户外活动时间；选择适宜的场地；提供适宜、丰富的设备与游戏材料。教师可以根据需要提供大型体育材料或者中小型体育材料；根据材料的性质提供专属性体育材料或非专属性体育材料，提前对场地、运动器械做好安全检查工作。此外，教师应观察幼儿穿戴是否符合体育游戏要求，如衣服厚薄及长短是否符合要求、鞋带是否系好、身上是否有不安全的物品等。

三、任务评价

为了更好地了解学习者创设体育游戏环境能力的掌握情况，本部分设计了"创设体育游戏环境的评价单"（见表5-11），该评价单由组内自评、组间互评、教师评价三部分构成，按组内自评30％、组间互评30％、教师评价40％的比例确定最终成绩，满分为100分，请根据评价单具体标准进行评价打分。

表5-11　创设体育游戏环境的评价单

任务小组	班级：		组长：	
	小组名：		小组总得分：	
	组员：			
学习情境	指导体育游戏		学时	
具体任务	创设体育游戏环境			

---

① 廖贵英,张子建.幼儿园游戏活动实践指导［M］.上海：复旦大学出版社,2018：89.

评价项目	评价要点	分值	组内自评（30%）	组间互评（30%）	教师评价（40%）
分析幼儿特点与需求	能明确所布置的环境是否符合年龄特点要求	20			
创设体育游戏的环境	（1）场地布置示意图规范明晰 （2）体育游戏材料能很好为游戏服务，富有童趣 （3）体育游戏材料安全、卫生，适宜幼儿操作	45			
解说环境设置的依据	（1）能根据相关理论解说环境创设的依据 （2）能结合《3—6岁儿童学习与发展指南》及相关理论分析该环境创设的价值	20			
提出优化创设的策略	能根据小组及教师反馈反思，提出优化策略	15			

四、巩固探索

探索三：　设计与制作

请以小组为单位，为大班幼儿设计与制作几组投掷类游戏材料。

典型工作环节四　开展游戏活动

体育游戏在开展环节与其他游戏有所差异，一般体育游戏要有适宜的热身，帮助做好开展体育游戏的准备，之后再进入到正式的游戏活动中。

一、任务描述

本环节是围绕体育教学游戏，以阐述体育游戏活动的开展作为主要任务，具体任务如表5-12所示。

表5-12　开展体育游戏活动的任务单

任务小组	班级：		组名：	
	组长：			
	组员：			
学习情境	指导体育游戏		学时	
具体任务	开展体育游戏活动			
任务要求	（1）6～8人为一组做好分工与合作 （2）能做好开展体育游戏各项步骤 （3）每组由1人代表介绍小组的体育游戏开展情况			
工作步骤	注　意　事　项			
通过适宜的方式导入游戏	寻找导入幼儿体育游戏的方式			
做好规则讲解示范与分组	将游戏名称、方法、动作要求、信号交替及规则讲清楚			

续　表

观察与评价幼儿体育游戏	(1) 充分利用评价指标分析幼儿体育游戏行为 (2) 能根据分析结果给出针对性建议
支持与指导幼儿体育游戏	(1) 模拟组织开展体育游戏片段环节 (2) 能够设计情境,教师给予观察解决问题,比如解决幼儿违反游戏规则、幼儿分组分角色、幼儿身体姿势与动作的正确性等问题

二、主要学习支持

(一) 通过适宜的方式导入游戏

好的导入方式可以充分激发幼儿锻炼的兴趣和参与的欲望,体育游戏的导入方式有语言导入、演示导入等方式,其中语言导入可以是故事或者儿歌导入。例如,在小班开展学习双脚向前跳的游戏时,可以选用"小兔子采蘑菇"故事导入让幼儿模仿小兔子的动作,学习双脚向前跳。教师可以通过指导语"小白兔要上山采蘑菇,但山上有黑熊,小白兔要跳得轻才不会惊动黑熊"引导幼儿,幼儿为了不惊动黑熊,双脚落地时就会比较轻。也可以利用儿歌导入的方式激发幼儿兴趣。演示导入主要是教师通过演示让幼儿直观感受进而对游戏产生兴趣。例如,在学习双脚立定跳的游戏中,教师通过演示结合游戏"变高、变矮""超人、飞人"引导幼儿一会儿当高人,一会儿当矮人,想要当超人就得往高跳,想要当飞人就要往前跳,由此解决了幼儿起跳差、落地重的问题。

(二) 做好规则讲解、示范与分组

规则是游戏进行的保证。新授的体育游戏需要教师向幼儿介绍游戏的名称、方法、动作要求、信号交替及规则等,以帮助幼儿建立初步的游戏概念。体育游戏涉及一些规范性动作的掌握,因此教师可以在讲解过程中结合示范展开,使幼儿在听、看的过程中初步了解动作要领,并进行一定的练习。而对于幼儿熟悉的游戏,教师可以用简短语言介绍重点和要求,补充规则与方法。体育游戏的开展有时需要分组进行,常见的分组方法有语言提示法、性别分组法、随机分组法、环境设置法(根据辅助材料与场地设置来分组)以及标识(头饰、颜色卡片)分组法、轮流法等[①]。

(三) 观察与评价幼儿体育游戏

观察是评价的前提。在体育游戏中,常用的观察法有扫描观察法、事件取样观察法。教师可以采用扫描观察法对班级幼儿进行整体评价,例如,利用扫描观察法(见表5-13)了解班级幼儿体育游戏区域选择情况、全班整体体育游戏水平。事件取样观察法主要针对幼儿运动项目、运动技能、身体素质等方面进行取样评价。

表5-13　扫描观察法

游戏区	材料	参与人数	使用材料	持续时间	备注
攀爬区					
跳跃区					
钻爬区					
……					

---

① 刘国磊. 幼儿游戏与指导[M]. 长春:东北师范大学出版社,2019:121.

幼儿体育游戏的观察的基本内容可以从基本动作、运动量、情绪状态、器械使用情况、场地使用情况、规则遵守情况、社会性水平等方面进行。

① 观察幼儿对基本动作的掌握程度以及相关动作技能完成的质量,以了解游戏动作是否适合本班幼儿的发展水平,及时调整动作难度。

② 根据幼儿在运动中的发热、出汗情况,及时调整运动量,保证适宜的运动负荷。

③ 观察幼儿在游戏中的情绪状态,以了解幼儿对游戏参与的积极性与主动性,同时注意根据幼儿情绪的变化,发现和捕捉幼儿的兴趣点。

④ 了解幼儿对运动器械的操作使用情况,包括使用频率、操作方法的多样性和创造性等情况,以适时调整材料的投放数量与种类。

⑤ 了解游戏场地的使用情况,即是否存在场地过于拥挤或者利用率较低的情况,以及场地是否有利于游戏的顺利开展,以合理规划设计游戏场地。

⑥ 观察幼儿对规则的了解情况和角色的分配情况,以了解游戏规则、分组方法是否有益于全体幼儿积极参与锻炼。

⑦ 观察幼儿在游戏中所体现的社会性水平,包括幼儿对游戏结果的反映状态,以了解幼儿的关注点,要注意是否存在幼儿对胜负结果过于在意的情况,及时解决幼儿可能发生或存在的矛盾。

此外,教师还要对本班幼儿进行个别化观察,对发展水平和能力不同的幼儿提出不同的要求,并有针对性地对幼儿进行个别化指导,在幼儿有需要时能给予必要的保护和帮助。

教师在观察体育游戏时可以从体育游戏的几个方面进行观察,把游戏兴趣、动作认知、动作技能、合作水平等方面作为评价参考,具体内容见表 5－14。

表 5－14　幼儿体育游戏评价指标[①]

项目	评 价 指 标	非常符合	一般	不太符合
游戏兴趣	主动积极地参与游戏			
	克服困难、坚持锻炼			
动作认知	知道走、跑、跳、钻爬、攀登动作都能锻炼身体,是身体健康的一个重要标志			
	认识各种体育器械、设备名称以及玩法			
	了解一些常见的体育活动的测试内容及规则			
动作技能	会协调地进行走、跑、跳、钻爬等各种形式的基本动作,能完成不同类型的体育游戏、体育活动			
	能遵守游戏规则且有一定的自我管理能力及相应的帮助能力			
	积极参与整理运动器械和用具,能在活动结束后,将物品和器械放回原处			
合作水平	在游戏中能等待			
	与同伴可以互助、协商,并且能与同伴一起完成某项体育任务			

（四） 指导与支持幼儿体育游戏

幼儿体育游戏开展效果的关键在于教师的组织与指导。在组织与指导过程中教师要基于观察,把握适当的活动量,确保游戏动作规范,提醒幼儿遵守游戏规则,保证游戏安全开展,愉快结束并讲评游戏。

---

① 廖贵英,张子建.幼儿园游戏活动实践指导[M].上海:复旦大学出版社,2018:93—94.

1. 把握适当的活动量

在幼儿体育游戏中要把握幼儿适当的活动量或者说是适当的运动负荷量。运动负荷量是指人体运动时,身体所承受的生理负荷量和心理负荷量的总和。运动负荷量过小,会达不到体育锻炼的要求,运动负荷量过大有损幼儿身体健康。因此,教师要学会在观察幼儿生理(如幼儿脸色、汗量、呼吸频率、动作协调性等)与心理状况(游戏兴趣、注意力等)中判断幼儿活动量的大小。当发现幼儿游戏兴趣下降,注意力分散,面部发红、发白,气喘吁吁,不爱讲话等就说明幼儿活动量过大、已经疲劳,教师要调节活动量。在游戏中教师可以根据幼儿的具体表现调节活动量,主要方式有:增减人数或组数,控制场地范围大小,控制游戏和休息时间。

2. 确保幼儿动作规范

体育游戏中,动作的规范与正确会影响骨骼的生长发育,影响动作的质量,甚至影响锻炼目的的达成度。因此,教师在组织与指导体育游戏时要注意引导并提醒幼儿保持正确、规范的身姿与动作。例如,在跨越障碍物的体育游戏中,如果幼儿不能按照正确动作进行跨越,跨越的锻炼目的可能就达不到,甚至可能因为动作不规范引起危险。

3. 提醒遵守游戏规则

在体育游戏中,规则是让游戏顺利开展的必要保证。因此教师在组织与指导游戏时要提醒幼儿遵守规则。当大多数幼儿不能遵守规则时,要找出不能遵守规则的原因。若不是幼儿主观因素造成,而是由于规则不合理导致的,应停止游戏,并修改规则;若是由于幼儿不理解规则或是不重视规则造成的,教师可以再次重申与明确规则,以便游戏顺利开展。

4. 确保游戏安全展开

为了保证幼儿体育游戏更具有增强体质的实效性,教师在组织指导体育游戏时要注意卫生和安全教育。3～6岁幼儿由于缺乏运动中的卫生与安全经验,教师要确保游戏的安全展开。在这个过程中教师要了解幼儿健康状况,排除场地、器械等不安全因素,保证规范、有序开展游戏。例如,检查运动器械是否存在尖锐、脱落等可能在游戏中引发不安全后果的情况,保证幼儿遵守规则,不做危险动作。

5. 愉快结束幼儿游戏

体育游戏的结束时机很重要。要避免过早结束使锻炼达不到效果,也要避免过晚结束而出现幼儿注意力涣散、动作不规范等问题。教师应该在幼儿运动量达到锻炼效果、出现适度疲劳或者已感到满足的情况下结束游戏。结束后教师还应及时讲评并公布体育游戏结果,指出问题,提出改进建议。

三、任务评价

为了更好地了解学习者开展体育游戏活动能力的掌握情况,本部分设计了"开展体育游戏活动的评价单"(见表5-15),该评价单由组内自评、组间互评、教师评价三部分构成,按组内自评30%、组间互评30%、教师评价40%的比例确定最终成绩,满分为100分,请根据评价单具体标准进行评价打分。

表5-15　开展体育游戏活动的评价单

任务小组	班级:		组长:		
	小组名:		小组总得分:		
	组员:				
学习情境	指导体育游戏		学时		
具体任务	开展体育游戏活动				
评价项目	评价要点	分值	组内自评 (30%)	组间互评 (30%)	教师评价 (40%)
导入游戏激发兴趣	导入的方式适宜,能够吸引幼儿进入游戏	20			

续　表

观察评价体育游戏	能够正确观察记录并结合评价指标分析评价幼儿水平,能够根据评价提出对应的指导策略	30			
指导开展体育游戏	能够根据观察的结果及建议进行针对性的模拟指导,主要包括适宜的介入、适时退出及经验的总结提升	50			

四、巩固探索

探索四：观察、评价与指导

1. 请扫码观看视频"大班户外体育游戏",利用表5-6幼儿体育游戏评价指标进行观察,并结合相关知识进行分析。

2. 户外游戏时间,李老师带孩子们玩起了"狼和小兔"的游戏,游戏规则要求幼儿"三人一组,两人打窝、一人进窝",这是本次活动的重点。但是活动进行中即使老师反复提示,依然有好几组的"小兔子"朋友不能合作,不能完成任务,活动乱一团。如果你是李老师你会怎么做呢？请以小组为单位,模拟表演并选用合适的介入方式和时机(每组展示2～3分钟)。

视频5-1
大班户外体育游戏

典型工作环节五　反思实施过程

要了解自己在体育游戏这一学习情境的效果,就要对整个实施过程进行反思。在反思中整理与归纳并内化自己的知识与能力,在反思中知不足,并进一步补充与完善"指导体育游戏"这一学习情境的内容。

一、任务描述

反思体育游戏实施过程可以更好加强对整个典型工作环节的理解,因此本环节的任务主要是利用反思工具进行反思,详见表5-16。

表5-16　反思体育游戏实施过程任务单

任务小组	班级：		组名：	
	组长：			
	组员：			
学习情境	指导体育游戏		学时	
具体任务	反思体育游戏实施过程			
任务要求	(1) 6～8人为一小组做好分工与合作 (2) 充分利用反思工具进行审视与反思 (3) 将反思撰写成文			

工作步骤	注 意 事 项
利用反思工具，进行审视与反思	充分利用《3—6岁儿童学习与发展指南》《幼儿园教育指导纲要（试行）》《幼儿园教师专业标准（试行）》等与幼儿教师职业相关文件对"指导体育游戏"这一学习情境典型工作环节进行审视和反省，并撰写成文
检查反馈反思，改善与提升反思	组间进行反思的检查反馈

二、主要学习支持

有研究者指出，幼儿园体育游戏活动存在的问题是"主题的确定缺乏科学依据；幼儿经验的前期准备不足；时间的安排与场地的选择缺乏合理性和灵活性；材料投放缺乏适宜性；教师对游戏介入与指导的方式单一；教师的情感支持不足"[①]。从这些常见的问题出发，教师在活动结束后，可以就体育游戏的主题及类型是否适宜进行反思；就幼儿的经验准备情况进行思考；针对物质环境准备包括时间保证、场地布置、材料提供等方面进行思考；还应基于观察对自己的介入与指导方式进行反思；反思在体育游戏中是否给予幼儿足够的情感支持，让幼儿在充分的环境准备、适宜的指导、轻松的氛围中参与体育游戏，并达到锻炼目的。教师在反思的过程中，不断提高指导体育游戏的能力。

三、任务评价

为了更好地了解学习者对指导幼儿体育游戏这一学习情境的掌握情况，本部分设计了"反思体育游戏实施过程的评价单"，该评价单由组内自评、组间互评、教师评价三部分构成，按组内自评30%、组间互评30%、教师评价40%的比例确定最终成绩，满分为100分，请根据评价单具体标准进行评价打分。评价单具体如表5-17所示。

表5-17　反思体育游戏实施过程评价单

任务小组	班级：		组长：		
	小组名：		小组总得分：		
	组员：				
学习情境	指导体育游戏		学时		
具体任务	反思体育游戏实施过程				
评价项目	评 价 要 点	分值	组内自评（30%）	组间互评（30%）	教师评价（40%）
利用反思工具，进行审视与反思	能结合《3—6岁儿童学习与发展指南》《幼儿园教育指导纲要（试行）》《幼儿园教师专业标准（试行）》等与幼儿教师职业相关文件对"指导体育游戏"这一学习情境典型工作环节进行审视和反省	70			
检查反馈反思，完善与提升反思	小组能根据组间的检查与反馈进一步完善与提升反思	30			

① 林南强.幼儿园体育游戏活动开展的教师支持策略研究［D］.西华师范大学，2020：34—38.

四、巩固探索

探索五：体育游戏典型工作环节

请以小组为单位,概括出教师指导幼儿开展体育游戏的典型工作环节及具体内容。

_____

_____

_____

拓展阅读

相信下列书籍能帮助你更有效地学习本次的学习情境内容。

◆ 刘焱.儿童游戏通论[M].北京：北京师范大学出版社,2004.

◆ 王燕华.幼儿体育游戏设计[M].北京：北京师范大学出版社,2017.

◆ 徐俊君.幼儿园乡土体育游戏[M].北京：教育科学出版社,2016.

课后复习

√ 收集：查找资料,摘抄不同年龄班(小班、中班、大班)体育游戏优秀方案。

√ 归纳：请小组合作制作一张海报,将幼儿园常见的体育游戏形式呈现出来,要求图文并茂。

√ 实践：请小组合作模拟组织一个体育游戏,类型自选,要求活动流程完整,符合年龄段特点,能应用指导体育游戏介入时机与方法相关知识。

√ 思考：想一想,如果教师在没有观察幼儿体育游戏情况下加入幼儿游戏,可能会带来哪些后果呢?

√ 分享：分享自己在本体育游戏典型工作环节中的感悟与疑虑。

应知应会自测

应知应会自测

◆ 应知自测

1. 体育游戏是一种(　　)的体育手段。

　　A. 实践性　　　　　　　B. 科学性　　　　　　　C. 综合性　　　　　　　D. 广泛性

2. 儿童体育游戏有其显著特点,下列描述错误的是(　　)。

　　A. 不宜采用运动负荷过大的练习　　　　　B. 不宜采用较长时间的静力性练习

　　C. 不宜采用较长时间的耐力性练习　　　　D. 不宜采用对抗竞赛性练习

3. 体育游戏创编技法多种多样,下列属于体育游戏创编技法之一的是(　　)。

　　A. 变化法　　　　　　　B. 想象法　　　　　　　C. 综合法　　　　　　　D. 讨论法

4. 体育游戏主要是以发展学生(　　)为主的游戏。

　　A. 兴趣　　　　　　　　B. 体力　　　　　　　　C. 技能　　　　　　　　D. 智力

5. 根据《幼儿园教育指导纲要(试行)》,幼儿园体育的重要目标是(　　)。

　　A. 获得比赛奖项　　　　　　　　　　　　B. 培养运动人才

　　C. 培养幼儿对体育活动的兴趣　　　　　　D. 训练技能

◆ 应会自测

1. 体育活动中与活动后,教师分别可以从哪些方面判断幼儿的活动量是否适切?

2. 教师在户外体育活动中如何保障幼儿的安全?

3. 幼儿园教师资格证面试试讲及答辩。

（1）试讲方案。

题目：游戏"迷迷转"

内容：按照规则设置新游戏,幼儿双手平举进行旋转,边念"迷迷转、迷迷转,大风吹来快快站",要求说到"站"的时候需要站稳。

基本要求：①讲清游戏玩法、规则。②创新设置一种新的游戏玩法,符合幼儿的年龄发展特点。③请在 10 分钟内完成上述任务。

（2）答辩题目：

问题 1：这个游戏锻炼了 4～5 岁幼儿的什么能力？

问题 2：你觉得这个游戏中幼儿会遇到什么问题,你会怎样解决？

学习情境六 指导幼儿音乐游戏

主要学习支持框架

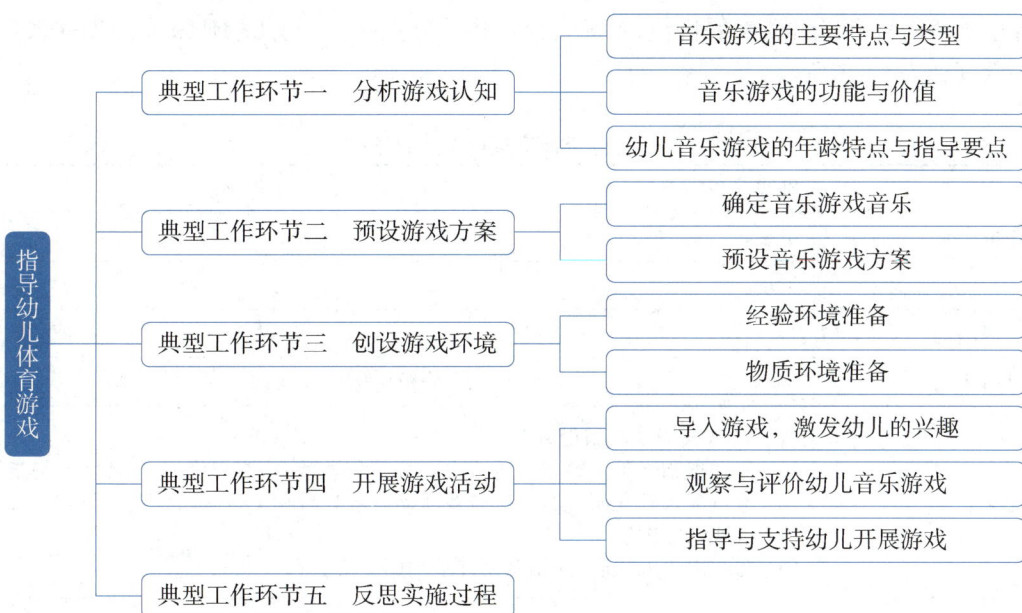

```
                                    ┌─ 音乐游戏的主要特点与类型
                  典型工作环节一  分析游戏认知 ─┼─ 音乐游戏的功能与价值
                                    └─ 幼儿音乐游戏的年龄特点与指导要点

                  典型工作环节二  预设游戏方案 ─┬─ 确定音乐游戏音乐
                                    └─ 预设音乐游戏方案
指
导
幼   ──         典型工作环节三  创设游戏环境 ─┬─ 经验环境准备
儿                                  └─ 物质环境准备
体
育                                  ┌─ 导入游戏，激发幼儿的兴趣
游   典型工作环节四  开展游戏活动 ─┼─ 观察与评价幼儿音乐游戏
戏                                  └─ 指导与支持幼儿开展游戏

                  典型工作环节五  反思实施过程
```

学习目标导航

知识目标

1. 能说明幼儿音乐游戏的特点与结构。
2. 能阐述幼儿音乐游戏的价值与发展水平。
3. 能理解各年龄段音乐游戏的特点与指导要点。

能力目标

1. 能针对小、中、大班幼儿音乐游戏特点，合作模拟进行音乐游戏的组织与指导工作。
2. 能结合不同音乐游戏主题，合作模拟进行音乐游戏组织与指导。
3. 能主动获取并整理有关幼儿音乐游戏组织与指导的有效信息，乐于展示学习成果，并能对本任务的学习情况以及以往的音乐游戏实习工作进行总结与反思。

情感目标

1. 对幼儿音乐游戏有正确认识和积极学习的态度，喜欢各类型音乐游戏。
2. 积极参加模拟组织与指导幼儿音乐游戏的工作，追求音乐游戏学习的广度和深度。

典型工作环节一　分析游戏认知

音乐游戏是指从适合幼儿的学习方式出发,所有的音乐活动以游戏的方式来开展,配合真正吸引幼儿参与的音乐操作,激励幼儿不断提升参与音乐活动和享受音乐乐趣水平的活动①。在音乐游戏中,音乐与游戏活动是紧密相关、相辅相成的关系,音乐能够使活动更具有趣味性,在音乐游戏的过程中,幼儿能获得较丰富的情感体验,促进其智力才能的发展,同时音乐制约着游戏的开展,游戏活动帮助幼儿理解音乐的情绪情感、节奏节拍。

一、任务描述

掌握音乐游戏的特点、结构、发展价值、年龄特点与指导要点,便于幼儿教师采取恰当的教育方法。本环节的任务设置如表6-1所示。

表6-1　分析音乐游戏认知的任务单

任务小组	班级：　　　　　　　　　　　　　　　组名：	
	组长：	
	组员：	
学习情境	指导音乐游戏	学时
具体任务	分析音乐游戏认知	
任务要求	(1) 6～8人为一小组做好分工与合作 (2) 通过查阅文献了解音乐游戏主要特点与类型、功能与价值、年龄特点与指导要点等 (3) 通过深入幼儿园观摩音乐游戏活动或者观看相关视频,并结合活动归纳对应的音乐游戏认知内容 (4) 每组由一人代表,介绍查阅并整理归纳的资料	
工作步骤	**注 意 事 项**	
查找文献,了解幼儿音乐游戏认知内容	(1) 资料获取的形式：电子或纸质 (2) 资料获取的渠道：网络教学平台、教材、电子资源等	
观摩游戏,分析幼儿音乐游戏发展状况	(1) 视频的来源：需明确所观察的音乐游戏来源,如见习、实习时观察的游戏或是音乐游戏视频实录 (2) 视频内容：游戏需涉及音乐游戏相关知识点	
整理资料,编制幼儿音乐游戏认知思维导图	(1) 整理资料的流程：对搜集所获得的资料进行审查、检验、分类、汇总等初步加工,使之系统化和条理化,并以集中、简明的方式反映幼儿音乐游戏认知的过程 (2) 整理资料的要求：具体资料来源标明出处 (3) 思维导图制作要求：全开的海报纸,每个一级主题用不同颜色区分,描述的语言简洁明了	
展示成果,介绍幼儿音乐游戏认知思维导图	(1) 现场展示人员要求：每一次展示换一次发言人,保证课程结束后,小组成员均做过发言代表 (2) 现场展示要求：面向所有学生,声音洪亮,逻辑清晰	
反思效果,为幼儿音乐游戏认知情况查漏补缺	查漏补缺要求：能够结合其他小组展示查漏补缺	

---

① 许卓娅.幼儿艺术(音乐)教育与活动指导[M].南京：江苏凤凰教育出版社,2013：3.

二、主要学习支持

（一）音乐游戏的主要特点与类型

了解音乐游戏的特点与结构，可以深入了解音乐游戏的实质，为更好指导与支持幼儿音乐游戏提供有力的理论基础。

1. 音乐游戏的特点

（1）游戏性

音乐游戏与音乐活动游戏化不同，音乐游戏更强调游戏性，音乐活动游戏化是使用游戏的手段来促进幼儿音乐的学习，音乐游戏是幼儿使用音乐来进行游戏，在游戏的过程中获得音乐的感知与提升。

（2）音乐性

音乐性是音乐游戏的灵魂。音乐在游戏过程中的参与，如音乐的节奏节拍、情感曲调、音符声高等，都贯穿在音乐游戏活动中。音乐是支撑音乐游戏进行的重要因素，通过游戏，幼儿能感知音乐的流动、旋律的起伏、节奏的跳跃。

（3）动作性

音乐游戏是动作性的游戏，与音乐欣赏活动不同，幼儿在音乐游戏中能够充分地使用肢体语言来进行音乐性的表达。音乐游戏是一个多感官的活动，既有幼儿静止的听，也有幼儿的动，音乐通过幼儿的耳朵录入大脑，以肢体动作的形式体现出来，这种肢体表达既包括了动作和音乐的表达，也包括了动作创造音乐的表达。

2. 音乐游戏的类型

根据划分的维度不同音乐游戏可以分为不同的游戏类型。

（1）从游戏的内容和主题来进行划分，可以划分为有主题的音乐游戏和无主题的音乐游戏两种。

① 有主题的音乐游戏。有主题的音乐游戏一般有一定的内容或情节的构思，并由一定的角色参与。幼儿在音乐中模拟一定的角色形象，完成相应的动作或情节。如"寻找水晶鞋"，就是让幼儿模仿变花的动作并利用音乐进行律动展示。

② 无主题的音乐游戏。无主题的音乐游戏没有明显的故事情节，幼儿往往根据音乐节奏的变化来进行游戏，类似音乐活动中的韵律活动，但是这种根据节奏进行的游戏包含了一定的游戏规则和游戏趣味。如中国传统的"击鼓传花"游戏，幼儿围成一个圈，根据音乐节奏或者鼓声来传花，直至音乐或鼓声停。

（2）游戏的形式

从游戏的形式来分，可以分为歌唱游戏、律动游戏、演奏游戏、欣赏游戏①。

① 歌唱游戏（见图6-1）。歌唱游戏是幼儿园音乐游戏重要的组成部分，它是指在游戏过程中，幼儿使用嗓音来表现声音，有旋律有节奏地开展活动。

② 律动游戏（见图6-2）。律动这两个字是希腊语变化发展而来的，原是美好、均衡、调整、富于节奏的意思。它是指在音乐伴奏下，根据音乐的性质、节拍、速度、力度等，有规律地、反复地进行某一动作或某一组动作的活动。幼儿律动游戏是指在音乐或节奏乐器的伴奏下，幼儿运用形体的动作感受再现音乐的高低、强弱、长短、快慢、音色、性质的变化，或形象生动地运用形体动作模仿某种形象、事物，抒发某种情趣的富有游戏性的活动过程②。

① 董丽.幼儿园音乐游戏设计与指导［M］.上海：复旦大学出版社,2019：2.
② 董丽.幼儿园音乐游戏设计与指导［M］.上海：复旦大学出版社,2019：49.

图 6-1　歌唱游戏"拔萝卜"

图 6-2　律动游戏"大象和小鸟"

视频 6-1
区角演奏游
戏

③ 演奏游戏(见图 6-3)。演奏游戏是指幼儿使用各种打击乐器,按照音乐的特点进行配器并进行独奏或者合奏的游戏活动。幼儿的演奏游戏可以扫码观看视频"区角演奏游戏"。

图 6-3　演奏游戏

④ 欣赏游戏。欣赏游戏是指在教师的引导、启发下,幼儿通过聆听进行音乐情感体验,并将这种体验以游戏的方式进行表达的音乐活动。通俗地讲,就是在欣赏游戏中让幼儿听音乐,并将自己的感受、内心体验通过语言、动作、歌唱、演奏等方式自由地表达出来,投入音乐的情感之中进行自由想象。

(二) 音乐游戏的功能与价值

1. 了解音乐游戏的"原本性"功能

"原本性音乐(Elementare Music)"概念是由 20 世纪德国的音乐教育家奥尔夫所提出的。"原本"可以理解为基本元素、原本素材、原始起点、最初意义。在奥尔夫看来原本性音乐是接近生命力的、自然的、直接能为每个人学会和体验的,适合儿童的音乐。音乐游戏的"原本性"是指音乐活动本身的基本属性,音乐游戏通过"原本性音乐"在游戏中发展幼儿的听辨、节奏、歌唱、舞蹈等音乐能力。

(1) 促进幼儿听辨能力的发展

音乐是听觉艺术,音乐游戏过程中,幼儿离不开听觉的支持,音乐听觉能力是幼儿顺利进行音乐游戏活动的前提。音乐听觉能力是在听觉的基础上升华出来的,是对音乐语言中各种基础要素的反应力、记忆力和整体感知力。音乐的听觉能力是一种通过辨别、感知、领会、想象、思考音乐艺术形象及其内涵的能力,它包括听辨音乐的长、短、强、弱等。[①] 在音乐游戏中,幼儿需要充分发挥其听觉系统,利用音乐的旋律、

---

① 李霞.幼儿音乐游戏研究[D].西北师范大学,2012.

音色和强弱等进行游戏,在音乐游戏的过程中,幼儿的听辨能力获得提升。

(2) 促进幼儿节奏与歌唱的感知

节奏是音乐构成的第一要素,在音乐游戏中,幼儿发挥其肢体的感知功能,通过肌肉的运动,肢体随着音乐协调配合来感知学习节奏。歌唱是人类自发的一种游戏,歌唱游戏中包含着丰富的指令与情感内涵,通过歌唱,幼儿可以抒发自己的情感,在游戏过程中借助歌唱来交流与沟通。在音乐游戏中,幼儿可以通过肢体的运动以及运用嗓音获得节奏与歌唱能力的提升。

(3) 促进幼儿舞蹈能力的发展与提升

在角色类的扮演游戏中,幼儿需要通过肢体的运动来扮演某种角色并再现某个场景,幼儿运用舞蹈律动来实现音乐游戏的进程。在这类游戏过程中,幼儿不仅需要肢体的协调运动,还需要投入感情,丰富面部表情,充分发挥想象力和动作表现力。可以说,在音乐游戏中,幼儿的肢体协调能力、情绪情感表现力都会得到进一步的发展。

2. 了解音乐游戏的"工具性"功能

(1) 促进幼儿情感的发展

音乐是人类情感的特殊表达方式,情感是音乐重要的表现内容。音乐能够表现情感也能影响人类情感,音乐游戏同样具备此功能。在音乐游戏中,幼儿随着音乐的旋律、节奏运动其身体,体验音乐美妙的同时身心得到放松。幼儿可以沉浸在音乐中,体会内在的情感情绪,这种音乐的情绪情感又会作用于幼儿的内心情感,而这种情感的作用会刺激幼儿在音乐游戏中尽情释放表达,形成良性循环。

(2) 促进幼儿规则意识的发展

音乐由特定的符号按照一定的规则所构成,有其独特的内在逻辑。幼儿在进行音乐游戏时,需要遵守音乐本身的内在规则和游戏规则。为了能够参与到其中,幼儿需要积极地理解规则、适应规则,当幼儿体会到规则对于游戏活动的帮助时,他们会自觉内化音乐及音乐游戏的内在规律,并且逐渐形成规则意识。

(三) 幼儿音乐游戏的年龄特点与指导要点

不同年龄班的幼儿,音乐游戏的发展水平、层次会有所不同。教师在组织与指导音乐游戏中,要基于幼儿各年龄段音乐游戏身心发展特点选择不同的侧重点。

1. 小班音乐游戏

年龄特点:小班幼儿身体发育不完全,呼吸短促,经常需要换气,歌唱音域在 c1－a1 之间,音准控制能力差,在遇到较为复杂的词时常会出现含糊,集体配合能力弱的情况,往往会按照自己的意愿进行音乐游戏。模仿是小班幼儿重要的学习方式,小班幼儿小肌肉未能发展完全,擅长大肌肉动作,适合单纯的动作或少量的移动动作。小班好奇心重,喜欢进行音乐游戏的探索,但是也容易注意力分散。听音辨音能力较弱,不能完全辨别音乐的音色、节奏等。

指导要点:小班音乐游戏的指导重点在材料的选取上,歌曲长度不宜过长、过于复杂。音乐节奏要鲜明,强弱要清晰,这样的音乐能够较好地为小班所掌握。涉及动作的音乐要求乐曲的速度不宜过快或者过慢,音乐速度过慢,幼儿很难持久地保持游戏的状态,而音乐速度过快,幼儿的动作、反应难以跟上音乐节奏,最终容易丧失游戏的兴趣。在音乐内容、情境、情绪的选取上要基于幼儿的生活,选取幼儿所熟悉的事物与角色,这样幼儿才能很好地沉浸在游戏中。

2. 中班音乐游戏

年龄特点:中班音域宽度基本能达到 c1－b1,也能适应稍微复杂和多一点节奏变化的音乐。咬字和吐字方面会更为清晰,基本上能够唱准音高。中班幼儿的社会性得到进一步发展,其与同伴协同合作的能力会有所提高,能够适应自己的角色并且配合同伴的角色来完成集体性的音乐游戏。中班幼儿的形象思维较好,肢体语言表述能力进一步提高,能够比较生动形象地对音乐游戏中的角色、情境、情感进行表达。中班幼儿的自主性不断提高,能够并愿意自定主题与规则进行游戏。中班幼儿的小肌肉开始发展,能够使用更为丰富的材料加入游戏中。

指导要点:中班幼儿的能力较小班幼儿有进一步的提升,并且音乐游戏的经验更丰富,教师在中班音乐游戏中既要有示范性的指导,也要给予幼儿更多自主活动的空间与时间,根据幼儿的能力发展及时进行材料投放和任务难度的提升。

3. 大班音乐游戏

年龄特点: 大班幼儿的身体和能力已经发展到较为成熟的阶段,这一阶段的幼儿具备较为良好的歌唱能力和合作能力,能够较为自如地掌握音乐中的各种节奏、音准、情感等元素。与小班、中班的模仿动作不同,大班的幼儿能够理解一些抽象的动作和符号,并能在音乐活动中表现出来,在歌唱、律动、演奏等活动中表现出较强的创编能力,对于各种材料的综合运用能力要强于小班、中班幼儿,能够使用多种材料同时进行音乐游戏。

指导要点: 在前期经验的准备上,大班幼儿已经能够比较好地进行音乐游戏活动,对于大班幼儿来说,这时候他们需要更多具有挑战性和操作性的游戏方式。在游戏活动的过程中,大班幼儿更需要的是自主创造的空间,在游戏规则和音乐材料的选择上,要给予幼儿可创造的余地,让幼儿依据自己的想法进行。

三、任务评价

为了更好地了解学习者对音乐游戏相关知识与能力的掌握情况,本部分设计了"分析音乐游戏分值的评价单"(见表6-2),该评价单由组内自评、组间互评、教师评价三部分构成,按组内自评30%、组间互评30%、教师评价40%的比例确定最终成绩,满分为100分,请根据评价单具体标准进行评价打分。

表6-2　分析音乐游戏认知的评价单

任务小组	班级:		组长:			
	小组名:		小组总得分:			
	组员:					
学习情境	指导音乐游戏		学时			
具体任务	分析音乐游戏认知					
评价项目	评价要点	分值	组内自评(30%)	组间互评(30%)	教师评价(40%)	
查找文献	能多途径获取幼儿音乐游戏认知相关内容,资料信效度高	20				
观摩游戏	能结合观摩的游戏分析音乐游戏的特点、指导要点及价值等内容	20				
整理资料	能对相关音乐游戏认知进行归纳,形成思维导图,事项齐全,内容丰富	40				
展示成果	展示时能准确表达、汇报成果,条理清晰、组织有序、气氛活跃	10				
反思效果	反思内容具有针对性,表述清晰	10				

四、巩固探索

探索一: 音乐游戏年龄特点与指导

请以小组为单位概括出音乐游戏的年龄特点与指导要点。

典型工作环节二　预设游戏方案

在音乐游戏活动中,音乐素材的选择直接影响幼儿游戏的兴趣和游戏的效果[①]。因此,在预设音乐游戏方案时,首先要考虑的是乐曲的选择与确定,其次再考虑预设音乐游戏方案。

一、任务描述

本环节的主要任务是确定音乐游戏乐曲、预设音乐游戏方案、展示音乐游戏方案、反思方案查漏补缺(见表6-3)。

表6-3　预设音乐游戏方案的任务单

任务小组	班级:　　　　　　　　　　　　　　　　组名:	
	组长:	
	组员:	
学习情境	指导音乐游戏	学时
具体任务	预设音乐游戏方案	
任务要求	(1) 6~8人为一小组做好分工与合作 (2) 结合见习、实习和幼儿园游戏观摩活动,撰写一份详细的音乐游戏方案,包含游戏目标、游戏准备、游戏过程、游戏延伸等内容 (3) 每组由一人代表介绍小组的音乐游戏方案	
工作步骤	**注　意　事　项**	
确定音乐游戏音乐	(1) 根据音乐游戏类型选择合适的音乐曲目 (2) 根据音乐游戏类型确定与音乐曲目一致的动作、乐器等	
预设音乐游戏方案	(1) 游戏目标撰写要求:参照教学活动三维目标撰写 (2) 游戏准备撰写要求:包括经验准备与物质准备 (3) 游戏过程撰写要求:能够按照目标设计过程 (4) 书写规范性:格式规范,层级标题清晰	
展示音乐游戏方案	(1) 现场展示人员要求:每一次展示换一次发言人,保证课程结束后,小组成员均做过发言代表 (2) 现场展示要求:面向所有学生,声音洪亮,逻辑清晰	
反思方案查漏补缺	查漏补缺要求:能够结合其他小组展示查漏补缺	

二、主要学习支持

(一) 确定音乐游戏音乐

幼儿音乐游戏中的音乐应该是好听且是幼儿喜欢的,与幼儿认知水平和兴趣相关的音乐;应是能够令幼儿感动的音乐;节奏鲜明,结构方正;有动作性和游戏性,能为游戏提供准确的音乐形象;曲调简单,多次

[①] 李丽,邓益云.幼儿园游戏活动设计与案例:视频指导版[M].北京:人民邮电出版社,2018:107.

重复;旋律流畅轻柔,易于想象创造;健康向上,适宜幼儿发展[①]。音乐游戏按形式来分,可以分为歌唱游戏、律动游戏、演奏游戏、欣赏游戏。不同的音乐游戏所选择的乐曲是不一样的,与音乐活动乐曲的选择一致。

在歌唱游戏中,小班幼儿选择的歌曲不宜过长,要符合小班幼儿声带发育特点,选择节奏型比较单一的明快歌曲为主,歌词尽量简短、形象、押韵;中班幼儿呼吸及嗓音控制能力增强,选择的歌曲要适合朗诵和记忆,适合肢体表演;大班幼儿歌唱技能和水平有所提高,语言和气息得到逐步发展,可以选择的歌曲更宽泛,如中外儿童歌曲。

在律动游戏中,除了乐曲还要考虑动作的选择。小班幼儿选择歌曲的节奏要鲜明,强弱清晰,便于幼儿掌握节奏和韵律,并且乐曲的速度要适合小班幼儿动作开展;中班幼儿可以选择形象鲜明、容易联想和情感迁移的作品,可增加一些地方特色作品,动作的编排以基本动作和模仿动作为主;大班幼儿律动音乐的选择可以在轻快柔和的经典音乐、儿童音乐、中国风音乐基础上增加特定风格的中国音乐,音乐题材和体裁可以更广泛,律动动作可以将单一的动作组合,以生动形象为主,增加一些表情或个性动作。

在演奏游戏中,小班幼儿音乐的选择应该节奏鲜明、旋律优美、结构整齐,乐器选择以结构短小、节奏简单为主,比较适合的乐器是小铃、小鼓、串铃、大鼓、沙球、响板;中班幼儿选择的乐曲应该结构短小、节奏清楚,容易分辨乐器的音色,并可适当加入 ABA 回旋式音乐,选择的乐器较小班更多;大班幼儿在乐曲和乐器选择上可以涉及更多种类,音乐的节奏保持基本的节奏型并可适当加入弱起、切分音、附点音符的音型,音乐结构也可更宽泛。

在欣赏游戏中,小班幼儿选择的歌曲歌词内容应丰富,且贴近幼儿生活,乐曲可以是不同风格;中班幼儿可以挑选一些比较有特色的曲目,比如不同地域、段落对比明显的曲目,多样风格音乐作品同样适合中班幼儿欣赏,比如舞曲、进行曲、摇篮曲、爵士乐;大班幼儿乐曲的选择可以是一些民族音乐或者具有丰富音乐文化的世界名曲。

(二) 预设音乐游戏方案

音乐游戏既强调音乐"原本"特点,也要考虑到幼儿的活动意愿与经验,因此,在音乐游戏中,要注意幼儿的年龄特点、前期经验准备、教师的示范指导与幼儿游戏的自主性。音乐游戏方案的预设主要包含游戏名称、设计意图、游戏目标、游戏准备、游戏过程、游戏延伸等内容,详见案例"大班律动游戏:寻找水晶鞋"。

案例   **大班律动游戏:寻找水晶鞋**

设计意图

《3—6岁儿童学习与发展指南》中指出:"提供自由表现的机会,鼓励幼儿用不同的艺术形式大胆表现自己的情感、理解、想象,分享他们创造的快乐。"幼儿喜欢花,对花的一些基本特征非常熟悉,幼儿可以根据生活经验,大胆模仿花的造型。此活动的选择贴近幼儿生活经验,符合大班幼儿的兴趣特点,能充分激发他们对音乐游戏的乐趣。

游戏目标

(1)感知音乐 ABC 结构的节奏并能用身体的某个部位合拍地做动作。

(2)尝试随音乐用夸张的表情和动作创编表现各种花的造型。

(3)感受律动游戏"寻找水晶鞋"带来的乐趣,大胆地表现动作。

游戏准备

经验准备:幼儿已了解生活中常见的花。

---

① 曹冰洁.幼儿教师基本功:爱上音乐游戏[M].上海:华东师范大学出版社,2019:103—105.

物质准备：课件(女巫花园的花)、音乐《Sylvia：Pizzicato Ondrej Lenard、Slovak Philharmonic Orchestra》、女巫相关道具、水晶鞋。

游戏过程

1. 律动导入，激发兴趣，引出主题

师：听说每个人的身体都可以发出好听的声音,你们的身体可以吗? 试一下,除了你现在拍的部位,还有哪些部位也可以发出好听的声音呢? 哇,原来我们的身体本领这么强大,我知道公主今天要去花园王国的舞会,可是她的魔法棒、公主裙和水晶鞋都被女巫藏到花园里了,你们能帮忙找到它们吗? 我还听说女巫最喜欢花,我们要听音乐,学会用身体变花的本领,才可以找到宝物哟! 接下来我们听听"变花"的咒语是什么,再根据咒语用身体变花。

2. 完整欣赏音乐，并随乐示范打节奏动作

(1) 第一次倾听音乐,教师示范动作。

提问：请问小朋友们,变花咒语你们听到了吗? 咒语是什么? 咒语念了几次呢?(有3次,有4次,有不同的答案,没关系我们再仔细听一次,到底咒语念了几次。)

(2) 第二次欣赏音乐,巩固幼儿随音乐打节奏。

提问：咒语念了几次呀?(小朋友们的耳朵可真灵敏,都听到咒语念了4次)那你们都学会念咒语了吗?

(3) 第三次欣赏音乐,幼儿尝试自主随音乐打节奏。

师：现在请你们自己一边念咒语一边变自己喜欢的花,我不帮忙了啊,可以做到吗?

小结：你们都会变花了,不过女巫的眼光很高的,可能我们还不够吸引她。没关系,我发现了女巫的花园里有各种各样的花,我带你们去看一看,你们会变这些花之后就可以去找宝物了。

3. 借助观察女巫花园的花，分三步引导幼儿创编模仿花的造型

(1) 出示鬼脸花图片,引导幼儿做鬼脸花造型。

师：请看,这朵花真奇怪,它像什么? 那你可以做出它的动作吗? 我觉得它很像鬼脸像不像? 它的名字就叫鬼脸花,你们能变出这朵鬼脸花吗?

(2) 出示小鸟花图片,引导幼儿做小鸟花造型。

师：请看,这朵花像什么? 做出它的动作来,它的名字叫天堂鸟,那你们试一试变这朵花。

(3) 出示太阳花图片,引导幼儿站着做太阳花造型。

师：(还有花吗? 3、2、1,看)都认识吗? 这一次站起来把自己变成向日葵。

幼儿随音乐打节奏,巩固身体动作。

师：你们都会变不同的花,请你们用身体声音最响亮的地方一边念咒语一边变花,哪里最响亮呢? 不过你们要仔细听最后一句要变成什么花,再变什么花。再来一次,加大难度了,听音乐,用你们身体能发出声音的地方做动作变花。

4. 通过角色扮演，幼儿随音乐变花寻找水晶鞋

(1) 教师扮演女巫,幼儿随音乐变花。

师：你们都不错嘛! 都学会变花的本领了。我们可以悄悄跟着女巫,女巫拍手或者定住不动你们就变成女巫喜欢的花。能做到吗? 女巫到底在哪呢? 把眼睛藏起来,我去找一找(哈哈哈! 我就是花园王国的女巫,你们跟在我身后,用你们的身体变成我最喜欢的花,谁变得好,我就给他神秘礼物了,谁想要?)

师：我的神秘礼物就藏在花园里,我给你们5个数,找到魔法棒。哇,××帮你找到了第一个宝物。好,你把宝物放好,我还要交给你一个小任务,既然你是我最喜欢的花,那我就请你当我的小巫师,和我一起来找花。

幼儿扮演女巫,其他幼儿借助纱巾随音乐变花。

师:我平时最喜欢玩纱巾了,因为纱巾可以变成各种各样的花,现在给你们每人一条,你们试一下变一变花。这回用你们自己觉得能发出声音的地方跟着音乐变花,请小巫师选一朵你最喜欢的花(哇!你这朵她最喜欢,那给你个机会,去花园里把另外一个宝物找出来)。哇,她帮你们找到了宝物哟,虽然帮你们找到了,可是她现在也还没有找到水晶鞋,你们需要得到水晶鞋的线索。

(2)教师逐渐退出,幼儿自主借助纱巾随音乐变花做造型。

教师退出巫师角色,请变花最漂亮的幼儿当小巫师,由其带领其他幼儿跟随幼儿做变花的造型,一起寻找水晶鞋。

小结:好!既然你们都帮公主找到了她的宝物,为了感谢你们,公主送来一份邀请函,想邀请我们去参加她的舞会。你们想去吗?那我们一起去参加公主的舞会吧。

教师观察与指导要点:
① 观察幼儿变花的动作,引导幼儿变出自己独特的花。
② 观察幼儿独立扮演巫师,带领其他幼儿变花的表现,及时给予指导。

5. 通过参加舞会的方式自然结束

延伸活动

在表演区提供各种花的造型,激发幼儿通过动作表现"花"的各种造型。

三、任务评价

为了更好地了解学习者预设音乐游戏方案能力的掌握情况,本部分设计了"预设音乐游戏方案的评价单"(见表6-4),该评价单由组内自评、组间互评、教师评价三部分构成,按组内自评30%、组间互评30%、教师评价40%的比例确定最终成绩,满分为100分,请根据评价单具体标准进行评价打分。

表6-4 预设音乐游戏方案的评价单

任务小组	班级:		组长:		
	小组名:		小组总得分:		
	组员:				
学习情境	指导音乐游戏		学时		
具体任务	预设音乐游戏方案				
评价项目	评价要点	分值	组内自评(30%)	组间互评(30%)	教师评价(40%)
确定音乐游戏乐曲	主题来源于生活,尊重幼儿兴趣,考虑幼儿年龄特点	20			
预设音乐游戏方案	游戏目标符合年龄特点、音乐游戏目标要求,游戏准备丰富、全面,游戏过程清晰明了有操作性	45			
展示音乐游戏方案	展示时能准确表达、汇报成果,游戏方案撰写规范、整洁	20			
反思方案查漏补缺	能结合其他小组的展示反思并查漏补缺	15			

四、巩固探索

探索二：　预设幼儿音乐游戏方案

以小组为单位,参考案例"大班律动游戏:寻找水晶鞋",预设一个音乐游戏方案。

_____

_____

_____

_____

典型工作环节三　创设游戏环境

音乐游戏环境的好坏直接影响到幼儿对音乐教育的感知程度,影响幼儿的全面发展。所以幼儿教师要在幼儿音乐游戏中,有意地设计合适的游戏氛围,带动幼儿的学习兴趣,为幼儿音乐能力的发展创设良好的游戏氛围。

一、任务描述

本环节以前面预设的音乐游戏方案作为基础,根据预设游戏方案的要求与需要创设游戏环境(见表6-5)。

表6-5　创设音乐游戏环境的任务单

任务小组	班级:		组名:	
	组长:			
	组员:			
学习情境	指导音乐游戏		学时	
具体任务	创设音乐游戏环境			
任务要求	(1) 6～8人为一小组做好分工与合作 (2) 根据预设的音乐游戏方案创设音乐游戏环境 (3) 每组由一人代表介绍小组的音乐游戏环境			
工作步骤	注　意　事　项			
分析幼儿特点与需求	明确创设的体育游戏环境符合的年龄段及需求			
创设音乐游戏的环境	涉及场地布置、物质材料准备、经验准备			
解说环境设置的依据	(1) 现场展示人员要求:每一次展示换一次发言人,保证课程结束后小组成员均做过发言代表 (2) 现场展示要求:面向所有学生,声音洪亮,逻辑清晰			
提出优化创设的策略	能够结合其他小组及教师的反馈反思,并提出有效策略			

二、主要学习支持

(一) 经验环境准备

音乐游戏与其他游戏不同,它对于幼儿音乐技术的掌握有一定的要求,如歌唱游戏中,幼儿需要掌握一定的呼吸方式,小班幼儿能掌握音域在 c1－a1 的歌唱音乐,大班幼儿能够与其他伙伴进行合作,完成合唱、轮唱、领唱等歌唱方式。音乐游戏能否顺利开展依赖于幼儿的前期经验准备,如在律动游戏活动中,小班幼儿更多进行大肌肉的游戏,如跑、跳、追等动作为主要内容。而大班幼儿则可以加入更多复杂的动作,如舞蹈中的踮脚走、转手花、拈花指等动作。因此,幼儿的前期经验越充分,幼儿音乐游戏的效果越好,幼儿也会更愿意参与音乐游戏。

(二) 物质环境准备

《3—6 岁儿童学习与发展指南》对艺术领域的指导建议是:"提供丰富的便于幼儿取放的材料、工具或物品,支持幼儿进行自主绘画、手工、歌唱、表演等艺术活动。"可见,材料提供是幼儿音乐游戏开展的基础。有效投放游戏材料,能助推幼儿音乐游戏的深入开展,实现深度学习。

在幼儿自主开展的音乐游戏中,物质环境准备上教师主要提供丰富的材料支持幼儿的参与游戏,主要体现在音乐区的布置。在音乐区可以提供各种乐器、儿歌、乐谱、话筒、音响等基础材料,还可以投放一些头饰、服装等辅助道具。此外,可以投放各类低结构材料,如瓶瓶罐罐、棍棒等敲击工具以及纸类等激发幼儿进行创作。相关音乐区环境布置可扫码观看视频"音乐剧场"、视频"妙音坊"、视频"广西少数民族乐器"。

| 视频6－2　音乐剧场 | 视频6－3　妙音坊 | 视频6－4　广西少数民族乐器 |

在教学性音乐游戏中,应根据预设的音乐游戏方案及主题进行场地布置和材料的投放。教师可以结合游戏主题对活动室进行布置,让幼儿置身于音乐游戏情境中,激发幼儿参与音乐游戏的兴趣与欲望。如在中班歌唱游戏"小鱼快跑"中,教师提前在活动场地布置了几个鱼塘,在游戏中 3 组幼儿分别扮演小鱼在鱼塘里游,让幼儿在游戏环境中自然地进入角色。教师还应提供相应的游戏材料,如道具、乐器、头饰等供幼儿进行创造性表现。例如,在演奏游戏"土耳其进行曲"中,教师可以提供铃鼓、响板、碰铃,通过合作演奏来表现对这首音乐的理解。

三、任务评价

为了更好地了解学习者创设音乐游戏环境能力的掌握情况,本部分设计了"创设音乐游戏环境的评价单"(见表 6－6),该评价单由组内自评、组间互评、教师评价三部分构成,按组内自评 30%、组间互评 30%、教师评价 40% 的比例确定最终成绩,满分为 100 分,请根据评价单具体标准进行评价打分。

表6－6　创设音乐游戏环境的评价单

任务小组	班级:		组长:	
	小组名:		小组总得分:	
	组员:			
学习情境	指导音乐游戏		学时	

续　表

具体任务	创设音乐游戏环境				
评价项目	评价要点	分值	组内自评（30%）	组间互评（30%）	教师评价（40%）
分析幼儿特点与需求	能明确所布置的环境是否符合年龄特点要求	20			
创设音乐游戏的环境	①材料适宜、全面,包括道具、头饰、图谱、课件等;②站位、队形提前做好预设;③场地布置适宜	45			
解说环境设置的依据	①能根据相关理论解说环境创设的依据;②能结合《3—6岁儿童学习与发展指南》及相关理论分析该环境创设的价值	20			
提出优化创设的策略	能根据小组及教师反馈反思,提出优化策略	15			

四、巩固探索

探索三：　创设音乐游戏环境实训

以小组为单位,为中班音乐游戏"洒水车"创设游戏环境。

_____

_____

_____

典型工作环节四　开展游戏活动

幼儿音乐游戏是幼儿园常见的教学形式,有机结合了音乐和游戏。幼儿在音乐背景下,开展与音乐内容、情绪、节奏等相吻合的游戏活动,在游戏情境中感受音乐,在音乐氛围中进行游戏。

一、任务描述

在开展音乐游戏前,教师的主要任务是把握导入游戏激发兴趣的策略、做好观察评价幼儿音乐游戏行为,并对幼儿音乐游戏进行有效指导,详见表6-7。

表6-7　开展音乐游戏活动的任务单

任务小组	班级：		组名：
	组长：		
	组员：		
学习情境	指导音乐游戏	学时	
具体任务	开展游戏活动		
任务要求	(1)6～8人为一小组做好分工与合作 (2)能做好开展音乐游戏各项步骤 (3)每组由一人代表介绍小组的音乐游戏开展情况		

续　表

工作步骤	注 意 事 项
导入游戏激发幼儿的兴趣	寻找导入幼儿音乐游戏的方式
观察与评价幼儿音乐游戏	(1) 充分利用评价指标分析幼儿音乐游戏行为 (2) 能根据分析结果给出针对性建议
指导与支持幼儿开展游戏	(1) 模拟组织开展音乐游戏片段环节 (2) 能够设计情境,教师给予观察解决问题

二、主要学习支持

（一）导入游戏，激发幼儿的兴趣

在音乐游戏中,不同的音乐游戏形式导入的方式会有所差异。在歌唱游戏中,可以通过动作、情境表演、故事讲述、游戏、直观形象等导入方式激发幼儿兴趣,引导幼儿进入音乐游戏。例如,在学唱歌曲《迷路的小花鸭》时可以通过讲述故事情节导入;在学唱歌曲《丢手绢》时,可以通过游戏的方式导入。在律动游戏中,可以通过图片、头饰、故事、谈话、游戏、音乐欣赏、观察、回忆、动作创编等方式导入。例如,在律动游戏"狡猾的狐狸在哪里"中,通过故事导入;在律动音乐游戏"单簧管波尔卡"中,通过图谱导入。在演奏游戏中,可以通过总谱学习、总谱创编、主要声部学习、音乐欣赏、故事、韵律活动或歌唱活动导入。例如,在小班奏乐游戏"大雨和小雨"中,通过范唱歌曲导入。在欣赏游戏中,可以通过谜语、图片、游戏、故事等方式导入。例如,小班音乐欣赏游戏"洒水车"中,教师通过谜面"嘟嘟嘟,嘟嘟嘟,跑一跑,唱一路,后面拖个大水壶,不浇花儿浇马路"进行导入。总之,教师要选择适宜的导入方式,激发幼儿参与音乐游戏的兴趣与欲望。

（二）观察与评价幼儿音乐游戏

观察是了解幼儿的前提,是进行游戏指导与计划的基础。因此,教师在幼儿游戏过程中要观察幼儿游戏表现、了解幼儿游戏水平、遇到的困难、感兴趣的主题等,为适时介入提供依据。幼儿在音乐游戏的教育功能中,会直接呈现出对音乐的理解与表达,具体表现在听辨、音准、力度、速度等基本音乐能力以及与之相配的动作上面。另外,在音乐游戏的游戏功能中幼儿的规则意识、合作协调及创造性也得到了表现,这些都是音乐游戏观察的要点[①]。幼儿音乐游戏的评价可以结合《3—6岁儿童学习与发展指南》中幼儿音乐能力发展的具体年龄特点进行评价,可参考表6-8。

表6-8　音乐游戏观察要点

	3~4岁	4~5岁	5~6岁
音乐能力	发音错误,吐字不清,跑调走音;动作与音乐不一致	听辨音乐,模仿歌曲,控制声音	音准、力度、速度控制好,能够把握切分节奏、休止符
动作	走、跑、跳;左右摇摆,两臂摆动不自然,自控能力差	喜欢用动作反映音乐;转换不同动作;上下肢动作更协调,较好控制动作的力度和方向	联合动作,运用较多复杂的连续移动动作
规则意识	破坏	不完全遵守,易打乱	商量计划,分配角色,严格遵守
合作协调	唱歌速度、力度不统一,不协调一致	乐于合作	主动控制
创造性	动作思维,无意想象	喜欢做不同动作表现音乐情节,发挥有意想象,创编新歌词	对音乐的表现熟练且独特,能在观察的基础上进行创造性表达

---

① 黄婉圣.幼儿行为观察与评价[M].上海:复旦大学出版社,2020:79.

（三）指导与支持幼儿开展游戏

1. 引导幼儿熟悉理解音乐

不管哪一种形式的音乐游戏都需要音乐。因此,引导幼儿熟悉理解音乐显得尤为重要。歌唱游戏中,可以通过提问法、图谱法、故事法、动作表演法、游戏法、节奏朗诵法等方式帮助幼儿理解歌曲,如在歌唱游戏"买菜"中通过图谱法帮助幼儿理解歌曲。在律动游戏中,初学者主要是为音乐配相应的故事来帮助幼儿熟悉与理解音乐,如在大班韵律游戏"幸运的一天"中通过故事贯穿整个环节帮助幼儿理解音乐。在演奏游戏中,通过变通图谱中的动作总谱、图形总谱、语音图谱来表现配器方案,为音乐设计伴奏,以进一步理解音乐,如在大班奏乐游戏"土耳其进行曲"中,让幼儿通过图形总谱熟悉与理解音乐。在欣赏游戏中通过故事、图片、表演等手段帮助幼儿熟悉与理解音乐,如在欣赏游戏"彼得与狼"中,通过故事结合图片讲给孩子听,为音乐形象做铺垫,并随音乐讲述故事情节进一步理解音乐。

2. 引导幼儿创造性表现音乐

熟悉与理解音乐后,教师可以引导幼儿通过自己的方式创造性地表现音乐。在歌唱游戏中可以通过创编歌词、创编表演动作的方式来表现音乐。在律动游戏中,通过肢体动作创造性表现对音乐要素的了解与掌握。例如,在中班歌唱活动"两只老虎"中通过创编歌词进行表现,通过讨论哪些动物跑得快或者慢创编第一、第二句歌词,接着引导幼儿讨论小动物没有鼻子和眼睛会怎样,创编第三、第四句歌词。在奏乐游戏中,通过演奏乐器与指挥协调配合创造性表现音乐。在欣赏游戏中,通过语言、动作、歌唱、演奏等方式创造性表现音乐,让幼儿投入音乐的情感之中进行自由想象。例如,在中班奏乐游戏"蜜蜂逗强哥"中,有的幼儿选择用铃鼓,有的选择沙锤创造性地表现蜜蜂蜇光头强的音乐片段。总之,不同的音乐游戏形式,教师可以根据需要引导幼儿创造性地表现。

3. 评价与总结幼儿音乐游戏

音乐游戏结束后,教师可以对幼儿的音乐游戏进行评价与总结,动态地为幼儿发展提供相应的教学支架。例如,在中班歌唱活动"两只老虎"结束后,引导幼儿讨论创编时做得好的地方是哪里,如何才可以创编出更适合的歌词,如何挖掘生活中的自然物进行创编等。教师可以就幼儿在游戏中的表现进行总结性评价,总结幼儿表现好的方面,并对出现的问题进行处理。同时教师评价应具体又形象,让幼儿明确知道好在哪里,哪些方面可以让自己表现得更好,让幼儿在教师的点评中认识到自己在音乐游戏中的优点和不足,在总结与交流中提升自己对音乐的感受力、表现力与创造力。例如,在大班律动游戏"寻找水晶鞋"中,幼儿在跟随音乐做变花的动作时,哪些幼儿做得比较好,哪些幼儿变花时没有遵守规则,同时通过情境再现的形式,形象地表现出幼儿在游戏中的不足,让幼儿在分享与总结中提升自己表现花、创造花的造型的能力。

三、任务评价

为了更好地了解学习者开展音乐游戏活动的能力的情况,本部分设计了"开展音乐游戏活动的评价单"(见表6-9),该评价单由组内自评、组间互评、教师评价三部分构成,按组内自评30%、组间互评30%、教师评价40%的比例确定最终成绩,满分为100分,请根据评价单具体标准进行评价打分。

表6-9　开展音乐游戏活动的评价单

任务小组	班级:		组长:	
	小组名:		小组总得分:	
	组员:			
学习情境	指导音乐游戏		学时	
具体任务	开展音乐游戏活动			

评价项目	评价要点	分值	组内自评（30%）	组间互评（30%）	教师评价（40%）
导入游戏激发幼儿的兴趣	导入的方式适宜,能够吸引幼儿进入游戏	20			
观察与评价幼儿音乐游戏	(1)能够正确观察记录并结合评价指标分析评价幼儿水平;(2)能够根据评价提出对应的指导策略	30			
指导与支持幼儿开展游戏	能够设计情境,进行观察及解决问题,例如:如何解决音乐作为背景或者信号的问题;如何通过游戏材料引导幼儿进行音乐游戏;如何将游戏规则与音乐进行结合等	50			

四、巩固探索

探索四:　观察与评价

请扫码观看视频"小班律动游戏",利用表6-8"音乐游戏观察要点"分析幼儿的行为,并提供建议。

视频6-5
小班律动游戏

_____

_____

_____

_____

典型工作环节五　反思实施过程

幼儿音乐游戏结束后,教师要学会反思。反思游戏开展的情况,反思自己的游戏设计、为孩子提供的支持、提供的材料等方面是否适宜,反思存在的问题,并尝试找出解决的方法,为下次音乐游戏的开展提供可借鉴的依据。

一、任务描述

反思音乐游戏的实施过程可以更好反思对整个典型工作环节的理解,因此本环节的任务主要利用反思工具进行反思,具体详见表6-10。

表6-10　反思音乐游戏实施过程任务单

任务小组	班级:		组名:	
	组长:			
	组员:			
学习情境	指导音乐游戏		学时	
具体任务	反思音乐游戏实施过程			

续　表

任务要求	(1) 6～8 人为一小组做好分工与合作 (2) 充分利用反思工具进行审视与反思 (3) 将反思撰写成文
工作步骤	注 意 事 项
利用反思工具，进行审视与反思	充分利用《3—6 岁儿童学习与发展指南》《幼儿园教育指导纲要(试行)》《幼儿园教师专业标准(试行)》等与幼儿教师职业相关文件对"指导音乐游戏"这一学习情境典型工作环节进行审视和反省，并撰写成文
检查反馈反思，改善与提升反思	组间进行反思的检查反馈

二、主要学习支持

对指导音乐游戏的实施过程进行反思，对音乐游戏内容选择的合理性、游戏目标定位的科学性、游戏准备的双重性、教师指导与支持的有效性进行反思。也就是说，教师可以反思在选择音乐游戏内容时是否考虑了幼儿音乐游戏的年龄特点、音乐游戏特点；反思音乐游戏目标是否考虑幼儿为本，符合不同形式音乐游戏目标要求；反思音乐游戏中是否做好幼儿的经验准备和物质环境准备，提供的材料是否适宜；教师的指导与支持是否基于观察并在正确的时机给予适宜的介入方式，支持幼儿的游戏。

三、任务评价

为了更好地了解学习者对指导幼儿音乐游戏这一学习情境的掌握情况，本部分设计了"反思音乐游戏实施过程的评价单"(见表 6-11)，该评价单由组内自评、组间互评、教师评价三部分构成，按组内自评 30%、组间互评 30%、教师评价 40% 的比例确定最终成绩，满分为 100 分，请根据评价单具体标准进行评价打分。

表 6-11　反思音乐游戏实施过程评价单

任务小组	班级： 小组名： 组员：		组长： 小组总得分：	
学习情境	指导音乐游戏		学时	
具体任务	反思音乐游戏实施过程			
评价项目	评价要点	分值	组内自评 （30%）	组间互评 （30%）	教师评价 （40%）
利用反思工具，进行审视与反思	能结合《3—6 岁儿童学习与发展指南》《幼儿园教育指导纲要(试行)》《幼儿园教师专业标准(试行)》等与幼儿教师职业相关文件对"指导音乐游戏"这一学习情境典型工作环节进行审视和反省	70			
检查反馈反思，完善与提升反思	小组能根据组间的检查与反馈进一步完善与提升反思	30			

四、巩固探索

探索五： 音乐游戏典型工作环节

以小组为单位概括出教师指导幼儿开展音乐游戏的典型工作环节及具体内容。

_____

拓展阅读

相信下列书籍能帮助你更有效地学习本次的学习情境内容。

◆ 许卓娅.幼儿艺术(音乐)教育与活动指导[M].南京：江苏凤凰教育出版社,2013.
◆ 董丽,周蓓.幼儿音乐游戏课例集[M].上海：复旦大学出版社,2012.
◆ 董丽.幼儿园音乐游戏设计与指导[M].上海：复旦大学出版社,2019.
◆ 杨旭.幼儿园游戏设计与指导[M].上海：复旦大学出版社,2017.

课后复习

√ 收集：查找资料,摘抄不同年龄班(小班、中班、大班)音乐游戏优秀方案。

√ 归纳：请小组合作制作一张海报,将幼儿园常见的音乐游戏形式呈现出来,要求图文并茂。

√ 实践：请小组合作模拟组织一个音乐游戏,主题自选,要求活动流程完整,符合年龄段特点,能应用指导音乐游戏和带领幼儿进行反思与总结的相关知识。

√ 思考：想一想,如果教师不能接受幼儿的艺术审美,以自己对艺术的价值标准来要求幼儿开展音乐游戏活动,幼儿的成长会受到哪些影响。

√ 分享：分享自身在本音乐游戏典型工作环节中的感悟与疑虑。

应知应会自测

在线习题

应知应会自测

◆ 应知自测

1. 教师在区角中投放了多种发声玩具,小班幼儿在摆弄这些玩具时(　　　)。
   A. 能概括不同声音产生的条件
   B. 对声音产生兴趣,感受不同的声音
   C. 能描述出玩具是怎么发声的
   D. 能描述不同玩具发声特点

2. 从游戏的形式来分,下面哪个不属于音乐游戏的类型？(　　　)
   A. 幼儿歌唱游戏　　　　　　　　　　B. 幼儿律动游戏
   C. 幼儿演奏游戏　　　　　　　　　　D. 发展注意力的游戏

3. 智力游戏、体育游戏和音乐游戏是(　　　)。
   A. 创造性游戏　　　B. 规则游戏　　　C. 表演游戏　　　D. 个人游戏

◆ 应会自测

1. 请简述幼儿音乐游戏的特点。
2. 请列出幼儿音乐游戏的评价指标。
3. 幼儿园教师资格证面试试讲及答辩。

（1）试讲方案。

题目：音乐游戏"洒水车"

内容：① 设计一个与主题相关的音乐游戏。

　　　② 模拟面对幼儿示范、讲解游戏的玩法。

基本要求：

① 模拟面对中班幼儿进行音乐游戏，注意动作和语言相互配合，能清楚交代游戏规则和要求。

② 在游戏过程中要对幼儿提两个问题。

③ 请在 10 分钟内完成上述任务。

（2）答辩题目：

问题 1：在游戏过程中可能出现什么问题？你该如何解决？

问题 2：本次活动的难点是什么？你将如何突破？

参 考 文 献

1. 刘焱. 儿童游戏通论[M]. 北京：北京师范大学出版社，2004.

2. [美]斯蒂芬妮·菲尼，伊娃·莫拉维茨克，谢里·诺尔蒂. 儿童生活中我是谁：学前教育导论(第9版) [M]. 洪秀敏，李晓巍，王兴华，等译. 北京：商务印书馆，2019.

3. 杨枫. 学前儿童游戏(第三版)[M]. 北京：高等教育出版社，2018.

4. 杨枫. 学前儿童游戏(第二版)[M]. 北京：高等教育出版社，2014.

5. 丁海东. 幼儿园游戏组织与指导(第三版)[M]. 长沙：湖南大学出版社，2019.

6. 叶小红. 幼儿园游戏与指导[M]. 南京：江苏凤凰教育出版社，2014.

7. [苏联]查包洛塞兹，马尔科娃. 学前教育学原理[M]. 北京：人民教育出版社，1984.

8. 邱学青. 幼儿园游戏指导[M]. 北京：人民教育出版社，2015.

9. 廖贵英，张子建. 幼儿园游戏活动实践指导[M]. 上海：复旦大学出版社，2018.

10. 李丽，邓益云. 幼儿游戏活动设计与案例：视频指导版[M]. 北京：人民邮电出版社，2018.

11. 潘月娟. 学前儿童观察与评价[M]. 北京：北京师范大学出版社，2015.

12. [美]格朗兰德. 发展适宜性游戏：引导幼儿向更高水平发展[M]. 严冷，译. 北京：北京师范大学出版社，2014.

13. 杨旭. 幼儿园游戏设计与指导[M]. 上海：复旦大学出版社，2017.

14. 华爱华. 幼儿游戏理论(第三版)[M]. 上海：上海教育出版社，2018.

15. 张艳. 幼儿结构游戏活动指导[M]. 大连：辽宁师范大学出版社，2017.

16. 邵爱红. 幼儿园室内外建构游戏指导[M]. 北京：中国轻工业出版社，2016.

17. 伍友艳，陈金菊. 幼儿园游戏[M]. 长春：东北师范大学出版社，2015.

18. 丁海东. 学前游戏论[M]. 山东：山东人民出版社，2001.

19. 张汝伦. 坚持理想[M]. 上海：上海人民出版社，1996.

20. 张金梅. 学前儿童戏剧教育[M]. 南京：南京师范大学出版社，2015.

21. [美]桑德拉·海德曼，迪波拉·休伊特. 游戏：从理论到实践[M]. 邱学青，高妙，译. 南京：南京师范大学出版社，2015.

22. 刘国磊. 幼儿游戏与指导[M]. 长春：东北师范大学出版社，2019.

23. 梁周全，尚玉芳. 幼儿游戏与指导[M]. 北京：北京师范大学出版社，2011.

24. 林南强. 幼儿园体育游戏活动开展的教师支持策略研究——以成都市C幼儿园为例[D]. 西华师范大学硕士学位论文，2020.

25. 许卓娅. 幼儿艺术(音乐)教育与活动指导[M]. 南京：江苏凤凰教育出版社，2013.

26. 董丽. 幼儿园音乐游戏设计与指导[M]. 上海：复旦大学出版社，2019.

27. 曹冰洁. 幼儿教师基本功：爱上音乐游戏[M]. 上海：华东师范大学出版社，2019.

28. 刘焱，李霞，朱丽梅. 中、大班幼儿表演游戏的一般规律和年龄特点研究[J]. 学前教育研究，2003(4).

29. 虞永平. 怎么看，怎么评，怎么干——学前教育质量问题需要三思而笃行[J]. 辽宁教育，2014(02).

30. 张金梅.幼儿园戏剧综合活动研究[D].南京师范大学博士学位论文,2003.

31. 张燕君.4～6岁幼儿表演游戏支持策略的研究[D].华中师范大学硕士学位论文,2017.

32. 王小兰.观察记录:幼儿发展评价的一种途径[J].教育测量与评价(理论版),2010(12):20—22.

33. 陈茹彬.蒙台梭利感官教育课程传承与创新实践研究[D].杭州师范大学硕士学位论文,2020:32.

34. 卞娟娟.幼儿益智游戏评价模式的构建与运用[J].教育导刊(下半月),2018(05):68—70.

35. 米娜.幼儿园智力游戏开展现状与对策研究[D].东北师范大学硕士学位论文,2014:42.

附 录

"幼儿游戏与指导"课程知识总表

学习情境	典型工作任务环节	主要学习支持	环节任务	巩固探索
绪论		一、游戏的特征 二、游戏的分类 三、游戏对幼儿的发展价值 四、游戏作为幼儿园基本活动		
指导幼儿角色游戏	典型工作环节一 分析游戏认知	一、角色游戏的主要特点与结构 二、角色游戏对幼儿的发展价值 三、幼儿角色游戏的年龄特点与指导要点	分析角色游戏认知	分析角色游戏年龄特点
	典型工作环节二 预设游戏方案	一、确定角色游戏主题 二、预设角色游戏方案	预设角色游戏方案	模拟预设游戏方案——大班角色游戏：儿童医院
	典型工作环节三 创设游戏环境	一、经验环境准备 二、物质环境准备	创设角色游戏环境	娃娃家游戏环境创设
	典型工作环节四 开展游戏活动	一、导入游戏,激发幼儿的兴趣 二、观察与评价幼儿角色游戏 三、指导与支持幼儿继续开展游戏	开展角色游戏活动	角色游戏观察与评价
	典型工作环节五 反思实施过程		反思角色游戏实施过程	你问我答——角色游戏知多少
指导幼儿结构游戏	典型工作环节一 分析游戏认知	一、结构游戏的主要特点、结构与类型 二、幼儿结构游戏的发展水平、基本技能与价值 三、幼儿结构游戏的年龄特点与指导要点	分析结构游戏认知	结构游戏的搭建技能
	典型工作环节二 预设游戏方案	一、确定游戏建构类型 二、预设结构游戏方案	预设结构游戏方案	预设主题结构游戏方案
	典型工作环节三 创设游戏环境	一、经验环境准备 二、物质环境准备	创设结构游戏环境	建构区结构游戏体验
	典型工作环节四 开展游戏活动	一、激发参与结构游戏的兴趣 二、掌握基本建构知识与技能	开展结构游戏活动	结构游戏观察与评价

学习情境	典型工作任务环节	主要学习支持	环节任务	巩固探索
		三、引导做好结构游戏的设计 四、观察评价幼儿的结构游戏 五、指导与支持继续开展游戏		
	典型工作环节五 反思实施过程		反思结构游戏实施过程	对结构游戏的反思与展望
指导幼儿表演游戏	典型工作环节一 分析游戏认知	一、表演游戏的特点、结构与价值 二、表演游戏的发展轨迹 三、幼儿表演游戏的年龄特点与指导要点	分析表演游戏认知	表演游戏与角色游戏的区别
	典型工作环节二 预设游戏方案	一、预设自身表演游戏方案 二、预设幼儿偶戏方案	预设表演游戏方案	创编剧本
	典型工作环节三 创设游戏环境	一、自身表演游戏经验与物质环境准备 二、幼儿偶戏经验与物质环境准备	创设表演游戏环境	制作与展示
	典型工作环节四 开展游戏活动	一、开展自身表演游戏 二、开展幼儿偶戏	开展表演游戏活动	表演游戏观察与评价
	典型工作环节五 反思实施过程		反思表演游戏实施过程	表演游戏典型工作环节
指导幼儿智力游戏	典型工作环节一 分析游戏认知	一、智力游戏的主要特点、结构与类型 二、智力游戏对幼儿的发展价值 三、幼儿智力游戏的年龄特点与指导要点	分析智力游戏认知	智力游戏年龄特点
	典型工作环节二 预设游戏方案	一、确定智力游戏类型 二、预设智力游戏方案	预设智力游戏方案	模拟设计智力游戏方案
	典型工作环节三 创设游戏环境	一、经验环境准备 二、物质环境准备	创设智力游戏环境	智力游戏设计实训
	典型工作环节四 开展游戏活动	一、了解材料的玩法和使用方法 二、自主选择游戏材料开始游戏 三、观察与评价开展的智力游戏 四、指导与支持幼儿继续开展游戏	开展智力游戏活动	1. 观察与记录 2. 分享智力游戏
	典型工作环节五 反思实施过程		反思角色游戏实施过程	智力游戏典型工作环节
指导幼儿体育游戏	典型工作环节一 分析游戏认知	一、体育游戏的特点、结构与类型 二、体育游戏对幼儿的发展价值 三、幼儿体育游戏的年龄特点与指导要点	分析体育游戏认知	体育游戏年龄特点
	典型工作环节二 预设游戏方案	一、创编体育游戏内容 二、预设体育游戏方案	预设体育游戏方案	设计体育游戏方案
	典型工作环节三 创设游戏环境	一、经验环境准备 二、物质环境准备	创设体育游戏环境	设计与制作

学习情境	典型工作任务环节	主要学习支持	环节任务	巩固探索
	典型工作环节四 开展游戏活动	一、通过适宜的方式导入游戏 二、做好规则讲解示范与分组 三、观察与评价幼儿体育游戏 四、指导与支持幼儿体育游戏	开展体育游戏活动	观察、评价与指导
	典型工作环节五 反思实施过程		反思体育游戏实施过程	体育游戏典型工作环节
指导幼儿音乐游戏	典型工作环节一 分析游戏认知	一、音乐游戏的主要特点与类型 二、音乐游戏的功能与价值 三、幼儿音乐游戏的年龄特点与指导要点	分析音乐游戏认知	音乐游戏年龄特点与指导
	典型工作环节二 预设游戏方案	一、确定音乐游戏音乐 二、预设音乐游戏方案	预设音乐游戏方案	预设幼儿音乐游戏方案
	典型工作环节三 创设游戏环境	一、经验环境准备 二、物质环境准备	创设音乐游戏环境	创设音乐游戏环境实训
	典型工作环节四 开展游戏活动	一、导入游戏,激发幼儿的兴趣 二、观察与评价幼儿音乐游戏 三、指导与支持幼儿开展游戏	开展音乐游戏活动	观察与评价
	典型工作环节五 反思实施过程		反思音乐游戏实施过程	音乐游戏典型工作环节

图书在版编目(CIP)数据

幼儿游戏与指导/李春良主编. —上海:复旦大学出版社,2022.1
ISBN 978-7-309-15905-9

Ⅰ.①幼…　Ⅱ.①李…　Ⅲ.①学前教育-游戏课-高等职业教育-教材　Ⅳ.①G613.7

中国版本图书馆 CIP 数据核字(2021)第 178470 号

幼儿游戏与指导
李春良　主编
责任编辑/夏梦雪

复旦大学出版社有限公司出版发行
上海市国权路 579 号　邮编:200433
网址:fupnet@ fudanpress.com　http://www.fudanpress.com
门市零售:86-21-65102580　　团体订购:86-21-65104505
出版部电话:86-21-65642845
上海丽佳制版印刷有限公司

开本 890×1240　1/16　印张 11　字数 348 千
2022 年 1 月第 1 版第 1 次印刷

ISBN 978-7-309-15905-9/G・2301
定价:42.00 元